KB176127

글로벌
인재 경쟁

글로벌 인재 경쟁

초판인쇄 2017년 12월 29일
초판발행 2017년 12월 29일

지은이 이샘물
펴낸이 채종준
기 획 이아연
편 집 김다미
디자인 김정연
마케팅 송대호

펴낸곳 한국학술정보(주)
주소 경기도 파주시 회동길 230(문발동)
전화 031 908 3181(대표)
팩스 031 908 3189
홈페이지 http://ebook.kstudy.com
E-mail 출판사업부 publish@kstudy.com
등록 제일산−115호(2000. 6. 19)

ISBN 978-89-268-8165-1 03330

글로벌
인재 경쟁

Global Competition for Talent

이샘물 지음

격화되는
글로벌
인재 경쟁

지방 출장을 갔다가 어느 국내 대기업 연구소의 근무 여건을 보고 감탄한 적이 있다. 조용하고 넓은 잔디밭, 호텔 같은 건물, 세탁과 청소 서비스가 제공되는 최신식 관사까지……. 부러운 눈빛으로 연신 "우와~"를 연발하자 연구소장이 허탈한 웃음을 지으며 말했다.

"이렇게 해놓아도 요즘 젊은 사람들은 여기 와서 일하려 하지 않아요. 지방에 있다는 이유 때문이지요. 다들 어떻게든 수도권에 취직하려 해서 아무리 근무 여건이 좋아도 여기는 잘 지원하지도 않아요. 인재들이 많이 와야 연구 경쟁력도 높아질 텐데 걱정입니다."

그렇다. 아무리 반짝거리는 시설과 환경을 갖추었더라도 인재가 유입되지 않는다면 연구소는 '앙꼬 없는 찐빵'과도 같게 된다. 우수한 인력이 유입돼야 더 많은 연구 성과를 내고 수익을 창출할 기반을 마련할 수 있을 것이다. 그래야 연구소와 기업을 더욱 발전시키는 '선순환의 구조'가 형성

될 것이 아닌가?

　연구소장의 고민은 오늘날 전 세계 많은 기업의 고민과 맞닿아있다. 다국적 회계컨설팅 기업 프라이스워터하우스쿠퍼스(PricewaterhouseCoopers)는 전 세계 50개국의 최고경영자(CEO) 1,150명을 상대로 설문조사를 해 그 결과를 보고서(2008)로 펴냈다. 보고서에 따르면 응답자의 89%는 '사람 의제(People Agenda)'가 자신들의 최고 우선순위 중 하나라고 밝혔다. 기업 경영에 있어서 사람이 가장 중요하며, 사람을 관리하는 것이 최대의 도전 과제라는 의미다.

　오늘날 조직의 핵심 경쟁력을 결정짓는 요소는 '사람'이다. 중상주의 시대에는 물건과 교환할 수 있는 금과 은을 많이 축적해야 경쟁 우위를 확보할 수 있었고, 산업화 시대에는 많은 물건을 찍어낼 수 있는 기계가 중시됐다. 21세기 지식 기반 경제에서는 새로운 제품과 서비스를 고안하고 혁신해낼 수 있는 기술력과 창의력을 가진 사람이 집단의 생존과 발전을 결정하고 있다.

　미국의 경영 컨설팅 회사 맥킨지앤드컴퍼니(McKinsey&Company)는 1998년 "더 나은 인재를 얻기 위해 싸울 가치가 있다"는 주장을 담은 리포트를 펴내면서 '인재 전쟁(The War for Talent)'이라는 화두를 던졌다. 그리고 이제 인재 전쟁은 전 세계 어디서나 익숙한 용어가 됐다.

　글로벌 기업들은 인재를 유치하고 붙잡기 위해 보이지 않는 '전쟁'을 치르고 있다. 세계화가 가속화되면서 인재 확보전은 국가 차원의 관심사로 떠오르게 됐다. 더 많은 지식과 역량을 갖춘 사람일수록 떠날 수 있는 선택지가 넓다. 그리고 실제로 많은 이들이 일자리 때문에 해외로 이주하고 있다.

　그런데 과연 어떤 사람이 '인재'인가? 국제 이주에 관한 문헌들에서는 노동의 숙련도를 기준으로 삼아 '고숙련 노동자'를 인재로 지칭하는 경우가 많다. 하지만 어떤 노동자가 '고숙련'된 사람인지는 명확하게 합의된 정의가 없다. 고숙련 노동자들은 전문성이나 기술력을 갖췄거나 경영자인 사람들로 광범위하게 지칭되고 있지만, 하나로 정의할 수 있는 균질한 집단이 아닌 것만은 분명하다.

　어떤 연구에서는 대졸 이상인 사람들을 고숙련 노동자로 가정하지만, 많은 대졸자가 고숙련 일자리에서 근무하고 있지 않으며 많은 고숙련 노동자들 역시 대학을 졸업하지 않았다. 어떤 사람들은 일정 수준 이상의 급여를 받는 것을 고숙련의 기준으로 삼지만, 급여는 숙련도에 비례하지 않을 수도 있다. 고숙련 노동자라는 집단의 범위가 넓은 만큼 이들을 정의할 때는 직무가 수행되는 성격과 그에 요구되는 전문성 등에 대한 다면적인 고찰이 필요할 것이다.

　고숙련 인재들이 어떻게 정의되든 간에 이들이 공동체의 성장과 발전을 위해 꼭 필요한 존재라는 점은 분명하다. 다르게 말하자면 고숙련 인재를 잃는 것은 여러 가지 방식으로 공동체에 해가 될 수 있다. 인재들이 빠져 나간다는 것은 산업을 성장시키고 경제 위기를 돌파할 핵심 인력들이 떠나간다는 것을 의미한다. 영국 왕립학회(Royal Society)는 '과학의 세기'라는 보고서(2010)를 통해 다음과 같이 지적했다.

"한 가지는 분명해 보인다. 우리가 더 똑똑해지지 않는 이상, 우리는 더 가난해질 것이다. 더 많은 과학적인 돌파구가 이곳 영국에서 발생하고 활용되지 않으면 영국의 상대적인 경제적 입지는 가라앉을 것이다."

단언컨대 고숙련 노동자의 이주는 시간이 지날수록 점점 더 중요한 이슈로 부상할 것이다. 그것이 인구 및 산업 구조의 변화와 밀접하게 맞물려 있기 때문이다.

우선 노령화로 인해 노동 인력이 늘어나면서 노동 생산성은 더욱 핵심적인 요소가 되고 있다. 나이가 들고도 경제 활동을 활발하게 하는 사람들이 증가하면서 평생 교육을 받고자 하는 열망이 높아지고, 은퇴 시기를 늦추려는 경향이 두드러지고 있다. 이 같은 현상은 자동화가 심화되는 산업 트렌드와 맞물리면서 물리적인 노동력보다는 지식과 기술이 가치 있게 여겨지도록 하고 있다. 그러므로 기술력이 낮은 노동자들은 일자리를 유지하기 어렵게 될 것이다.

산업 현장에서 숙련된 기술을 필요로 하는 일자리의 비율은 점차 늘어날 것으로 전망된다. 유럽직업훈련연구센터(CEDEFOP)가 유럽 29개국의 고용 전망을 조사한 바에 따르면 미래에 순(純) 고용의 대부분은 높은 수준의 자격이 있어야 하는 직업에서 발생할 것으로 분석됐다. 2010~2020년 사이 높은 자격이 요구되는 일자리에 고용된 사람들의 비율은 29.4%에서 35.2%로 오르고 중간 수준이 요구되는 일자리에 고용된 비율은 50.3%에서 50.3%로 유지되는 한편 낮은 수준이 요구되는 일자리에 고용된 비율은 20.3%에서 14.5%로 감소한다는 관측이었다.

교통과 통신의 발달로 노동자들이 점점 더 많이 이주하고 있다는 것도 눈여겨볼 필요가 있다. 전 세계 노동자들은 과거 그 어느 때보다도 기술 훈련에 더 많이 접근할 수 있게 됐다. 개발도상국과 선진국 간의 기술 격차가 축소되고 있는 만큼, 경쟁 우위를 확보하기 위해서는 고숙련 인력을 통해 차별적인 기술력을 확보하는 게 더 핵심적인 관건으로 떠오르게 될 것이다.

한때 이주자에 대해 수용적인 정책을 펼쳤던 국가들에서 불법 이주와 양극화, 이주자들의 사회 통합 문제가 계속해서 발생하고 있다. 하지만 고숙련 이주자들은 대부분 합법적인 경로로 입국하며 새로 정착한 나라의 언어를 유창하게 구사하는 경우가 많다. 그리고 그들은 일터에서 중요한 업무를 수행하기 때문에 저숙련 이주자들보다 사회에 더욱 잘 융화되는 경향이 있다. 이주의 물결이 커지는 시대에 이러한 고숙련 이주자들을 유치하려는 국가 간 경쟁은 더욱 심화될 수밖에 없다.

인재 경쟁에서 우위를 점하기 위해서는 인재들의 이주를 둘러싼 복잡성과 다면성을 이해해야만 한다. 인재들이 들어오거나 빠져나가는 현상은 무조건 이롭지도, 무조건 해롭지도 않다. 인재들의 이주 결정엔 국가의 정책뿐 아니라 기업의 역량과 사회 전반의 요소들이 영향을 미친다. 따라서 인재들의 이주라는 큰 그림을 보기 위해서는 이와 같은 측면을 입체적으로 고찰해야 한다.

이 책에서는 인재들의 이동이 전 세계에 미치는 영향과 각 국가에서 벌어지는 인재 경쟁 그리고 기업 차원에서 인재 확보전에 대처하는 방식을 종합적으로 다뤘다. 글로벌 인재 경쟁이 격화되는 시대에 인재 유치를 고민하는 분들에게 조금이나마 도움이 됐으면 하는 바람이다.

2017년 12월

이샘물

목차

"대학 졸업생들에게 일자리가 부족한 것은 레바논이 마주한 가장 큰 문제이며, 외국으로의 이주는 젊은이들 사이에 전염된 병이다."

레바논 정치인

나비 베리 Nabih Berri

1장

인재
이동의
다면성

떠날 자의 권리와 남는 자의 권리

'이동의 자유'는 개인이 더 나은 삶을 추구하는 데에 있어서 근본적인 요소다. 1966년 국제연합(UN)총회에서 채택된 '시민적 및 정치적 권리에 관한 국제 규약' 제12조는 다음과 같다.

1. 합법적으로 어느 국가의 영역 안에 있는 모든 사람은 그 영역 내에서 이동의 자유 및 거주의 자유에 관한 권리를 가진다.
2. 모든 사람은 자국을 포함해 어떠한 나라도 떠날 수 있는 자유가 있다.
3. 위에 언급된 권리는 법률에 의해 규정되고, 국가 안보와 공공질서, 공중 보건과 도덕 또는 타인의 자유와 권리를 보호하기 위해 필요하며, 이 조약에서 인정하고 있는 기타 권리와 양립되는 것을 제외하고는 어떠한 제한도 받지 않는다.
4. 어떤 사람도 자국에 돌아올 권리를 자의적으로 박탈당하지 않는다.

즉 합법적으로 어떤 국가에 머무는 사람이라면, 이동의 자유는 공공의 이익을 보호하기 위해 명확히 법에 규정된 범위에서만 제한을 받을 수 있다. 예를 들면 전염성이 매우 높은 질병이 발생했을 때 등이 이에 해당한다.

사람들이 이동의 자유를 보장받는 이유는 그것이 행복추구권과 직결돼 있기 때문이다. 1966년 국제연합총회에서 채택된 '경제적 및 사회적 및 문화적 권리에 관한 국제 규약' 제12조는 "이 규약의 당사국들은 모든 사람이 도달 가능한 가장 높은 수준의 신체적 및 정신적 건강을 향유할 권리를 갖는 것을 인정한다"고 규정했다. 사람들은 어느 나라에서 태어났건 간에 높은 수준의 건강 상태를 즐기며 최고의 삶을 누릴 수 있는 곳에서 살아갈 권리가 있다.

하지만 '이동의 자유'는 전 세계적인 문제점이기도 하다. 누군가가 합법적으로 이동의 자유를 행사하는 것이 여러 가지 부작용을 낳고 있기 때문이다. 개인이 행복을 추구하며 외부로 떠날 권리가 공동체에 남아있는 구성원들에게 유·무형의 손해를 끼친다면, 우리는 그것을 보장하고 권장해야 하는가? 인재 유출을 둘러싼 논란은 거기서부터 시작된다.

인재 유출이 국제적으로 주목받기 시작한 것은 1950년대 초 영국에서 과학자들이 빠져나가면서부터였다. 당시 영국 왕립학회(Royal Society)는 미국과 캐나다로 과학자들이 빠져나가는 현상을 묘사하기 위해 '두뇌 유출(Brain Drain)'이라는 용어를 화두로 꺼냈다. 두뇌 유출은 높은 수준의 교육을 받은 사람들이나 전문가들이 더 나은 근무 여건이나 생활 환경을 위해 이주하는 현상을 말한다. 이것은 부정적인 의미를 수반하는데 인재를 얻는 속도보다 잃는 속도가 더욱 빨라서 중요한 기술과 역량이 부족해지는 상황을 지칭할 때 쓰이기 때문이다. 1963년 왕립학회가 발간한 과학자들의 이주에 관한 보고서는 두뇌 유출에 대한 사회적인 토론을 불러일으켰다.

사실 과학자들의 이주에 관한 보고서는 왕립학회의 우려에 의한, 지극히 선택적인 주제를 다룬 문서였다. 이는 영국의 과학 분야가 처한 곤경에 대해 더 광범위한 논의가 이루어지도록 하기 위한 것으로 학술적인 부분에만 초점을 뒀기 때문이다. 학문적인 문제는 다뤘을지 모르겠지만, 산업계를 비롯한 다른 분야의 이주 문제를 다루지 않은 까닭에 '엘리트 조직을 위한 엘리트 보고서'라는 평가를 받기도 했다. 그럼에도 불구하고 왕립학회의 보고서를 계기로 두뇌 유출이라는 현상이 주목받기 시작했고, 1960년대 내내 이 용어는 언론에 오르락내리락했다. 왕립학회의 보고서를 시작으로 영국 정부 역시 두뇌 유출 문제를 인식하기 시작했고, 산업 분야 등 광범위한 분야의 두뇌 유출 문제에 대해 고찰하게 됐다.

이후 두뇌 유출이 전 세계적으로 관심을 끌게 된 것은 영국뿐 아니라 많은 나라가 그것을 경험하게 됐기 때문이다. 뛰어난 실력을 지닌 인재들의 이동성이 높다는 사실은 각종 연구를 통해 일찍이 확인됐다. 로잘린드 헌터(Rosalind S. Hunter) 등은 연구(2009)에서 노벨상 수상자 중, 전 세계에서 연구물이 가장 많이 인용되는 물리학자 158명을 조사했는데 촉망받는 물리학자들이 놀라우리만치 이동을 많이 한다는 것을 발견했다. 연구 샘플이 된, 연구물이 많이 인용되는 물리학자 158명은 32개 국가에서 태어났지만, 연구 당시엔 16개국에서 살고 있었다. 물리학자들이 첫 학위를 받을 당시와 연구 당시의 거주지를 토대로 이주의 흐름을 살펴보면 최고의 학자들은 R&D(Research and Development) 지출이 높은 국가로 향하고 있었다. 미국과 스위스는 인구당 유입하는 엘리트 물리학자들의 수가 전 세계에서 가장 많은 국가였다.

인재들이 타국으로 이주하는 것은 이주에 드는 비용보다 그로 인한 효과가 훨씬 크기 때문이다. 타국으로 이주하게 되면 여행 때문이든 문화적인 차이 때문이든 비용이 들기 마련이다. 사람들은 출신국에 머물 때 얻는 이득보다 이주 비용을 지불하더라도 얻는 이득이 크다고 판단할 때 해외 이주를 결심한다. 국가 간 생활 수준과 근무 여건 차이가 크게 존재하는 한 인재들은 비용을 지불하더라도 커다란 이득을 볼 수 있는 선진국으로 이주할 것이다.

아울러 교통수단과 통신의 발달로 이주 비용이 점점 낮아지고 있다. 이로 인해 개발도상국은 날이 갈수록 더 많은 인재가 유출되는 손해를 보고 있다. 이주 비용이 낮을 때 인재 유출이 심각해지는 현상은 멕시코를 통해 확인할 수 있다. 멕시코는 지리적으로 근접한 미국에 저숙련 노동자를 가장 많이 보내는 국가로 알려졌지만, 1990년 기준으로 대학교육을 받은 이주자들이 전 세계에서 세 번째로 많이 유출되는 국가이기도 했다. 그해 멕시코에서 대학교육을 받은 사람들의 10%, 과학·공학 분야 학위를 받은 사람들의 30%는 해외에 거주하고 있었다.

오늘날 고숙련 이주자들을 살펴보면 두 가지 분야의 전문가들이 큰 비율을 차지하고 있는 것을 알 수 있다. 바로 의료와 IT(Information Technology) 분야다. 어떤 학자들은 건강과 ICT(Information and Communications Technologies) 또는 건강과 소프트웨어 분야라고 말한다. 명칭이 어떠하건 간에 의미하는 바는 일맥상통한다.

IT 분야 인재들의 이주는 2000년대 전후부터 시작됐다. IT는 현대 지식 기반 사회에서 경제 성장의 핵심적인 요소로 부상하고 있다. 2017년 3월 기준으로 전 세계 시가총액 상위 1~10위 상장기업들을 보면 애플(Apple, 1위), 알파벳(Alphabet, 2위), 마이크로소프트(Microsoft, 3위), 아마존(Amazon, 5위), 페이스북(Facebook, 6위) 등 IT 기업들이 압도적인 우위를 점하고 있었다. 그러므로 개발도상국에서 IT 분야 인재들이 빠져나가는 것은 경제 성장과 산업 발전을 저해하는 심각한 손실일 수밖에 없다.

의료 분야 인재들의 이주는 1960~1970년대 개발도상국에서 의사와 간호사들이 선진국으로 대거 빠져나가면서 주요 이슈로 부상했다. 의료 인력은 주민들의 건강을 보호하고 의료 서비스를 향상시키는 데 중추적인 역할을 한다. 의료 인재들을 잃는 것은 공동체의 건강에 직접적인 타격을 입히기 때문에 치명적이다. 의료 인재의 유출은 의료 시스템을 낙후시키고 환자들의 건강에 부정적인 영향을 끼쳐 국가 간 건강 불평등을 더욱 심화시킨다.

의료 분야의 인재 불평등은 수치로 확인된다. 1980년대 의사 1명이 돌보는 평균 환자 수는 산업화된 국가에서는 300명이었던 반면, 개발도상국에서는 1,400명, 사하라 이남 아프리카에서는 10,800명이었다. 같은 기간 간호사 1명이 돌보는 평균 환자 수는 산업화된 국가에서는 170명이었으나 개발도상국에서는 1,700명, 아프리카에서는 2,100명이었다. 1990년대에 의사 1명이 평균 3만 명 이상의 인구를 돌보는 국가는 10곳이었다. 당시 세계보건기구(WHO)가 '모두에게 건강을'이라는 구호와 함께 내세운 적정 기준인 '의사 1명당 인구 5,000명'을 충족하지 못하는 국가는 31곳이나 됐다.

세계보건기구의 '세계보건보고서(2006)'는 글로벌 의료 불평등이 얼마나 심각한지 보여줬다. 보고서에 따르면 전 세계 질병 부담(사망률, 비용 등을 토대로 측정한 개념)의 24% 이상을 아프리카가 지고 있음에도 불구하고 세계 의료 노동자 중 고작 3%만이 아프리카에 있으며, 해외에서 제공하는 대출과 보조금을 포함하더라도 아프리카가 가지고 있는 의료 재정 자원은 전 세계의 1% 미만에 불과했다. 반면, 캐나다와 미국을 포함한 미주지역은 전 세계 질병의 10%만 부담하고 있는데 전 세계 의료 노동자들의 37%가 이 나라에 살고 있었고, 전 세계의 의료 관련 재정 자원의 50% 이상을 지출하고 있었다.

개별 국가 차원에서 보면 의료 분야의 인재 유출은 더욱 심각한 수준이다. 1993~2002년 사이 가나에서는 의료 노동자 3,157명이 본국을 떠났는데 이것은 같은 기간 가나에서 훈련받은 의료 전문가들의 31%가 넘는 수치였다. 같은 기간 가나의 수련병원 2곳에서는 훈련받은 의사 871명 중 3분의 2가 넘는 594명이 다른 나라로 떠났다. 세계보건기구의 '세계보건통계(2016)'에 따르면 인구 1만 명당 숙련된 의료 전문가의 수는 아프리카 기니에서는 1.4명, 에티오피아에서는 2.8명, 토고에서는 3.3명에 불과했지만, 일본에서는 137.9명, 스위스에서는 214.1명, 벨기에에서는 216.5명이었다.

의료 분야의 인재 불평등은 건강 불평등으로 이어지고 있다. 모든 연령대의 사망률과 건강 격차를 가장 잘 반영하는 기대수명에서도 건강 불평등을 확인할 수 있다. 세계보건기구의 세계보건통계(2016)에 따르면 2015년 전 세계의 기대수명은 71.4년이었다. 평균 기대수명은 29개국에서는 80세 이상이었지만 사하라 이남 아프리카 22개국에서는 60세 미만이었다. 기대수명의 실제 격차는 이보다 클 수도 있는데 많은 개발도상국의 사망자 등록 및 관리 시스템이 체계적이지 않기 때문이다.

의료 시스템이 열악한 개발도상국은 산모들이 출산 중 사망하는 '모성 사망' 역시 높을 수밖에 없다. 대부분의 모성 사망은 의료자원이 열악한 환경에서 발생한다. 모성 사망비는 출생아 10만 명당 사망한 산모 수로 정의되는데 2015년 기준 핀란드는 3명, 오스트리아는 4명이었으나 나이지리아는 814명, 남수단은 789명에 달했다. 의료 인력이 부족하고 서비스가 낙후된 개발도상국에서는 유아 사망률도 심각한 수준이다. 2015년 기준으로 5세 미만 유아 사망률의 경우, 사하라 이남 아프리카가 12명 중 1명꼴로 높은 수치였다.

의료 시스템이 이미 취약한 개발도상국은 의료 노동자가 부족해짐에 따라 의료 서비스에 대한 접근성이 더욱 떨어지게 됐고 의료 서비스의 질도 악화됐다. 의료 노동자의 부족은 후임자를 교육하고 길러낼 선임자가 부족하게 되는 결과를 초래할 뿐 아니라 남은 인력들의 사기까지 떨어뜨린다. 나아가 의료 시스템과 기관이 축소하거나 붕괴하는 악순환이 발생할 가능성이 커지고, 인구 전체의 건강도 악화되기 쉬워진다. 가나의료협회 회장인 제이콥 플랜지-룰(Jacob Plange-Rhule)은 비영리 독립매체 아이린(IRIN)과 인터뷰(2003)하며 인재 유출이 의료 서비스에 미치는 악영향에 대해 이렇게 말했다.

"10년이 넘는 기간 동안 많은 의료전문 인력이 가나를 떠나갔지만, 이젠 정말 위협적이다. 약 15년 전 이 나라에는 약 2만 명의 간호사가 있었다. 지금은 1만500명 정도가 남았는데 이것은 우리가 전국 간호학교에서 매년 600명의 간호사를 훈련하고도 간호 인력을 60% 가까이 잃었다는 것을 의미한다. 어떤 병원은 환자 40명을 수용하기 위해 지어진 병동의 밤 근무를 위해 6, 7명의 간호사를 필요로 하지만, 실제로는 간호사 1명과 비전문 가인 간호 보조 인력만으로 운영되고 있다."

인재 유출이 무서운 것은 국가를 떠나려는 트렌드가 하나의 문화로 자리 잡아 더 많은 이주를 촉진하기 때문이다. 의료 업무는 의사와 간호사가 여러 직원과 함께 팀으로 수행하는 경향이 강하다. 의료팀을 구성하는 인적 사슬의 일부가 이주로 인해 끊어질 때 이것은 연쇄적인 파장을 낳을 가능성이 크다. 에이미 하고피안(Amy Hagopian) 등이 진행한 연구(2005)에서 이를 엿볼 수 있다. 연구팀은 2003년 서부 아프리카 의료 노동자들의 이주를 조사하기 위해 가나와 나이지리아에 있는 의대 6곳을 방문해 교수들과 학생들의 태도를 조사했다. 교수들과 학생들은 해외에서 훈련받고 실습하는 것을 성공의 표식으로 인식했고 국제 이주를 직업적인 성공의 표식으로 여기고 있었다. 미국이나 영국에서 수년간 일하고 온 교수들은 롤 모델로 인식됐다. 교수들 역시 학생들에게 이주를 권장했다. 이들은 자신들이 가르치는 학생이 미국이나 영국의 경쟁력 있는 의료 노동 시장에서 자리 잡는 것을 교수로서의 성공으로 인식했다. 부유한 사람들은 질병 치료를 위해 해외 의료기관을 찾아 떠났다. 이 같은 현상은 현지 의료진에게는 절망스러운 것이었다.

개발도상국은 인재들 사이에 전파되는 '이주의 트렌드'에 대해 경각심을 가지게 됐다. 영국 언론 〈데일리스타(Daily Star)〉의 2010년 5월 보도에 따르면 레바논 정치인 나비 베리(Nabih Berri)는 대학 졸업생들에게 일자리가 부족한 것을 "레바논이 마주한 가장 큰 문제"로 진단했고, 이들이 해외로 빠져나가는 현상을 "젊은이들 사이에 전염된 병"이라고 불렀다.

인재들의 이주가 심각하게 인식되는 것은 비용 손실이 그만큼 크기 때문이다. 개발도상국에서는 의료가 공적인 행위이기 때문에 의료 노동자들을 교육하는 데 정부가 재정을 보조하는 경우가 많다. 의료 노동자가 새로운 나라로 이주한다는 것은 그가 본국에서 받은 교육과 기술 훈련이 다른 나라로 이전되는 것을 의미한다. 이들을 받아들이는 국가는 새로운 인력을 키우기 위한 교육과 훈련 비용을 아낄 수 있으나, 보내는 국가는 그동안 투자한 것을 잃게 된다. 개발도상국은 부족해진 의료 서비스를 보충하기 위해 더 많은 의료 인력을 훈련하거나 다른 나라의 의료 노동자를 유치하는 데 비용을 지출하며 이중고를 겪게 된다.

델라뇨 도블로(Delanyo Dovlo) 등의 연구(2003)에서 이 같은 현실이 드러난다. 연구진이 가나대학교(University of Ghana) 의과대학 마지막 학년에 있는 학생 43명과 비공식적인 토론을 한 결과 40명은 의사 자격을 갖춘 직후 나라를 떠나고 싶다는 의향을 보였다. 당시 가나대학교 의과대학의 등록금은 무료였는데 정부는 등록금뿐 아니라 숙박비, 교통비, 학교 운영비 등 제반 비용을 온전히 지원하고 있었다. 무료로 의대에서 교육받는 사람들이 대부분 떠난다는 것은 교육에 대한 비용 효과 문제를 불러일으키는 것이다.

아울러 두뇌 유출은 인적자원뿐 아니라 이들이 가진 재정적인 자원이 빠져나가는 것을 의미하기도 한다. 의사들이 이주해 빠져나가면 중산층이 감소하고 빈곤층의 비율이 높아진다. 아프리카에서도 미국이나 영국 등 서양의 선진국에서처럼 의사들이 중산층을 구성하며 사회적·경제적으로 중요한 부분을 차지하고 있다. 중산층은 구매력을 갖춘 주요 소비자일 뿐 아니라 세금도 많이 내며, 정치적·사회적·경제적 안정에 기여한다. 나아가 중산층은 질 높은 교육과 의료 서비스를 옹호하기 때문에 공공서비스의 질이 높아지는 데도 기여할 수 있다. 이런 상황에서 의사들의 감소는 서비스의 질을 낮추고 세금 손실을 야기할 수 있다.

　인재 유출이 야기하는 경제적 손실은 심각하다. 국제연합무역개발협의회(UNCTAD)는 전문직 1명이 아프리카를 떠날 때마다 미화 18만4,000달러의 비용이 발생하는 것으로 추산했다. 국제연합 환경계획(2001)에 따르면 매년 2만 명의 대학 졸업자들이 빠져나갈 때 발생하는 비용은 아프리카에 지원되는 공식 개발원조 기금의 약 1/3에 해당하는 것으로 추산됐다.

　노동자들이 더 나은 커리어와 삶을 추구할 권리를 이야기할 때 '이동의 자유'와 연결된 '인권'이라는 수사가 자주 언급된다. 반면, 그들의 이주로 인한 결과를 묘사할 때는 인권이라는 단어가 자주 언급되진 않는다. 그러나 의료 노동자들의 이주는 출신국의 의료 서비스 이용자들이 건강을 보장받을 권리에 막대한 영향을 미치고 있는 게 현실이다. 국가 간 불평등은 이주의 원인뿐 아니라 이주의 결과가 되기도 한다. 이주로 인해 국가 간 불평등이 더욱 커지기 때문이다. 이 때문에 어떤 학자들은 의료 노동자들의 국제 이주가 인권 침해에 뿌리를 두고 있는 동시에 인권 침해를 발생시킨다고 지적한다.

　의료 노동자들은 '이주할 권리'를 포함해 사회 구성원으로서 공동체에 대한 책임을 지고 있다. 내 권리 못지않게 다른 사람의 권리에 대한 책임도 있다는 것이다. 세계인권선언(1948)에서는 권리와 자유에 대해 다음과 같이 밝히고 있다.

　　자신의 권리와 자유를 행사함에 있어, 모든 사람은 다른 사람의 권리와 자유를 마땅히 인정하고 존중하기 위한 목적과 민주사회의 도덕과 공공질서와 일반적 복지에 대한 정당한 요구 조건에 부응하기 위한 목적에서만 법에 따라 정해진 제한을 받을 따름이다.

　그동안 인권을 둘러싼 논의는 책임보다는 '자유와 권리'에 그 초점이 맞춰져 있다는 비판이 제기되곤 했다. 이는 인권 담론의 근본적인 기반이 국가에 의한 위해로부터 개인을 보호하기 위한 것이기 때문이다. 그렇기에 의료 노동자들의 개인적 선택인 '이주'가 누군가의 인권을 침해한다는 주장은 주목받지 못했다. 그럼에도 불구하고 누군가의 '이주할 권리'로 인해 누군가의 생명권과 건강권이 침해되고 있으며, 이에 대한 우려가 끊임없이 제기되고 있다.

　두뇌 유출에 대해 비판하는 사람들과 개인의 인권을 옹호하는 사람들은 해외 이주에 대해 충돌하는 시각을 가지고 있다. 두뇌 유출에 대해 비판적인 관점은 숙련된 노동자들이 가난한 출신국을 떠나는 행위가 국가와 공동체에 해를 끼친다는 논지다. 하지만 인권의 관점에서 바라본다면 개인이 국가를 떠날 권리는 근본적인 인권에 속하며 이것은 기술의 숙련도와 상관없이 보호돼야 한다.

　이주자 개인의 권리 행사는 공동체의 건강과 발전에 명시적이고 직접적인 해를 끼치지 않을 지도 모른다. 하지만 이주가 집합적으로 장기간 진행될 때 이것은 공동체의 건강과 발전에 만성적인 악영향을 끼칠 수 있다. 그렇기에 이주자들의 '더 나은 삶을 추구할 권리'와 공동체 구성원들의 '더 나은 삶을 살 권리'를 두고 "누구의 권리가 우선하냐"는 논쟁이 발생하는 것이다.

파이 나누기와 파이 키우기

두뇌 유출은 '두뇌 유입(Brain Gain)'이라는 개념과 밀접하게 연관돼 있다. 이것은 높은 기술을 갖춘 이주자들을 받아들이는 국가가 이주자들의 지적 자산을 무료로 얻으며 그들의 출신국이 인적자원에 투자한 것으로부터 혜택을 얻는 것을 뜻한다.

두뇌 유출이라는 개념이 막 떠오르기 시작한 1960년대만 해도 대부분의 연구자는 인재들이 빠져나가는 현상에만 주목했다. 당시 '민족주의(Nationalism) 모델'이라는 학문적 이념을 근거로 해 두뇌 유출 현상이 논의됐기 때문에 두뇌 유출에 대한 시각은 부정적일 수밖에 없었다. 민족주의 모델은 이주자 개인보다는 출신국이 필요로 하는 것을 우선시한다. 따라서 인재가 외국으로 이주하면 출신국엔 해가 되고 이들을 받아들이는 국가에만 득이 된다는 시각이 내포돼 있다.

출신국은 그동안 인재들의 교육과 훈련에 투자한 비용을 잃게 되기 때문에 경제 성장과 발전에 타격을 입는 한편 인재를 받아들이는 국가는 비용을 들이지 않고 투자의 과실을 따 먹으며 혜택을 받는다. 인재들은 돈을 소비하고 탁월한 업무 성과를 내면서 추가적인 일자리를 만들어 낼 수 있는데 이 역시 다른 나라에서 이루게 된다. 인재들은 동료들에게 전문성을 전파하고 지적인 자극을 주며 긍정적인 영향을 미칠 수도 있으며 이로 인한 경제 성장과 사회 발전 역시 고스란히 인재 유입국의 몫이 된다. 그 결과 인재 유입국만 더욱 풍요롭게 돼 전 세계의 불평등이 심화한다는 것이다.

민족주의 모델은 숙련된 사람들의 이주를 근본적으로 '제로섬(Zero-sum) 게임'으로 본다. 파이가 한정돼 있기 때문에 인재들이 이주하면 이들을 받아들이는 부유한 나라는 더욱 부유해지고, 이들을 잃는 가난한 나라는 더욱 가난해진다는 것이다.

민족주의 모델의 입장은 이주자들이 출신국에 있었다면 자신의 분야에 모두 고용됐을 것이라는 가정에서 시작한다. 예를 들어 아프리카의 의료 노동자가 본국에 머물렀다면 그 나라에서 의료 발전에 기여할 수 있었는데 미국으로 떠났기 때문에 미국만 발전하게 된다는 것이다.

하지만 현실은 위와 같은 가정이 잘못됐다는 것을 보여주고 있다. 많은 개발도상국에서 교육받은 노동자의 상당수는 실업 상태에 처해 있다. 통계에 따르면 일부 국가의 경우 실업률이 비교적 낮은 것처럼 보이기도 하는데 이것은 그 나라에 적절한 사회안전망이 존재하지 않아 경제협력개발기구(OECD)가 정의하는 '실업 상태'에 머무는 것이 불가능하기 때문이다. 게다가 실업률을 확인할 수 있는 곳은 대부분 도시에 불과하며 시골은 실업률 확인이 어렵다. 따라서 많은 개발도상국의 노동 시장은 통계보다 더욱 심각한 '저임금'과 '실업률'의 상황에 처해 있다고 할 수 있다.

일례로 인도에서는 1965년 1월 기준으로 고용되지 않은 엔지니어들이 7만5,000명에 달했다. 인도에서는 매년 생기는 전문적인 일자리보다 배출되는 경제학자들과 통계학자들의 수가 더 많았다. 1983년 인도 케랄라(Kerala)에서는 대학 졸업자들의 실업률이 남자는 11.34%, 여자는 25.69%에 이르렀다. 이것은 교육을 받지 않은 사람들의 실업률(남자 3.52%, 여자 1.52%)이나 초등학교만 졸업한 사람들의 실업률(남자 6.73%, 여자 8.43%)보다 훨씬 높은 수치였다. 고숙련 노동자일수록 자신의 역량에 맞는 일자리를 찾기 어렵다는 점을 보여준다.

이 같은 현상은 많은 개발도상국에서 공통적으로 목격되고 있다. 국제연합훈련조사연구소(UNITAR)의 1971년 자료에 따르면 라틴아메리카에서는 대학교육을 마친 60만 명의 전문직(Professionals) 가운데 25%만 생산적으로 고용된 것으로 나타났다. 교육받은 사람들의 실업 문제는 인재들이 과도하게 많아 발생하는 것으로 많은 개발도상국에서 목격되는 현상이다. 콜롬비아, 중국, 인도, 이란, 나이지리아, 파키스탄, 필리핀, 한국이 이에 해당한다.

교육과 실업률 사이에는 강력한 상관관계가 있다. 어떤 학자들은 이것을 '교육받은 실업(Educated Unemployment)'의 모델이라고 부르며 이것이 국제 이주를 발생시켜 두뇌 유출을 일으킨다고 분석한다. 특히 개인의 '유보임금(Reservation Wage)'[1]이 높아질수록 해외에서 일할 가능성이 크다.

우리는 개발도상국의 인재 유출 현상에서 '고용의 효율'을 살펴봐야 한다. 개발도상국에서는 고숙련 노동자들에게 적절한 일자리를 제공하지 못하거나 설령 제공한다고 해도 기대보다 낮은 임금을 제공하는 경우가 많다. 열악한 환경에 처한 고숙련 노동자들은 자신들의 '더 나은 대우와 발전에 대한 욕구'를 충족할 수 없다. 환경과 욕구 사이에 간극이 발생했을 때 고숙련 노동자들은 국제 이주를 통해 적절한 보상을 받을 수 있게 된다. 그리고 고용의 효율성도 끌어올릴 수 있을 것이다. 소프트웨어 분야 전문직을 예로 들어보겠다. 엔지니어는 같은 소프트웨어 기술을 가졌더라도 인도보다 미국에서 더 많은 보상을 받는다. 많은 연구에 따르면 현지 생활비를 감안한 구매력을 반영하더라도 엔지니어들은 선진국에서 더 많은 급여를

---

1 근로자가 받고자 하는 최소한의 임금 수준이다.

받는다.

두뇌 유입·출을 단순히 '누군가의 100% 손실과 누군가의 100% 이득'으로 대변되는 제로섬 게임으로 볼 수 없는 것은 이것이 상당 부분 '두뇌 과잉(Brain Overflow)' 현상에서 기인하기 때문이다. 어떤 나라에서 배출하는 인재 규모에 비해 이들에게 제공할 수 있는 일자리의 수와 제반 환경이 충분치 않을 때 인재들은 해외로 이주해 더 적절한 보상을 받을 수 있다.

많은 개발도상국의 경우 인재들이 본국에 머물면 교육에 대한 투자를 회수하기 어렵다는 점도 짚고 넘어가야 할 것이다. 필리핀에서는 많은 사람이 대학교육을 이수하는데 그중 70% 이상은 사립대학에서 이뤄진다. 사립대학에서 교육받는 학생들의 교육비 지출은 상당히 크다. 하지만 그들이 필리핀에 머무는 이상 그 투자에 대한 보상은 눈에 띄게 낮은 수준에 머문다. 반면, 해외로 이주하면 교육에 대한 투자를 빠르게 회수할 수 있다.

개발도상국이 양질의 일자리를 많이 만들어 고숙련 인재들이 출신국에 머물게 하면 되지 않냐고 반문할 수도 있다. 하지만 실제 현실은 그렇게 간단치 않다. 아프리카 레소토를 생각해 보자. 레소토에서는 상당수의 인구가 시골에 살고 있다. 레소토 사람들이 농업 이외 분야에서 일자리를 찾으려 해도 다른 분야에서는 고용 기회가 희박하며, 교육과 기술이 지역 경제의 필요와 부합하지 않는다. 레소토 통계국에 따르면 1986년 레소토의 노동력은 62만3,385명으로 추산됐고, 실업률은 23%였다. 이것이 바로 노동 이주가 중요한 생계 수단으로 부상한 이유다. 레소토에 고숙련 노동자의 일자리가 부족한 상황에서 레소토 인재들이 해외로 이주해 일자리를 얻는 것을 단순히 '두뇌 유출'로만 설명할 수 있을까? 레소토 인재들이 본국에 머문다면 실업 상태는 지속될 것이고 기술과 재능을 생산적으로 활용하지 못할 가능성이 크다. 이들이 이주함으로 인해 일자리를 얻게 되는 것을 단순히 '레소토엔 해가 되고 이주자를 받아들이는 선진국엔 득이 되는' 두뇌 유출의 프레임으로만 바라볼 수는 없을 것이다.

설령 개발도상국에서 고숙련 노동자가 많이 필요하다고 하더라도 고숙련 노동자들이 해외로 이주하는 현상을 막을 수는 없을 것이다. 고숙련 노동은 시장성이 높아 해외에서도 수요가 많기 때문이다. 출신국의 노동 시장이 고숙련 노동자들을 흡수할 만한 여건이 안 되거나 처우가 빈약한 경우 인재들은 계속해서 떠날 수밖에 없다. 카리브 해 지역에서 고숙련 노동자들이 빠져나가는 비율이 가장 높은 아이티가 이에 해당한다. 미주개발은행(1DB) 자료(2006)에 따르면 아이티에서 대학교에 등록하는 사람들은 전체 인구의 1% 미만이다. 하지만 대학 졸업자의 84%가 아이티를 떠났다. 아이티의 많은 고숙련 노동자들은 자국의 고숙련 노동자들이 부족하더라도 해외로 떠나는 것이다.

어떤 사람들은 아이티에서 고등교육에 많은 자원을 투입해 고숙련 노동자를 많이 길러내면 국가 발전에 도움이 될 것이라고 한다. 하지만 이는 현상의 다차원적인 측면을 잘못 이해한 것이다. 아이티의 교육 수준이 높아질수록 이주 가능성은 더욱 커지고 있다. 에반스 자도트(Evans Jadotte)의 연구(2012)에 따르면 아이티에서 중등교육을 마친 사람들은 초등교육만 마친 사람들보다 이주할 가능성이 12%나 높았다.

개발도상국의 두뇌 유출을 제로섬 게임으로 보는 것에는 또 다른 잘못된 가정이 자리 잡고 있다. 바로 인재를 얻는 곳은 이득이고 잃는 곳은 손해인 만큼, 인재를 붙잡아두는 곳이 승자라는 가정이다. 이 논리가 맞는다면 인재들을 이주하지 못하게 할수록 이들의 출신국이 발전할 가능성은 커질 것이다.

하지만 이런 주장 역시 이주를 둘러싼 표면적인 현상만 이해한 것이다. 우선 인재들은 고숙련자일수록 도시에서 일하려는 경향이 강하다. 그러므로 이들은 다른 나라에 가지 않더라도 시골이나 소도시에서는 일하려 하지 않을 것이다. 따라서 시골과 소도시의 고숙련 노동자 부족 현상은 여전할 것이다. 특히 의료 노동자들의 상당수는 도시에서 일하기를 원해 대도시에 밀집해 거주한다. 이러한 현상을 통해 인재들의 해외 이주를 막는 것이 인재 부족에 대한 진정한 해결책이 될 수 없다는 것을 알 수 있다.

개발도상국이 이주를 막는다면 오히려 인재들의 발전은 저해될 것이다. 인재들의 이주가 불가능한 국가가 있다고 가정해 보자. 사람들은 개발도상국 안에서 효과적으로 쓰일 수 있는 기술이나 역량을 제외한 다른 분야는 계발하려 하지 않을 것이다. 반면, 선진국으로 이주할 수 있는 문이 활짝 열려있다고 생각해 보자. 사람들은 해외로 이주해 더 나은 삶을 살 수 있을 것이라는 가능성에 희망을 품을 것이다. 그들은 더 많이 교육받으려 할 것이고 더 많은 기술을 습득하려 할 것이다. 이는 향후 얼마나 많은 인재가 해외로 이주하건 간에 개발도상국이 가진 인재의 역량을 키우고 인재 시장 자체를 넓힐 수 있게 한다.

통상적으로 부유한 나라는 평균 임금이 높기 때문에 교육에 대한 보상 역시 가난한 나라보다 높을 수밖에 없다. 가난한 나라의 많은 사람은 선진국으로 이주하면 훨씬 큰 보상을 얻을 수 있을 것이라는 '이주의 가능성' 때문에 교육에 더 많이 투자한다. 이런 경향은 미국, 호주, 캐나다 등 이주자에 친화적인 국가들이 노동자들의 이주에 일정 요건을 요구하면서 더욱 강화되고 있다. 많은 선진국은 비자 요건이나 쿼터 제한, 특정 기술을 평가하기 위한 점수 시스템 등을 통해 이주자들을 선별하고 있다. 이주자들은 이러한 선진국의 요구에 부응하기 위해 자신의 역량을 계발해 더 나은 삶을 살고자 한다.

이주의 가능성은 교육받은 이들이 국내에서 구직하는 것을 더욱 까다롭게 만들기도 한다. 높은 교육을 받은 사람들은 자신의 기술을 잘 활용할 수 있고 그에 따른 적절한 보상이 있는 일자리를 찾기 때문에 경쟁력이 없는 일자리는 살아남기 힘들 것이다. 따라서 어떤 학자들은 이주가 장기적으로 산업 구조를 향상하는 데 일조할 것이라고 말한다. 이주할 가능성이 적당히 있는 것은 결과적으로 인적자원 개발을 촉진해 두뇌 유입을 야기할 수 있다는 분석도 있다. 반면, 이주의 가능성이 지나치게 낮으면 사람들은 인적자원에 투자할 필요성을 느끼지 못할 것이다.

이주를 제한한다면 개발도상국은 더욱 도태될 가능성이 크다. 개발도상국은 인재를 육성할 만한 환경도 제대로 뒷받침되지 못한 경우가 많기 때문이다. 존 불렛(John Boulet) 등의 연구(2007)에 따르면 아프리카 57개국 중 16개국은 의대가 한 곳도 없었다. 이것은 달리 말하면 이 같은 아프리카 국가들은 자체적으로 길러내는 의료 인재가 없어 인재 유출로 인해 직접적인 의료 서비스의 손실을 겪지 않는다는 것을 의미한다. 이곳의 국민이 해외로 이주한다면 그들은 오히려 의료 훈련을 받을 수 있게 될 것이고 본국에 돌아와 의료 서비스를 제공할 수 있게 될 것이다.

인재들의 이주가 가져다주는 발전은 경제적인 측면에만 국한되지 않는다. 글로벌 노동 시장은 점점 더 많은 여성에게 일할 기회를 주고 있다. 이주는 더 많은 여성이 역량을 강화하고 정치적 가치와 의료 지식을 습득할 수 있게 해준다.

　물론 많은 개발도상국 출신 여성이 선진국으로 이주해 저숙련·저임금 직업에 종사하고 있다. 하지만 인재 이동이 가속화될수록 고숙련 전문직 여성들의 이주도 늘어나고 있다. 선진국의 의료, 교육, 사업 등 다양한 분야에서 여성의 입지가 넓어지면서 개발도상국의 여성 인재들도 선진국으로 이주해 다양한 분야의 직업을 갖게 됐다. 숙련도를 막론하고 선진국은 가난한 국가 출신의 여성들에게 출신국보다 더 많은 기회를 제공하고 있다.

　여성들의 이주는 남녀 불평등과 빈곤을 완화하고 여성의 경제적인 안정을 고양할 핵심적인 방편으로 작용하고 있다. 이주는 여성들이 일상적인 사회 관계망에서 벗어나 더 개방된 사회에 노출되도록 해 그들의 역량을 강화해준다. 여성들은 이주를 통해 일하면서 스스로 생계를 확보하고 출신국에 남겨진 가족에게도 생활비를 제공할 수 있다. 더 개방된 사회에서 획득한 경험들은 인적자본을 개발하고 자율성과 자부심을 고취하는 한편 가정과 공동체에서 여성의 지위를 높여 양성평등을 확산시킬 수 있다.

　이주는 개발도상국 여성들의 의료와 위생에 대한 지식을 높일 수도 있다. 이주자들은 위생, 식습관, 운동, 피임, 기타 생활습관의 중요성 등에 대한 지식을 높일 수 있고 기본적인 건강 관행에 대한 지식을 가족들과 공유하게 된다. 특히 여성이 이주할 경우 모성 건강에 대한 지식을 높일 수 있어 아이들의 건강에 도움이 될 수 있다.

　민족주의적인 관점보다 세계시민적인 관점을 통해 본다면 이주가 가져오는 효용성을 더욱 쉽게 이해할 수 있을 것이다. 같은 기술을 지닌 고숙련 노동자가 자신의 출신국에 머물면 재능을 썩히기 쉬우나 선진국으로 이주했을 때 훨씬 더 많은 효용을 낸다면 어떻게 해야 할까. 전 세계적인 관점에서 보면 이주는 재능이라는 자원을 가장 효과적으로 배분해 효율을 높이는 것이 된다.

그렇다고 해서 고숙련 노동자들의 이주가 세계적으로만 이득이 되고 출신국에는 해만 끼치는 것은 아니다. 고숙련 노동자들의 이주는 출신국 노동자들의 급여가 상승하도록 유도하기도 한다. 현재 개발도상국과 선진국의 임금 격차는 크다. 마이클 클레멘스(Michael A. Clemens) 등의 연구(2008)에 따르면 볼리비아에서 태어나고 9~12년간 학교 교육을 받은 35세 도시 남성이 볼리비아에서 일한다면 월 460달러를 벌 수 있지만, 미국에서 일한다면 1,831달러를 벌 수 있을 것으로 추정됐다. 이주자들이 많이 떠나 고숙련 인력이 부족해지면, 인재 송출국에서는 해당 직업군에 대한 급여를 올려야 한다는 압박이 대두된다. 물론 많은 개발도상국에서 공공성이 큰 의료 분야는 정부의 재정적인 어려움으로 인해 급여 상승이 제한적인 것이 사실이다. 하지만 민간 부문에서는 인재 유출이 인재들을 붙잡기 위한 방책 마련을 촉진해 급여 상승 등의 환경 개선으로 이어질 수 있다. 이주를 통해 세계 노동 시장이 통합되는 것은 국가 간에 급여 수준이 비슷하게 맞춰지도록 압력을 가할 것이다.

이주 현상이 가속화되면 전 세계적으로 고숙련 인력이 늘어난다. 어떤 국가의 젊은이들이 해외 간호사들의 급여와 생활 환경 그리고 이주할 기회를 접했다고 가정하자. 그렇다면 간호사가 되려는 사람들은 자연히 늘어날 것이다. 실제로 개발도상국에서는 더 높은 자격을 갖춘 인재들이 국가를 떠나기 위한 투자 차원에서 간호계에 입문하는 현상이 증가하고 있다. 간호 훈련을 받으려 하는 지원자들이 늘어나면서 간호사가 되기 위해 얻어야 하는 자격의 수준도 함께 상승하는 한편 지원자 중 남성의 비중도 올라가고 있다. 가나의 공립 교육기관 '위네바(Winneba)커뮤니티건강간호사 훈련학교'를 예로 들면 지원자 수가 2003년 400명에서 2004년 2,000명으로 증가했다. 간호사가 되려는 사람들이 늘어난 것이다. 이런 현상으로 인해 가나에서 민간 간호학교들이 더욱 많이 설립됐다.

필리핀에서도 이주 가능성 때문에 의료 직업이 각광받고 있으며 실제로 많은 필리핀 간호사들이 해외로 향하고 있다. 마가리타 페린(Margarita Perrin) 등의 연구(2007)에 따르면 조사 대상이 된 간호사들의 평균 2/3(66%)는 훈련 프로그램을 마친 뒤 해외로 이주할 의향이 있었다. 필리핀에서는 간호대학이 1999년 170개에서 2005년 460개로 늘었는데 새로운 대학의 대다수는 민간기관이었고 그곳의 커리큘럼은 외국의 의료 시스템에 맞춰져 있었다. 인도에서도 이주의 가능성이 간호사라는 직업을 더욱 매력적으로 만들었다고 평가된다. 이것은 동시에 수많은 간호사를 배출해내 인도 내에서 환자들이 간호 서비스를 받는 기회를 높이기도 했다.

세계시민주의자들과 국제주의자들의 관점에서 보면, 인재들의 이주는 인적자본이 더 생산적인 맥락에서 고용되도록 하며 출신국과 새로 정착한 나라 모두에 가치를 더해준다. 글로벌 관점에서는 이주가 촉진될수록 지구촌 공동체의 혜택이 늘어난다. 이것이 바로 두뇌 유출이 어느 한쪽의 일방적인 손실이라는 주장이 힘을 얻지 못하는 이유다.

두뇌 낭비의 투자 손실

이주 혹은 이주에 대한 가능성으로 인해 모든 사람의 역량이 강화되는
것은 아니다. 이주자가 가진 기술이 출신국과 다른 나라에서 똑같이 활용
되지 못할 수도 있다. 이러한 상황은 인재들의 '두뇌 낭비(Brain Waste)'를 시
사하고 있다. 두뇌 낭비는 자신이 취득한 기술보다 더 낮은 수준의 기술을
요구하는 직업에서 일하는 것이나 실업 상태를 의미하는 일종의 '자격 격
하' 현상이다.

개인이 역량을 발휘하는 데 있어서 출신국은 중요한 요소다. 출신국은
누군가의 교육과 경험이 노동 시장에서 활용되는 데 있어서 중요한 요인
으로 작용한다. 이것은 개인이 가진 기술과 경험이 국가 간에 불완전하게
호환될 수 있기 때문이다. 미국인구조사국 데이터(2009~2013년)에 따르면
미국에 있는 외국출신 대학 졸업자 760만 명 중 1/4에 달하는 190만 명이
능력 이하의 일을 하거나 실업 상태였다. 또한, 미국 외의 국가에서 대학
학위를 받은 이주자들은 미국에서 대학을 나온 이주자들에 비해 능력 이
하의 일을 하거나 실업 상태에 머무는 '두뇌 낭비'를 경험할 가능성이 훨씬
컸다. 연구에 따르면 미국에서 교육받은 이주자들(21%)보다 해외에서 교육
받은 이주자들(29%)의 두뇌 낭비 비율이 더 높았다.

독일에서도 이 같은 현상은 두드러진다. 스테판 험퍼트(Stephan Humpert)
는 연구(2013)를 통해 독일 원주민과 이주자들의 소득 격차를 조사했다. 그
결과 독일에서 태어나지 않은 사람들은 평균적으로 소득의 6.5~10%를 상
실하는 것으로 나타났다. 또한, 외국 국적을 가진 사람들은 평균적으로 소
득의 8~14%가 낮아 더 큰 불이익을 마주하는 것으로 나타났다. 험퍼트는

"이주자들은 독일 원주민 노동인구에 비해 상대적으로 소득 손실을 마주하고 있다"고 결론 내렸다.

이주자들의 두뇌 낭비 현상은 이주한 지 오래되지 않은 사람들 사이에서 더욱 두드러지게 나타난다. 따라서 시간이 지나면 소득 격차가 줄어들곤 한다. 배리 치스윅(Barry R. Chiswick)은 연구(1978)에서 1970년 미국 인구 데이터를 활용해 외국 출생 백인 남성의 소득에 출신 지역과 미국에서의 거주 기간이 미치는 영향을 분석했다. 이주자들은 도착 직후 비슷한 특성을 가진 원주민들보다 소득이 상당히 적었으나 시간이 지날수록 이 같은 소득 격차는 줄어들었다. 다른 조건이 같다면 외국 출생 백인 남성은 이주한 지 5년이 지났을 때 원주민 남성보다 주당 10% 낮은 급여를 벌었지만, 13년이 지나면 소득이 거의 비슷하게 됐다. 20년 뒤에는 원주민 남성보다 소득이 6% 높아지는 것으로 나타났다.

이주자들이 같은 교육 배경, 직업 경험, 기술을 가졌다고 하더라도 출신국에 따라 두뇌 낭비 비율이 다르게 나타난다는 분석도 있다. 세계은행 자료(2007)에 따르면 1994년 미국에 도착한 가상의 34세 인도인 대학 졸업자가 숙련된 일자리를 얻을 가능성은 69%로 추산됐는데 나이, 경험, 교육 수준이 같은 멕시코인 이주자는 그 가능성이 24%에 불과할 것으로 분석됐다.

이와 비슷한 현상은 이스라엘에서도 나타났다. 레이첼 프라이드버그(Rachel M. Friedberg)의 연구(2000)에 따르면 이스라엘에 온 이주자들은 도착 직후 비슷한 기술 수준을 가진 원주민들보다 약 1/4가량 적은 소득을 얻었다. 하지만 이주자들 간에도 소득 차이가 존재했는데 아시아나 아프리카에서 온 이주자들보다는 유럽과 서구권에서 온 이주자들에 대한 보상이 더욱 높았다.

그렇다면 두뇌 낭비 현상은 왜 발생할까? 이는 본국에서 축적된 인적자본의 질이 다르기 때문이다. 원주민들은 현지 언어를 유창하게 구사할 수 있고 자신이 태어나고 자란 국가에 대한 지식을 넓게 습득한 만큼, 같은 교육 수준이나 업무 경험을 갖춘 이주자들에 비해 생산성이 높을 여지가 많다. 국가 간 교육의 질에도 격차가 존재한다. 어떤 나라에서는 교육기관에서 영어를 사용하거나 대학교육에 많은 돈을 지출한다. 따라서 같은 대학교육이라도 해외의 다른 곳보다 더 큰 효과를 낸다. 또 개발도상국에서 행해지는 교육 수준에 대해 개발도상국에서는 적절하다고 여기나 선진국 기준에서는 낮다고 인식될 수 있다. 교육의 질에 있어서 격차가 많이 날수록 이주자들이 저숙련 일자리에 빠지는 현상이 발생하기 쉽다. 따라서 두뇌 낭비를 방지하기 위해서는 교육의 질 향상에 많은 노력을 쏟아야 한다. 사실 국가별로 기술 분포가 달라서 이주자들의 능력 역시 다양하다. 이주 자체가 두뇌 낭비를 발생시킨다기보다는 어떤 사람이 어떤 나라에서 이주하는지가 더 중요하다는 것이다.

그 배경이 무엇이건 간에 오늘날 고숙련 이주에서 두뇌 낭비는 심심찮게 목격되고 있다. 두뇌 낭비 문제의 가장 큰 핵심은 고숙련 노동자들이 그동안 인적자본에 투자한 것에 대해 예상치 못한 손실을 얻는다는 것이다. 많은 경제학자는 교육을 '투자 결정'으로 본다. 사람들은 각기 다른 기술을 가진 집단에 대한 기대소득을 기반으로 교육에 투자한다. 개인에게 있어서 이주 역시 투자 결정의 일환인데 사람들은 다른 장소에 존재하는 기대소득의 차이가 이주 비용을 넘어선다고 예상하기 때문에 이주를 결정한다.

따라서 자신이 획득한 교육 및 기술 수준과 관계없이 저숙련 일자리에 고용될 가능성이 크다면 잠재적인 이주자들이 교육에 투자할 유인은 적어진다. 개발도상국 사람들 사이에서는 보상받지 못할 교육에 대한 의욕이 낮아지고, 전체적인 인적자원의 역량이 낮아질 수 있다.

두뇌 낭비로 인해 이주자 송출국의 인적자원 역량이 낮아지는 현상은 멕시코에서 엿볼 수 있다. 멕시코에서 많은 사람이 미국으로 이주하는 것은 현지 교육에 대한 투자 의욕을 저하시키고 있다. 같은 학위라도 멕시코에서 교육을 받은 사람이 미국에서 교육을 받은 사람에 비해 미국 노동시장에서 더 적은 보상을 받기 때문이다. 이주자 커뮤니티에서는 멕시코에서 추가적인 교육을 받는 것보다 미국에서의 업무 경험, 영어 실력, 사회적인 네트워크, 체류 허가증을 갖는 것이 노동 시장에서 더욱 가치 있을 것으로 통용된다. 따라서 미래에 미국으로 이주할 생각이 있다면, 멕시코에서 교육을 받을 유인이 적어진다고 평가받는다.

데이비드 맥켄지(David McKenzie)는 연구(2006)에서 멕시코에서 이주가 교육에 미치는 영향을 조사했다. 연구 결과, 이주자 가정의 남성과 여성의 고등학교 졸업 비율은 다른 가정에 비해 각각 13%, 14% 정도 더 낮았다. 이주자가 많은 커뮤니티에서는 가족의 이주 경험이 학업에 영향을 끼친다. 멕시코에서 해외로 이주한 이들 중 많은 수가 저숙련 일자리에서 일하고 있기 때문에 이주민 가정의 아이들의 교육 욕구가 감소하게 된 것이다.

경제적으로 낙후된 최빈국에서는 두뇌 낭비가 더욱 치명적일 수 있다. 우수한 인재들이 빠져나가는 두뇌 유출이 계속되는 가운데 인재들의 재능이 해외에서 사용되지 못하는 두뇌 낭비가 겹쳐지기 때문이다. 따라서 이주가 발전적으로 활용되지 못하고 있다. 그럼에도 불구하고 개발도상국의 열악한 경제 및 생활 환경 때문에 많은 이들이 두뇌 낭비를 감수하면서까지 해외에 머물고자 한다. 이처럼 두뇌 낭비와 동반되는 두뇌 유출이 계속된다면 글로벌 불평등이 더욱 심화할 수 있다.

아이티가 대표적인 사례다. 아이티 교육부는 자국민이 캐나다나 프랑스에서 박사학위를 받을 수 있도록 장학금을 지원했다. 당국은 이들이 학업을 마친 뒤 해당 국가에 머물 것으로 예상했다. 아이티에 돌아오더라도 생계를 유지하기가 어려운 데다가 그 지식이 유용하게 쓰이지 않을 것이기 때문이었다. 하지만 아이티 정부의 지원으로 대학교육을 마친 많은 사람은 미국, 캐나다, 프랑스에서 택시 운전기사로 일했다. 이것은 완전한 두뇌 낭비였다. 그럼에도 불구하고 아이티 정부는 고등교육에 쏟는 예산의 비중을 높였고 공립대학에 정원을 늘리라는 압박을 계속했다. 인재 육성의 관점에서 보면 고등교육에 더 많이 투자하는 것은 당연한 것이다. 문제는 고등교육에 쏟는 예산을 늘리고 대학 정원을 확대하면 고숙련 아이티인들의 이주가 더욱 촉진돼 '두뇌 유출'과 '두뇌 낭비'의 이중고를 악화시킨다는 것이다.

아이티와 같은 최빈국에서는 인재가 매우 희소한 자원으로 꼽힌다. 아이티에서는 부모의 재정 상태가 좋지않아 많은 학령기 아이들이 학교에 가지 못한다. 학교에 가는 학생들의 90%가량은 사립학교에 간다. 사립학교 교육의 질은 다양한데 가장 잘 가르치는 학교의 등록금은 아이티의 평균 소득보다 높다. 고등교육을 받는 학생 중 상당수는 평균보다 소득이 높은 유복한 가정 출신이다. 이런 높은 기회비용 때문에 많은 사람이 고등교육을 받지 못한다. 고등교육을 받은 인력이 이주할 때 발생하는 두뇌 낭비는 그렇지 않아도 희소한 인적자원의 가치를 더욱 떨어뜨리고 있다.

개발도상국에서 고숙련 인재들이 빠져나가는 현상이 불가피한 것이라면, 이들의 이주를 생산적으로 활용할 수 있는 방안을 강구하는 것이 현실적인 방법이다. 선진국에서 발생하는 두뇌 낭비 현상에 대해 제대로 된 수요 분석 없이 무작정 교육과 훈련에 투자하는 것은 오히려 두뇌 낭비를 심화시키는 부메랑으로 돌아올 수 있다는 점을 유념해야 한다.

해외 송금과 개발 자금

개발도상국이 두뇌 유출로 인해 얻는 이득 중 부정할 수 없는 한 가지는 바로 이주자들이 출신국에 보내는 '송금액'이다. 고숙련 노동자가 빠져나가는 송출국은 이주자가 해외에서 얻는 수입 일부를 본국에 송금할 경우, 일정 부분의 손실을 보상받을 수 있다. 어쩌면 이주는 고숙련 노동 시장의 실업 문제를 해결하는 동시에 외화를 유입하는 '일석이조(一石二鳥)'의 해결책이 되는 것이다.

물론 고숙련 이주가 송금에 미치는 영향에 대한 경험적인 근거는 충분치 않다. 고숙련 노동자들이 이주함으로써 발생하는 송금이라는 이득의 규모와 손실의 규모 중 어느 것이 더 큰지에 대해서도 양적인 근거가 많지 않다.

단순하게 생각한다면 고숙련 노동자들은 해외에서 더 많은 돈을 벌기 때문에 더 많이 송금할 수 있을 것이다. 하지만 반론도 만만치 않다. 리카르도 파이니(Riccardo Faini)는 연구(2007)에서 두뇌 유출로 인한 부정적인 영향이 송금이라는 긍정적인 효과로 인해 완화될 수 있다는 주장은 대부분 사실이 아니라고 언급했다. 고숙련 노동자들은 부유한 가정에서 태어났을 가능성이 크기 때문에 출신국으로 송금하는 경향이 비교적 적다. 고숙련 노동자들은 가까운 가족들을 데리고 이주하는 경향이 저숙련 노동자보다 더 많기 때문이다. 실제로 많은 연구는 고숙련 이주자들의 송금이 더 적다고 언급했다. 요코 니이미(Yoko Niimi) 등은 연구(2008)에서 이주자 중 대학교육을 받은 사람의 비중이 증가할수록 1인당 평균 송금액이 적어진다는 것을 발견했다.

전체적으로 어떤 요소가 고숙련 노동자들의 송금 패턴을 결정하는지는 명확하지 않다. 하지만 분명한 것은 송금하는 인원이나 금액이 얼마든 간에 고숙련 이주자들 상당수가 출신국에 송금한다는 것이며 이것이 개발도상국의 발전에 도움이 되고 있다는 것이다. 마리 캉가스니에미(Mari Kangasniemi) 등은 연구(2004)에서 영국에서 일하는 인도 의사들을 조사했는데 응답자의 45%는 본국으로 돈을 송금하고 있었으며 송금액은 평균적으로 소득의 16% 정도였다.

송금 덕분에 국제 이주는 개발도상국의 빈곤을 줄이는 방편으로 분석되기도 한다. 리차드 아담스(Richard Adams) 등은 연구(2003)에서 저·중소득 국가 74곳의 자료를 분석했는데 평균적으로 어떤 나라의 인구 중 국제 이주자가 10% 증가할 경우 빈곤에 처한 사람(하루에 1달러 미만으로 생활하는 사람)의 수가 1.9% 감소하는 것으로 분석됐다. 연구진은 또 평균적으로 한 나라의 국내총생산(GDP)에서 국제 이주자들의 송금이 차지하는 비중이 10% 증가하면 빈곤 속에서 사는 사람들의 비중이 1.6% 감소한다는 것을 발견했다.

미주개발은행 자료(2007)에 따르면 아이티 가구의 45%는 가족 구성원이 해외에 살고 있었고, 31%는 이주자들로부터 매달 평균 150달러를 받고 있었다. 많은 아이티인에게 송금은 빈곤을 탈출할 수단이었다. 송금을 받는 가구는 송금을 받지 않는 가구보다 가난에 처할 위험이 22%나 낮았다. 송금을 받는 가정의 아이들은 그렇지 않은 가정의 아이들에 비해 건강과 영양, 교육 수준이 더 높았다. 2000년 이후부터 아이티로 보내지는 송금액은 외국인 직접투자뿐 아니라 아이티의 재화 및 서비스의 수출액을 넘어서기 시작했다.

송금은 절대빈곤을 벗어날 수 있는 수단으로 분석되기도 한다. 장 폴 아잠(Jean-Paul Azam) 등의 연구(2005)에 따르면 1996년 한 해 말리 서부의 케스(Kayes) 지역에서 프랑스로 떠난 이주자들의 평균 송금액은 가구당 74만 145CFA프랑[2]이었다. 이것은 세계은행이 제시한 빈곤선인 1인당 하루 1달러(1996년 기준 700CFA프랑)를 넘어서는 것이었다. 연구 대상이 된 305개 가구에서 송금은 전체 수입의 40.1%를 차지했고, 최소한 1명의 이주자를 가족 구성원으로 둔 182가구에서는 전체 수입의 50.8%를 차지했다. 외국으로 나간 이주자를 가족 구성원으로 둔 가정은 그렇지 않은 가정보다 수입이 약 56%나 많았다.

송금의 주요 근원지는 고소득 국가들이다. 세계은행에 따르면 2015년 기준으로 미국은 가장 많은 재화를 송금하는 국가이며 2014년에만 563억

---

2 중앙아프리카 CFA(Coopération Financière en Afrique centrale, 중앙아프리카 경제 공동체) 프랑 혹은 간단히 프랑이라고도 한다. 중앙아프리카의 6개국(가봉, 적도 기니, 중앙아프리카 공화국, 차드, 카메룬, 콩고공화국)이 사용하는 통화이다. 이외에도 말리를 비롯한 몇몇 서아프리카 국가에서도 사용한다.

달러가 빠져나간 것으로 추산됐다. 그 다음은 사우디아라비아, 러시아, 스위스, 독일, 아랍에미리트, 쿠웨이트 순이었다.

송금은 그 어떤 개발원조보다 개발도상국의 발전에 막대한 영향을 미치는 것으로 분석된다. 세계은행의 '이주와 송금 팩트북 2016'에 따르면 2015년에 전 세계 송금액은 6,010억 달러를 넘어선 것으로 추산된다. 그중 개발도상국이 4,410억 달러를 받은 것으로 추정되는데 이는 개발도상국이 받는 공식 개발원조의 3배가량에 이르는 금액이었다. 세계은행은 공식 및 비공식 채널을 통해 집계되지 않은 것을 포함하면 송금의 실제 규모는 훨씬 클 것으로 추산하고 있다.

송금이 개인과 국가에 막대한 재정 효과를 미치므로 국제 이주가 이주자들의 출신국에 어떤 영향을 미치는지 정확히 알기 위해서는 송금액이 어디에 쓰이는지를 알아야 할 것이다. 많은 연구는 이주자들의 송금이 가족 구성원들의 역량을 강화하는 데 기여한다는 것을 보여주고 있다. 송금으로 인해 개발도상국의 가족 구성원들은 자본을 축적할 수 있게 되며, 이전까지는 불가능했던 투자도 가능해진다. 물론 다양한 요소들도 고려해야 한다. 이주자들이 각 가정에 무작위로 배치되는 게 아니므로 개별 특성도 살펴봐야 한다는 것이다. 예를 들면 더 야심 찬 가정은 더 많은 이주자를 구성원으로 두고 있어 더 많이 송금받으며 더 많이 투자할 것이다. 반면, 과거 투자 실패의 경험이 있는 가정은 잃어버린 소득을 보충하기 위해 해외로 가족 구성원을 보내겠지만, 송금을 받더라도 투자 활동을 하지 않을 수도 있다.

하지만 경제적인 투자를 하건 그렇지 않건 간에 송금은 이주자 가정의 역량 강화에 크게 기여하고 있는 것으로 분석된다. 송금은 이주자의 가족들이 학업에 투자할 능력을 높이기 때문에 아이들의 학업 수준을 높이고 학교 중퇴율과 문맹률을 낮춘다.

앰슨 시반다(Amson Sibanda)는 연구(2004)에서 남아프리카공화국에서 이주자를 가족 구성원으로 두고 그들로부터 송금을 받은 가정의 아이들이 중·고교를 중퇴할 가능성이 그렇지 않은 아이들에 비해 69%나 낮다는 사실을 발견했다. 에르네스토 로페즈-코르도바(Ernesto López-Córdova)는 연구(2006)에서 송금이 문맹률을 낮추는 효과가 있다는 것을 발견했는데 가구가 받는 송금이 1% 올라갈 때마다 아이들 사이에서 문맹률이 약 3%씩 낮아지는 것으로 분석했다. 실제로 여러 연구는 송금받는 가정이 교육에 더 많은 돈을 지출한다는 것을 보여주고 있다. 모리스 쿠글러(Maurice Kugler)는 연구(2005)에서 콜롬비아에서 송금을 받는 가정은 그렇지 않은 가정보다 평균적으로 11%의 금액을 교육에 더 많이 지출한다는 것을 보여줬다.

송금은 개발도상국 아이들의 자유 시간을 높이는 잠재적인 효과도 있다. 송금을 받는 가정은 아이들의 노동에 의지하는 정도가 낮아질 것이다. 송금 덕분에 아이들은 농업이나 어린 동생들을 돌보는 일 등을 위해 학교를 그만두지 않아도 될 것이다.

송금은 잠재적으로 두뇌 유입 효과를 만들어 내기도 한다. 송금으로 인해 소비가 증가하면 일자리 수요가 증가하고 고숙련 인적자원이 많이 길러져 전체적으로 인재가 많아질 수 있다. 궁극적으로 송금은 인적자원을 개발하고 고용을 창출해 노동 시장을 더욱 두텁게 할 수 있다. 이런 까닭에 송금을 받는 사람들이 대거 해외로 이주하지만 않는다면 송금은 두뇌 유출보다는 두뇌 유입 효과를 낸다는 시각도 있다.

물론 송금의 상당 부분이 건설적인 투자보다는 사적인 소비에 쓰인다는 분석도 있다. 또한, 송금으로 인한 이득이 두뇌 유출로 인한 손실을 메우지 못한다는 시각도 있다. 아울러 송금은 지역사회에서 이주자를 구성원으로 둔 가족과 그렇지 않은 가족 사이에 경제적인 격차가 벌어지도록 해 개발도상국의 불평등을 심화시킨다는 지적도 있다. 그럼에도 불구하고 인재들의 이주로 인해 출신국이 상당한 송금 이득을 얻는다는 점은 부정할 수 없는 사실이다. 그리고 해외에 있는 고숙련 이주자들은 국가가 어려울 때 송금을 통해 출신국을 강력히 지원할 수도 있다.

　2010년 아이티에서 대지진이 발생한 뒤 미국은 어떤 원조보다도 아이티인들에게 커다란 혜택을 주는 대책을 발표했는데 그것은 미국에 있는 아이티인들에게 18개월간의 임시 보호 지위를 주겠다는 것이었다. 이 대책은 미국에 사는 10~20만 명의 아이티인이 적절한 체류 서류가 없어도 추방 위험에 처하지 않고 미국에서 합법적으로 일할 수 있도록 하기 위한 것이었다. 그와 동시에 이들이 정식 송금 경로를 통해 본국으로 빠르고 효율적으로 송금할 수 있도록 했다. 임시 보호 지위로 이주자 1명당 평균 송금액이 20% 늘어난다면, 2010년 기준으로 아이티에 3억6,000만 달러가 추가로 들어올 것으로 분석됐다.

　노동 이주는 자국 내에서 실업률이 높을 때 자국 노동 시장을 관리하는 목적으로도 쓰일 수 있다. 송금을 통해 더 많은 외화를 유입하면 경제적인 혜택도 누릴 수 있다. 이런 이유로 어떤 개발도상국들은 해외로 많은 자국민을 보내려고 하기도 했다. 대표적인 예로는 정부 주도로 노동 이주 촉진 정책을 시행했던 필리핀이 있다. 필리핀 정부는 증가하는 실업을 개선하고 낮은 급여 문제를 해결하기 위해 1974년 '해외 고용 프로그램(Overseas

Employment Program)'을 도입해 해외 취업을 촉진했다. 필리핀 정부는 특히 외국에서 일하게 한다는 목표를 세우고 간호사들을 훈련했으며 간호사들의 노동 이주에 적극적으로 조치했다. 필리핀은 전 세계에서 가장 큰 간호사 '수출' 국가가 되는 것에 대해 자랑스러워했다.

물론 송금이 인재 유출의 문제점을 상쇄할 순 없다. 필리핀에서도 현지에 간호사가 부족하고 의료 부문의 근로 환경도 열악한데 인재 유출을 권장하면 문제가 악화된다는 지적이 제기됐다. 이 같은 문제는 단순히 해외 이주를 통해 송금을 최대화하는 것으로는 해결할 수 없다.

송금액이 얼마나 되건 간에 인재 유출이 경제에 미치는 심각한 악영향을 막을 순 없다. 2017년 1월 영국 주간지 〈이코노미스트(The Economist)〉가 보도한 동유럽의 국가들의 실상을 보면 이 같은 사실을 확인할 수 있다. 리투아니아 파네베지스(Panevezys) 마을에는 노르웨이 의류 제조사인 데볼드(Devold)가 지은 공장이 경제자유구역에 홀로 서 있었는데 이것은 파네베지스 노동자들의 그곳에서 일하기 싫어해서가 아니라 노동자 수가 적기 때문이었다. 출산율은 낮고 빠져나가는 이주 비율은 높은 까닭에 그 지역의 학생들은 10년 전보다 절반가량으로 줄어든 상태였다. 리투아니아에는 해외 이주자들로부터 송금도 들어오고 인프라 발전을 위한 유럽연합(EU)의 자금도 들어오지만, 노동력 부족이 투자와 경제 성장을 좌절시키는 요소로 작용하고 있었다.

게다가 인재 유출 현상은 공공재정 역시 위협하고 있다. 동유럽에서는 사회 지출의 절반가량을 연금이 차지하는데 이것이 이주로 인한 근로 인구 감소와 맞물리면서 걱정거리로 떠오르고 있다. 2013년 기준으로 라트비아에서 65세 이상 인구 1명당 근로 연령대 성인은 3.3명이었는데 이는 영국 및 프랑스와 비슷한 수치였다. 라트비아는 노동인구가 해외로 많이 빠져나가고 있어 2030년엔 65세 이상 1명당 근로 연령대 성인 2명가량으로 떨어질 것으로 예상되며 이는 영국과 프랑스가 2060년에도 도달하지 않을 낮은 비율이었다. 리트비아와 같은 국가는 해외에서 송금이 유입돼도 노동자가 지나치게 부족해 공공재정 손실을 메우기엔 역부족일 것이다. 이 같은 현상은 특히 인재들이 많이 빠져나가는 국가에서 커다란 우려를 낳고 있다.

결국 송금액이 얼마나 되건 간에 인재 유출은 장기적으로 국가 발전에 악재가 될 수밖에 없다. 젊고 똑똑한 사람들이 해외에 나가 언제 돌아올지 기약도 없이 커다란 금액의 돈만 보내주는 것이 지속 가능한 성장방안은 아닐 것이다. 송금을 긍정적으로 활용하는 것도 중요하지만, 그와 동시에 국가 발전을 위한 근본적인 변화를 모색해야 한다.

디아스포라 네트워크의 힘

두뇌 유출을 걱정하는 사람들은 종종 이주자들이 다른 나라에 새로 도착하면 그들의 출신국과는 완전히 단절한다고 가정한다. 이주자들이 일단 다른 나라에 정착해 새로운 사회에 통합되기 시작하면 출신국과의 연결고리가 끊어진다는 것이다. 하지만 교통과 통신 수단의 발달로 이주자들은 본국과의 연결고리를 유지할 수 있게 되었다. 동시에 '디아스포라(Diaspora, 고국을 떠나 흩어진 사람들) 네트워크'의 힘이 발생해 이주 현상은 점점 주목받고 있다.

사실 '두뇌 유출'이나 '두뇌 유입'은 부정적이거나 긍정적인 뜻을 내포하고 있는데 단순히 '나가냐', '들어오냐'의 프레임은 그 안의 다양한 현상을 온전히 설명하지 못한다. 밀접하게 연결되는 세계화 시대에 누군가의 이주는 영원한 단절이 아닌 영원한 연결을 의미하기 때문이다. 즉 두뇌 유입·출은 '두뇌 이주(Brain Migration)'의 일부일 뿐이며, 두뇌 이주엔 다양한 요소들이 있다.

많은 과학자, 엔지니어, 기업가, 연구자 등은 국경을 넘나들면서 지식을 교류하고 혁신적인 아이디어를 전파하고 있다. 디아스포라 네트워크는 이들이 맺고 있는 다양한 연결고리가 출신국의 발전에 중요한 요소가 된다는 것을 보여준다. 고숙련 이주자들은 개발도상국의 무역, 투자, 지식·기술 전수에 있어서 중요한 채널로 작용한다. 설령 본국에 영원히 돌아가지 않더라도 이들은 지식과 정보를 출신국과 교환하며 기술과 전문성을 전달할 수 있다. 고숙련 이주자들은 이주를 통해 혁신적인 아이디어와 기술 확산의 매개체가 될 수 있으며 이것은 개발도상국을 비롯한 국제사회의 번영과 전 세계 자산의 분배에 중요한 역할을 한다.

이주를 통한 지식의 순환과 기술의 확산은 현대 지식 경제 사회에서 국가의 성장에 매우 중요한 역할을 한다. 자국 내의 혁신적인 역량이 부족해 해외의 기술을 전수받는 개발도상국일수록 더욱 그렇다. 기술이 부족한 국가들은 해외의 기술에 접근하기 위해 재화·서비스 교역, 외국인 직접투자, 기술 특허 등에 크게 의존한다. 이에 국제 이주가 기술을 전달받는 중요한 채널로서 작용할 수 있다.

디아스포라 네트워크가 직접적이며 강력한 영향을 미치는 분야는 교역이다. 해외에 있는 이주자들은 출신국의 사람들과 같은 언어를 공유하고 비슷한 문화적인 배경을 가진다. 따라서 이주민들은 이주 대상국과 출신국 사이의 소통을 돕고 출신국의 사람들이 각종 절차나 규제를 이해하도록 돕는다. 고숙련 이주자들은 출신국에 있는 수출기업이 구매처를 찾는 것을 도와주는데 이 과정에서 출신국 기업은 해외 정부의 요구사항이나 시장의 기준 등 교역에 필요한 시장 정보를 얻을 수 있게 된다. 이주자들은 정보의 불균형을 해소해 국제 교역에 드는 비용을 낮추고 출신국 제품의 질을 끌어올려 국가 간의 교역과 투자를 더욱 활발하게 할 수 있다. 대표적인 예시로는 인도 출신 이주자들이 있다. 인도 회사들은 자국 출신 이주자들과 거래하면서 기술적으로 복잡한 시장에 제품을 공급하게 됐고 그 과정에서 제품 품질이 향상됐다. 개발도상국이 글로벌 수출 시장에 진출하는 데 있어서 이주자에 의한 '피드백 효과'로 기술이 업그레이드된 것이다.

외국 혹은 다국적 기업은 다른 나라에 생산시설을 세울 때 새로운 시장에 대한 정보의 부족과 불확실성에 마주한다. 해외에 거주하는 고숙련 이주자들은 자신의 출신국에 대한 투자 기회를 평가하고 그 과정을 촉진하기 위한 연락망을 보유할 가능성이 크다. 이들이 가진 사회 관계망과 배경 지식은 해외기업들이 개발도상국에 투자하는 데 중요한 결정 요소가 될 수 있다.

많은 해외 투자자는 정보가 부족해 다양한 나라의 투자 기회에 대해 알지 못할 때가 많다. 이주자들은 해외에 있는 투자자들이 투자 기회를 확인하고 규제 요건을 맞추도록 하는 정보를 가지고 있다. 그들은 출신국과 이주 대상국 사이에 투자 흐름을 높일 수 있다. 동시에 투자자들도 이주자들의 해당 지역에 대한 전문성을 활용해 투자 수익성을 높일 수 있다. 실제로 중국 출신의 고숙련 이주자들은 언어, 문화 지식, 네트워크로 중국과 다른 나라 간에 연결고리를 제공했고 외국인 투자자들이 중국의 '꽌시 네트워크(인적 관계)'[3]에 접근할 수 있도록 했다. 중국인 이주자들의 역할이 없었다면 외국회사들은 중국의 불안정한 정책과 제도의 취약성을 보완할만한 비공식적인 개인 네트워크를 활용할 수 없었을 것이다. 아울러 디아스포라 네트워크는 문화적 기풍으로 인해 오랫동안 자본주의에 적대적이라고 간주된 국가에 기업가적인 문화를 촉발한다. 고숙련 이주자들이 양쪽 국가를 오가며 일할 때 선진국의 기술뿐 아니라 문화와 사고방식도 효과적으로 전수되고 있다.

디아스포라 네트워크의 영향 중 흥미로운 부분은 '평판 고양 메커니즘'이다. 개발도상국에 있는 회사들과 기관들은 평판 때문에 글로벌 무대에서 굉장한 불이익을 받고 있다. 개발도상국의 학문은 어려운 현실 속에서도 피땀 흘리며 성과를 내고 있으나 이 역시 선진국의 명성 높은 저널이나 외국 학계에서 인정받지 못하면 좋은 평판을 받기 어렵다. 선진국에서 비롯되는 많은 것들이 평판의 기준이 되기 때문이다.

교육기관이든 의료기관이든 기업이든 개발도상국에 있는 많은 기관은 이런 '출신국 효과'로 인해 심각한 평판 불이익에 마주한다. 여기서 평판이라는 것은 제품 구매자들과 서비스 사용자들이 가진 선입견을 의미한다.

---

3 꽌시(關繫, 관계)란 중국의 특징적인 문화로 사람과 사람 사이의 관계, 인맥을 중요하게 여기는 것이다.

이런 선입견은 기존 거래와 경험에서 오는 정보에서 기인하며 구매나 거래에 영향을 미친다. 선진국을 비롯한 전 세계 많은 국가는 개발도상국의 제품과 서비스의 신뢰성에 대해 제한된 정보를 가지고 있다. 이 때문에 개발도상국 회사들은 수출 시장에 진입하는 데 있어서 평판 장벽[4]에 마주하고 있다. 주요 수출 시장의 구매 담당자들은 개발도상국 회사들과 거래해 본 경험이 아주 적어 거래를 꺼리기 때문이다.

고숙련 이주자들이 해외에서 성과를 내면 이들은 개발도상국의 평판을 고양할 수 있다. 예를 들면 미국에 있는 인도 출신 이주자 커뮤니티는 미국의 거래 파트너들에게 인도에 존재하는 근로 윤리, 노동의 질, 사업 문화에 대한 긍정적인 이미지를 줄 수 있다. 이런 이미지는 외국인들이 인도에 대해 갖는 정보의 질을 높이고 인도 시장에 대한 투자를 늘릴 수 있다.

미국 실리콘밸리의 이주자 활동은 디아스포라 네트워크에 대한 흥미로운 시사점을 제공해주고 있다. 미국은 IT에 대한 막대한 수요에 비해 숙련된 자국민 노동자들을 비교적 적게 보유하고 있었는데 IT가 산업에서 중요한 만큼 뒤처질 수 없다는 인식이 퍼지면서 인도 출신 전문가들을 많이 유입했다. 미국 실리콘밸리에서 인도 출신 이주자들이 성공하면서 세계가 인도를 보는 시각이 변화했고, 인도인 인재들에 대한 명성이 세계에 전파됐다. 이것은 인도인 프로그래머들의 역량에 대한 일종의 '브랜드'를 만들

---

4 개발도상국이 마주하는 평판 장벽은 두 배로 작용하고 있다. 기존에 알려진 게 별로 없기 때문에 시장에 늦게 진입했다는 이유만으로 불이익을 얻고, 이 회사와 비슷하다고 여겨지는 다른 회사들이 나쁜 성과를 내면 이로 인해 비우호적인 평판을 얻기 때문이다.

었다. 이것은 한때 '일본산'이 가전 시장에서 품질의 상징으로 작동했던 것과 비슷한 것이었다. 이 같은 현상은 인도에 여전히 수많은 문제가 있음에도 불구하고 많은 해외 투자자가 인도의 잠재력에 대해 긍정적으로 인식하도록 했다. 야후(Yahoo), 휴렛팩커드(HP, Hewlett-Packard Company), 제너럴일렉트릭(GE, General Electric) 등의 회사들도 줄지어 인도에 R&D센터를 지었다. 이는 미국에서 일하는 많은 인도인의 영향을 받은 것이었다.

해외에 있는 이주자들은 직능단체를 조직하거나 출신국을 돕기 위해 단체 활동에 동참하는 등 디아스포라 네트워크를 형성하며 긍정적인 영향을 주고 있다. 해외에 거주하는 아이티 출신 이주자들은 출신국과의 연결고리를 유지하기 위해 다양한 활동을 하고 있을 뿐 아니라 아이티 내 열악한 지역의 발전을 돕고 있다. 이들은 조직을 만들어 집합적으로 송금하거나 자선활동을 하고, 건강이나 교육 분야의 서비스를 제공하기도 한다. 미국에서는 '해외아이티인의사연합(Association of Haitian Physicians Abroad)'이 가장 크고 활동적인 아이티인 전문 조직으로 꼽힌다. 이 단체는 아이티 의대의 학생들을 미국으로 데려와 단기간 경험을 쌓도록 하는 인턴십 프로그램을 시행하고 있다. 미국에 기반을 둔 '아이티인자원개발재단(The Haitian Resource Development Foundation)'은 아이티의 역량을 강화하기 위해 아이티 내 학교 및 병원 건설, 재난 대비에 이르는 다채로운 프로젝트를 실시하고 있다.

인도에서는 한때 공적인 재원으로 훈련받은 의사들이 해외로 빠져나가는 것이 의료 서비스의 결핍을 야기하는 '두뇌 유출'로 인식됐다. 오늘날 '인도출신미국의사연합(AAPI, The American Association of Physicians of Indian Origin)'은 미국에 있는 인도계 의사들과 학생들을 돕는 한편 'AAPI자선재단'을 통해 인도와 미국에 있는 가난하고 소외된 지역에 의료 서비스를 제공하고 있다. AAPI자선재단은 2017년 5월 기준으로 인도의 각기 다른 주에서 17개의 무료 클리닉을 운영하고 있고, 연간 100만 명이 넘는 환자를 돌보고 있다. 미국에 인도계 이주자들이 많이 생겨날수록 더 많은 사람이 인도에서 안식년을 보내고, 출신국에서 의료와 관련된 새로운 활동에 참여하면서 의료 산업을 발전시키고 있다.

아프리카 출신 의사들도 해외에서 활발하게 조직을 운영하고 있다. 미국에 있는 '에티오피아인북미의료전문가연합(Ethiopian North American Health Professionals Association)'은 에티오피아인들에게 의료 서비스와 지식, 최신 기술을 전달하기 위한 사명을 갖고 다양한 프로그램을 운영하고 있다. 영국에서는 에티오피아 고등교육기관의 질을 높이기 위해 '글로벌지식교류네트워크(Global Knowledge Exchange Network)'가 설립됐는데 2017년 1월 기준으로 유럽과 미국에 거주하는 전문가 1,600명 이상을 회원으로 두고 있었다. 이 단체는 2014년 '에티오피아인석·박사아카데미(Ethiopian Doctoral and Masters Academy)'를 설립해 에티오피아인 학자들의 연구와 교육 수준 향상을 돕고 있다.

오늘날 많은 개발도상국은 디아스포라 네트워크의 힘을 활용하려고 한다. 아프리카의 여러 정부기관은 본국의 민간 회사들이 투자받을 기회를 창출하기 위해 이주자들과의 접촉을 늘리고 있다. 민간 회사와 국제 이주 관련 조직들도 투자 기회에 대한 정보를 제공하고 인재 송출국과 유입국 사이를 연결하고 있다.

가나 정부는 2017년 7월 해외에 있는 수천 명의 가나인을 초청하는 '가나 디아스포라 귀국 행사(Ghana Diaspora Homecoming Summit)'를 열었다. 이것은 가나 정부가 해외에 있는 이주자 커뮤니티에 접근해 이들의 전문성을 활용하기 위한 것이었다. 가나 정보부 장관(Minister for Information) 무스타파 하미드(Mustapha Hamid)는 언론 인터뷰에서 이 행사에 대해 다음과 같이 말했다.

"정부는 종종 가나인들을 지리적인 지역 안에 사는 사람들로만 생각하는 경향이 있습니다. 하지만 국경 밖에서 사는 사람들은 우리 개발 의제에 많이 기여할 수 있으며, 실제로도 기여합니다. 디아스포라 없이 정치, 개발, 경제를 계산하는 정부는 자연히 경제적인 힘의 40~50% 포기하는 것입니다. 따라서 우리는 개발 의제에 디아스포라들을 포함할 것이고, 이것은 우리 프로젝트와 프로그램의 중심에 있을 것입니다."

디아스포라 네트워크는 개발도상국에서 점점 더 강력한 자산으로 인식되고 있다. 이제 인재 유출로 인한 손실을 메우는 방안 못지않게 유출된 인재를 효과적으로 관리하며 발전적으로 활용하는 방안을 모색해야 한다.

채권 시장의 흑기사

개발도상국이 가난에서 벗어나기 위해서는 공공시설을 확충해 국민에게 교육과 건강한 삶을 누릴 기회를 제공해야 한다. 또 경제 위기, 자연재해, 질병 등에 취약해지지 않도록 사회 인프라와 안전망을 강화해야 한다. 하지만 인프라 향상과 위기관리를 위해서는 자본이 있어야 한다. 개발도상국은 경제력이 약하고 제도가 열악해 금융 및 자본 시장이 제대로 작동하지 못하는 경우가 많아 세수를 충분히 확보하기 어렵다. 자본의 희소성은 개발도상국의 장기적인 성장과 발전을 어렵게 한다.

　전 세계간 심리적 거리는 점점 좁아지고 있지만 국가 간 불평등은 여전히 심각하다. 글로벌 자본 시장은 어마어마하게 크지만 국가와 사람들이 국제 금융 시장에 접근하고 제도를 활용하는 정도에는 격차가 존재한다. 해외 투자를 유치하는 것은 국가의 성장과 발전에 막대한 영향을 미친다. 하지만 어떤 국가는 투자를 유치할 능력이 있고 나머지 국가는 그렇지 못한 게 현실이다. 선진국이 개발도상국에 제공하는 공식 원조만으로는 이같은 재정 격차를 줄일 수 없다.

　개발도상국이 투자를 유치하기 어려운 것은 제도와 정책이 안정적이거나 투명하지 못하기 때문이다. 투자자들은 투자금을 몰수당할 위험이 낮다고 판단할 때 투자를 결심한다. 하지만 개발도상국은 인프라가 열악하고 정보가 부족해 해외 투자를 받기 어려운 실정이다. 이에 대한 해결책으로 해외에 있는 제3의 투자자들로부터 자금을 조달받는 방법이 제기되고 있다. 그 방안은 바로 '디아스포라 채권(Diaspora Bond)'이다. 디아스포라 채권은 국가가 해외에 있는 이주자들의 자산을 활용하기 위해 발행하는 채권을 뜻한다. 주로 개발도상국이 해외 거주자들에게 자금을 빌리는 방식으로 진행되는데 국제 자본 시장, 다국적 금융기관, 외국 정부 등으로부터 자금을 빌리는 대신 자국 출신 이주자들의 재정을 활용하는 것이다.

　디아스포라 채권은 기존 재원 조달 방식의 한계를 뛰어넘는 혁신적인 금융 조달 방법으로 꼽힌다. 이는 개발도상국이 인재 유출로 인한 손실을 상쇄하는 한편 이주자들을 통해 선진국의 부를 활용할 수 있는 효과적인 방법이기도 하다. 보통 개발 전략의 일환으로 대규모 인프라 개발과 같은 공공 프로젝트에 필요한 재원 조달 수단으로 쓰인다. 이 방식을 사용한다면 외부로부터 투자를 유치하기 어려운 개발도상국에 저렴하고 안정적으로 자금을 조달할 수 있다. 특히 국가가 국제 자본 시장에 접근하지 못할 때 디아스포라 채권은 든든하고 효과적인 재원이 될 수 있다.

이스라엘 정부 채권은 가장 성공적인 디아스포라 채권 사례로 꼽히는데 30년간 250억 달러에 가까운 자금을 모은 것으로 집계된다. 1983~2003년 사이 이스라엘에서 디아스포라 채권은 외부 부채의 25~30%를 차지했다. 이스라엘은 디아스포라들이 믿을만한 외부 자금 조달책이라 판단하고 꽤 정기적으로 이들을 활용했다. 이스라엘 정부는 디아스포라 채권을 발행하기 위해 '이스라엘개발회사(Development Corporation for Israel)'를 세웠고, 이스라엘개발회사의 채권 발행을 경제 성장과 발전의 촉매제로 봤다. 이스라엘은 디아스포라 채권 발행을 통해 확보한 자금을 에너지, 원격통신, 교통수단, 수자원 등 기반 시설 건설 프로젝트에 사용했다.

디아스포라 채권을 주로 구매하는 사람들은 부유한 국가에 거주하는 고숙련 이주자들이다. 고숙련 이주자들의 상당수는 산업화된 국가에서 경제적으로 번영하는 경향이 있다. 교통과 통신 기술의 발달로 인해 이들은 출신국에서 발생하는 사안에 더 활발하게 참여할 수 있다.

그렇다면 투자자들은 왜 디아스포라 채권에 매력을 느끼는가? 투자의 가장 큰 이유로는 애국심이 꼽힌다. 디아스포라 채권은 투자자들에게 단순히 투자 기회뿐 아니라 출신국을 도울 기회를 제공한다. 만족스러운 보상을 얻으면서 본국을 돕는 '이타적인 욕구'를 충족할 수 있게 한다는 것이다. 이주자들은 그 애국심 때문에 시장에서 요구되는 가격보다 더 낮은 수준으로 자본이 회수되더라도 이를 용인한다. 인도와 이스라엘이 각자의 이주자들에게 채권을 발행할 때 시장보다 낮은 이자율을 제시한 것은 채권에 내포된 애국심 메커니즘을 반영했기 때문이다. 이스라엘은 1980년대 말까지 미국에 있는 유대인 디아스포라 구성원들에게 10~15년 만기로 채권을 발행했는데 약 4%의 고정 이자율을 적용했다. 같은 기간 미국에서 10년 채권의 이자율은 평균 6.8%였다는 점을 감안하면 상당히 낮은 이자율이었다. 이스라엘이 지불하는 이자율은 1990년대가 돼서야 시장의 이자율과 비슷해지기 시작했다.

국제 금융 시장에서 일반적으로 기준이 되는 이자율에 비해 더 낮은 이자율을 적용하는 이 같은 현상을 '애국적인 할인(Patriotic Discount)'이라고 한다. 디아스포라 채권의 구매가 단순히 투자를 넘어서 발행 국가와의 감성적인 관계를 기반으로 하므로 투자자들이 감당하는 이 같은 추가 비용은 '할증료'라고도 불린다. 애국심이 주요 동기로 작용하면 국가의 상황이 좋을 때나 나쁠 때나 채권에 대한 수요가 존재하게 된다.

애국심 외에 다른 요소들도 디아스포라들이 출신국의 채권을 구매하도록 촉진한다. 해외 이주자들은 자신이 신용평가기관보다 출신국의 실질적인 리스크를 더 잘 평가한다고 믿는다. 일반적으로 신용등급이 낮은 국가는 해외 시장에서 기준보다 낮은 이자율로 채권을 발행하지 못한다. 보통의 투자자들은 투자 위험을 보상받기 위해 더 높은 이자율을 요구하기 때문이다. 반면, 디아스포라 채권은 구매자들이 해당 국가와 연결고리가 있는 사람들인 만큼 신용등급에 따라 이자율이 좌우되진 않는다. 게다가 투자자들은 현지에 대한 지식을 비교적 많이 갖췄기 때문에 초기에 약간의 문제가 보인다고 해서 바로 투자를 회수하진 않는다.

해외 이주자들은 투자금을 상환받는 방식에도 더욱 유연성을 가진다. 디아스포라 채권을 발행하는 국가들은 '경화(Hard Currency)'[5]로 채무 원리금을 갚지 못할 위험이 있다고 평가받는다. 반면, 이자와 원금을 현지 통화로 발행할 수 있는 능력은 더욱 강한 것으로 인식된다. 이로 인해 채권은 디아스포라 투자자들에게 더욱 매력적으로 다가온다. 디아스포라 투자자들은 출신국에 '유동부채(Current Liability)'[6]나 '우발채무(Contingent Liability)'[7]를 가지고 있는 경우가 많아 현지 통화로 자산을 축적하는 것을 꺼리지 않을 수 있다. 따라서 그들은 채무 원리금을 현지 통화로 받는 것에 대해 다른 투자자들에 비해 공포심을 느끼거나 통화 평가절하에 대해 걱정하는 경향이 덜하다.

개발도상국은 긴급한 상황에 닥쳤을 때 디아스포라 채권을 통해 위기를 벗어날 수 있다. 인도는 대외 여건이 어려울 때 긴급하게 자금을 조달하는 수단으로 디아스포라 채권을 활용했다. 1998년 인도가 핵실험을 진행하자 국제사회는 제재에 돌입했고, 인도 주식 시장은 폭락했다. 그러자 인도는 국영 인도은행을 통해 채권을 발행해 해외 거주자들에게 호소했고, 인도계 미국인을 포함한 디아스포라들로부터 경제적인 지원을 받으며 제재에 맞섰다. 인도은행은 여러 차례 디아스포라 채권을 발행했다. 1991년 국제수지 위기에 뒤따른 인도개발채권(India Development Bonds)을 통해 미화

---

5   달러와 같이 국제적으로 통용되는 통화를 뜻한다.

6   단기간 내에 상환하게 돼 있는 채무다.

7   현존하는 채무는 아니지만 장래에 우발적인 사태가 발생할 경우, 확정채무가 될 가능성이 있는 특수한 채무다.

16억 달러, 1998년 핵실험에 따른 국제사회의 제재에 따른 인도재건채권(Resurgence India Bonds)을 통해 미화 42억 달러, 2000년 인도새천년예금(India Millennium Deposits)을 통해 미화 55억 달러의 채권을 발행했다.

개발도상국은 디아스포라 채권을 통해 재원 조달 이외의 이득을 볼 수 있는데 바로 국가 신용등급이 향상되는 것이다. 해외에 있는 디아스포라들을 활용하면 국가 상황이 좋을 때나 나쁠 때나 기금을 지원받기가 용이해 채권 시장이 강화되고, 국가의 신용등급을 높일 수 있다. 물론 채권이 항상 신용등급을 높이진 못한다. 신용등급 회사는 이 같은 기금 근원이 특정 나라의 신용등급을 정하는 데 결정적인 것으로 보지는 않는다. 인도가 디아스포라로부터 재원을 조달할 수 있다는 것 역시 신용등급 회사가 국가의 신용등급을 낮추는 것을 막지는 못했다. 이는 1998년 인도 핵실험으로 인한 국제사회의 제재 이후 무디스(Moody's)와 스탠더드앤드푸어스(S&P)가 모두 인도의 신용등급을 내린 것을 보아도 알 수 있다.

디아스포라 채권의 잠재력은 해외에 많은 이주자를 두고 있는 국가들에는 중요한 요소다. 2011년 3월 〈뉴욕타임스(The New York Times)〉에 실린 기고문에 따르면 이주자가 많지 않은 남아프리카공화국을 제외한 사하라 이남 아프리카 국가들은 디아스포라 채권을 통해 연간 50~100억 달러를 모을 수 있는 것으로 추산됐다. 가나, 케냐, 잠비아는 해외 고소득 국가에 많은 이주자를 보낸 만큼 디아스포라 채권 발행을 통해 이득을 볼 가능성이 크다.

물론 디아스포라 채권을 발행하려는 시도가 모두 성공하는 것은 아니다. 어떤 국가들은 해외에 있는 이주자들의 관대함을 과대평가하는 경향이 있다. 이를 보여주는 명확한 예시는 그리스다. 그리스는 2011년 재정 위기가 절정에 달했을 당시 디아스포라 채권을 통해 미국에 있는 100만 명에 이르는 그리스인 커뮤니티로부터 30억 달러를 조달하려 했으나 결국 달성하지 못했다.

제도적인 역량이 약한 국가는 디아스포라 채권을 발행하기도 쉽지 않다. 정치적으로 불안정하고 부패가 횡행한 나라에서는 채권 발행이 실패할 수도 있다. 정부가 돈을 제대로 쓰고 제때 상환할 것이라는 신뢰가 없기 때문이다. 에티오피아는 2009년 수력발전 댐을 건설하기 위해 디아스포라 채권을 발행했다가 실패로 끝났는데 주요 실패 요인은 투자자들에게 자금이 상환될 것이라는 확신을 주지 못했기 때문이었다. 어떤 사람들은 환경적인 이유로 프로젝트를 반대하기도 했다. 억압적인 정부를 피해 떠난 이주자들이 그들을 내몬 정부에 재정을 지원할 것으로 기대하기 어렵다는 것도 실패의 또 다른 원인으로 꼽는다. 심지어 에티오피아 국영 전력회사가 2011~2014년 미국에 사는 에티오피아인 약 3,100명으로부터 580만 달러를 빌릴 때는 미국 증권거래위원회의 채권 발행 규정을 지키지 않은 사실이 드러나기도 했다. 결국 국영 전력회사는 미국에 있는 에티오피아인들에게 원금과 이자 약 650만 달러를 모두 환불해 줘야 했다.

아이티도 디아스포라 채권을 활용하는 데 어려움을 겪었다. 아이티는 2010년 대지진 이후 국가를 재건하기 위해 이른 시일 내에 대규모 재정지원을 받아야 했다. 외국 정부, 다자기구(Multilateral Organization), 민간재단의 도움도 필요하지만 채권을 통해 해외에 사는 아이티인들의 부와 선의를 활용하는 것이 효율적인 방법으로 논의됐다. 해외에 머무는 아이티인 이주자들이 1인당 디아스포라 채권 500달러씩만 투자해도 수십억 달러가 모일 것으로 추산됐다. 실제로 아이티 출신 이주자들은 디아스포라 채권에 투자할만한 여력이 있었다. 미국에 합법적으로 거주하는 아이티 이주자의 약 3분의 1은 2009년 기준으로 연간 6만 달러 이상을 벌고 있었다. 문제는 아이티 정부와 공공기관의 신뢰도가 부족하다는 것이었다. 이는 아이티인들이 아이티 정부가 발행하는 디아스포라 채권을 구매하는 데 주요 장애물로 작용했다.

디아스포라 채권에 관해서는 국가별 상황에 따라 다양한 성공 사례와 실패 사례가 존재한다. 분명한 사실은 디아스포라 채권을 잘만 활용하면 위기에 어마어마한 아군이 될 수 있다는 것이다. 인재 유출을 겪는 개발도상국이 어려운 상황에 어떻게 대응하느냐에 따라 해외에 존재하는 고숙련 이주자들은 손실에 그칠 수도, 뜻밖의 이득으로 변할 수도 있다.

다시 돌아오는 인재들

개발도상국은 선진국으로 인재가 유출되는 것을 걱정하지만 그 현상이 영원한 것은 아니다. 이주라는 현상의 특징은 언제든지 그 결정을 뒤집을 수 있다는 것이다. 고숙련 이주자의 일부는 새로운 나라에 영구적으로 머물려고 하겠지만, 어떤 사람들은 일정 수준의 지식이나 자본을 축적한 뒤 본국에 돌아가고자 한다. 이주에 대한 여러 연구는 실제로 이주자들이 새로 도착한 나라에 머무는 비율 못지않게 출신국으로 돌아가려는 비율도 적지 않다는 사실을 입증했다. 학계에서는 고숙련 이주자들이 출신국과 새로운 나라 사이를 오가는 양방향의 흐름을 '두뇌 교환(Brain Exchange)' 또는

'두뇌 순환(Brain Circulation)'이라고 부른다.

고숙련 이주자들의 귀환은 이들이 지식과 전문성을 통해 본국에 혜택을 줄 수 있는 또 다른 방법으로 꼽힌다. 인재들이 영입되는 '두뇌 유입' 현상은 외국인 이주자들이 유입됐을 때뿐 아니라 해외로 떠났던 고숙련 이주자들이 돌아왔을 때도 발생한다. 선진국에서 개발도상국으로 이주하는 사람들은 더 발달한 환경에서 얻은 지식과 경험을 주변에 확산한다. 이 같은 현상은 궁극적으로 개발도상국과 선진국 사이의 기술 격차를 좁힐 수 있다.

오늘날 많은 개발도상국에서 두뇌 유입이 끼친 긍정적인 영향을 엿볼 수 있다. 도미니카공화국에는 과거 미국으로 이주했다 돌아온 사람들이 설립한 수많은 중소 및 중견 기업들이 있다. 돌아온 이주자들은 다양한 공장, 상업시설, 금융기관을 세웠는데 이 기관들은 미국과의 지속적인 연결고리에 의존하고 있다. 어쩌면 이들은 본국에 완전히 돌아온 '귀환 이주자'라기보다는 해외와 본국을 왔다 갔다 하는 '초국가적인 사업가'에 가까울지 모른다. 이들 중에는 특히 뉴욕-도미니카공화국를 오가는 사람이 많아 도미니카인(Dominican)과 뉴요커들(New Yorkers)을 결합한 용어인 '도미니칸 요커들(Dominican Yorkers)'라는 이름으로 불리기도 한다.

이처럼 개발도상국의 경제가 발전한다면 장기적으로는 해외로 이주하는 비율이 줄어들 것이며 더 많은 이주자가 돌아오려고 할 것이다. 따라서 개발도상국이 두뇌 유출을 야기한 구조적인 문제들을 해결하면 그들은 두뇌 유입이라는 이득을 볼 수 있을 것이다.

고숙련 이주자들이 돌아와 국가 발전에 긍정적인 영향을 끼친 또 다른 사례는 대만의 '신추산업단지(Hsinchu Industrial Park)'이다. 1970~1980년대 대만 정부는 미국 실리콘밸리의 영향을 받아 과학 기반 산업을 강조하면서 민간 부문 연구를 활성화하고 벤처캐피털 산업을 위한 제도적인 틀을 만드는 한편 신추산업단지를 조성했다. 대만 정부는 신추산업단지를 내세워 해외에 있는 대만인들이 본국에 돌아오도록 각종 세금 혜택을 마련하고 활발한 채용에 나섰다. 해외에 나갔다가 신추산업단지로 돌아온 대만인 이주자들은 1980년대 초에는 1년에 10명 미만에 불과했지만 1990년대에는 연간 350명 이상에 이르기도 했다. 돌아온 이주자 중에는 고위 임원급이 많았는데 이들은 신추산업단지에 1999년 설립된 회사 284곳 중 40% 이상을 설립하는 데 관여했다.

1980년대만 해도 대만의 주요산업은 부가가치가 낮은 것들이었다. 대만 기업들은 1990년대부터 저렴한 노동력보다는 혁신과 품질을 기반으로 산업을 본격적으로 차별화하기 시작했다. 이 같은 변화는 생산 경험이 축적된 것에서 기인하기도 했지만, 가장 중요한 원인은 1990년대 초부터 이주자들이 대거 돌아오며 두뇌 유출의 역전이 일어났다는 것이었다. 귀국한 대만인들의 성과에 대해 정확한 데이터는 없다. 하지만 적어도 수천 명의 엔지니어가 미국에서 교육받은 뒤 대만으로 돌아와 회사를 설립하거나 스타트업[8] 혹은 기존 대만 기업에서 일한 것으로 파악되고 있다. 이렇게 돌아온 사람 중 상당수는 최소한 10년 이상 실리콘밸리에서 일한 사람들이었는데 본국에 돌아오면서 기술 역량과 경영 노하우, 기업가적인 경험, 미국의 최첨단 IT 시장과의 연결고리 등을 가져왔다. 1990년대 신추산업단지로 돌아온 이주자들이 인기를 얻으면서 1980년대에는 느리게 증가하던 산업 단지 내 벤처캐피털 투자도 인기를 얻기 시작했다. 이것은 1990년

---

8 설립한 지 오래되지 않은 신생 벤처기업이다.

대 대만 IT 분야가 성공하는 데 있어서 '인재'들이 산업 단지나 벤처캐피털 산업만큼, 혹은 그보다 더 중요했다는 것을 시사한다.

돌아온 이주자들의 효과를 고려하면 국가는 최대한 많은 고숙련 이주자들의 발길을 되돌리는 게 이득일 것이다. 그렇다면 이주자들은 어떨 때 본국으로 돌아가기를 결심하는가? 이주에 대한 결정은 국가의 경제 상황에 영향을 받는다. 경제가 발전해야 고숙련 인재들의 눈높이에 맞는 일자리가 많이 생겨나기 때문이다. 국가의 1인당 국민총생산(GNP)은 자국민의 이주에 영향을 미치며, 그들의 귀국에도 영향을 미친다. 따라서 고숙련 이주자들의 귀환은 국가 경제가 발전한 결과로 볼 수 있다. 바꾸어 말하면 출신국의 경제가 지속적으로 성장하지 않는 이상 고숙련 이주자들이 귀환할 가능성은 적다.

현재까지의 경험적인 증거들은 국가 경제 발전 정도가 중간 수준이 아닌 선진국 수준으로 발전해야 고숙련 이주자들이 본국으로 돌아온다는 것을 보여준다. 이와 관련해 국가의 경제 발전 수준이 저개발국에서 중간 수준으로 이동할 때는 이주 비율이 증가하고, 경제가 비교적 높은 수준에 도달하면 이주의 비율이 감소한다는 '이주 언덕(Migration Hump)'이라는 개념도 있다. 개발 초기의 가난한 국가가 인재의 손실을 극심하게 겪는 것도 개발도상국의 경제 상황이 중간단계로 올라설 때까지 인재들이 해외로 많이 빠져나가기 때문이다.

어떤 사람들은 이에 대해 불편한 정책적인 처방을 제시하기도 하는데 가장 가난한 국가가 스스로 저개발 상태를 유지해 인재들이 많이 빠져나갈 소지를 줄이자는 것이다. 인재 유출을 우려해 개발을 늦추는 것은 윤리적으로도 문제가 있지만, 현실적으로도 효과적인 대책이 될 수 없다. 저개 발국의 발전 속도가 빠르다면 경제가 중간 단계로 성장할 때까진 인재가 빠져나가는 손실을 겪겠지만, 선진국 수준으로 올라서면 인재들이 덜 빠져 나가고 해외로 나간 이주자들이 많이 돌아올 것이기 때문이다. 그렇다면 개발을 늦추기보다는 가속화하는 것이 경제적으로 이득이다.

요약하자면 빠르게 발전하는 국가는 인재들이 많이 빠져나가도 걱정할 필요가 없다. 이주자들은 송금을 보내고 본국에 투자하는 데 이어 더 나은 기량과 자본을 가지고 돌아와 국가 발전에 기여할 것이기 때문이다. 반면, 가난하며 발전 속도가 느린 나라는 고숙련 이주자들이 계속 빠져나가면 서 이주로 인한 혜택은 적게 누리는 '이민의 덫(Migration Trap)'에 갇힐지도 모른다.

물론 고숙련 이주자들의 귀환을 장밋빛으로만 봐선 안 될 것이다. 돌아 오는 이주자들이 반드시 무언가 생산적이고 혁신적인 계획을 가지고 오는 것은 아니며, 돌아온 뒤 모두 새로운 회사를 설립하거나 경영 활동을 하며 경제 발전에 기여하는 것은 아니다.

고숙련 이주자들의 귀환은 여러 가지 이유로 촉발될 수 있다. 상당수는 각자 생애주기별로 최적의 거주 장소를 계획하고 이에 맞춰 출신국에 돌 아와 사는 것일 수 있다. 한창 생산적인 활동을 할 때는 해외에서 지내다가 자본을 축적한 뒤 본국에 돌아와 휴식기를 보낼 수 있다는 것이다. 실제로 많은 이주자가 은퇴 후 생활을 즐기기 위해 비교적 생활비가 저렴한 출신 국으로 돌아온다. 이 경우 돌아온 이주자들은 노동 시장에 진입하지 않는 다. 그리고 이것이 '이주자들이 선진국으로 이주할 때는 인생에서 가장 생산적인 단계이고, 본국으로 돌아올 때는 생산성이 떨어지는 단계'라는 분석이 나오는 이유다.

설령 해외에서 돌아온 이주자들이 출신국에서 경제 활동을 한다고 하더라도 모두가 경제 발전에 기여한다고 단정하기는 어렵다. 어떤 이주자들은 당초에 해외로 이주할 때 이주할 곳에 대한 잘못된 경제적 정보를 듣고 떠났다가 출신국으로 되돌아오는 것일 수 있다. 이주자들은 해외에서 마주할 경제적인 조건에 대해 불확실한 정보를 가지고 떠났다가 이주라는 '실수'를 되돌리기 위해 본국으로 돌아올 수도 있다. 본국으로 돌아오는 데 드는 비용이 낮은 이상, 해외에서 예상보다 나쁜 경험을 한 노동자들은 단순히 '원상복귀'를 위해 귀환을 희망할 것이다.

귀환 이주자들은 출신국의 경제 상황과 사회 변화에 대한 지식이 적다는 것도 한계점이다. 이들은 개발도상국의 원주민들과는 다른 생각을 가지고 일할 수 있다. 따라서 자신들의 요구 조건에 맞는 직업을 찾는 데 어려움을 겪는 경우도 있다. 해외에서 취득한 자격과 관계없이 귀환자들의 실업률은 높을 수도 있는데 이들은 희망 임금이 높고 출신국에서 필요로 하는 것과 다른 기술을 익히고 돌아온 경우가 많기 때문이다. 냉정하게 말하자면 선진국에서 주목받는 인재라면 굳이 출신국으로 돌아올 이유가 없을 것이다. 귀환 이주에 관한 연구는 "돌아오는 사람들은 어쩌면 해외에서 비교적 나쁜 성과를 낸 사람들이고, 해외에 머무는 사람들이 최고로 영특한 사람들일 것"이라고 말하기도 한다.

실제로 과학자들의 이주에 관한 일부 연구에 따르면 이들의 귀환 원인은 '최첨단에서 일하는 것에 대해 감흥이 시들해졌다는 것' 때문이었다. 따라서 인재들의 귀환 정책은 인도, 중국, 대만의 사례처럼 특정한 산업을 발전시키는 것과 결합하지 않는 이상, 개인적인 이유로 그다지 활동적이지 않은 연구자들을 끌어들일 위험이 있다.

  본국으로 돌아온 고숙련 이주자들의 고용률과 그 영향에 대해서는 아직도 증거가 충분치 않다. 어떤 연구에서는 조사 대상이 된 귀환 이주자의 대부분이 고용됐다고 했는데 이 같은 연구는 연구 대상이 아주 적은 숫자에 불과했다는 한계가 있다.

  그럼에도 불구하고 명확하게 이야기할 수 있는 것은 고숙련 이주자들의 귀환이 생산적이라는 것을 입증하는 데 있어서 고용이 핵심적인 요소는 아니라는 점이다. 이주자들은 직접적으로 경제 활동에 종사하며 생산적인 일을 하지 않더라도 다방면으로 지식을 전파해 사회 발전에 기여할 수 있다. 멕시코 시골에서는 이주자 가정 아이들이 다른 가정 아이들보다 영아 사망률이 낮고 출생 당시 몸무게도 더 높은 것으로 나타났다. 여기에는 해외에서 돌아온 엄마들의 의료 지식이 향상된 것이 핵심적인 역할을 했다는 평가가 있다. 이 같은 지식은 이웃에 전파돼 이주자를 가족 구성원으로 두지 않은 사람들 사이에서도 아이들의 건강을 향상시킬 가능성이 있다. 또한, 돌아온 이주자들은 투자를 통해 출신국에 기여하기도 한다. 아프리카에서는 해외로 떠났던 많은 이주자가 그동안 축적한 돈으로 본국에서 땅이나 집을 구매하는 등 다양한 투자를 한다.

  이주자들이 출신국에 돌아와 영구적으로 정착하지 않는다고 해도 이들의 귀환은 순환 이주의 또 다른 효과를 낳을 수 있다. 이를테면 이주자들의 단기 방문은 관광 수익을 가져다준다. 아이티 관광부의 2011년 자료에 따르면 아이티에 온 관광객 중 약 70%가 아이티에서 태어난 사람이거나 아이티계 사람이었다. 이 통계는 북미에서 온 관광객을 기반으로 한 수치지만, 북미 관광객이 전체의 80% 이상을 차지하기 때문에 다른 지역도 패턴이 비슷할 것으로 추정됐다. 관광객이 쓰는 돈은 한 명당 1,000~5,000달러 사이였는데 아이티 출신 관광객들이 지출하는 비용은 연간 미화 5억 3,500만 달러로 추산됐다.

고숙련 이주자들이 출신국으로 돌아와 얼마나 머물고 무슨 일을 하든 그들의 활동은 유·무형으로 사회를 발전시키고 고용 기회를 창출하며 정부의 세수를 증가시켜 극단적인 빈곤을 줄이는 데 영향을 끼친다. 이 때문에 수많은 국가가 해외 고숙련 이주자들의 발길을 되돌리기 위해 애쓰는 것이다.

공동 개발을 찾아서

인재들이 떠나는 현상을 제대로 이해하고 해법을 모색하기 위해서는 이주의 원인과 결과를 함께 살펴봐야 한다. 사람들은 더 나은 삶을 살기 위해 이주를 택한다. 국가와 사회가 더 괜찮은 삶을 살 수 있는 여건을 제공하지 못하는 한 인재 유출은 지속적이고 반복적으로 발생할 것이다. 따라서 인재 유출에 대한 장기적이고 근본적인 해답은 개발도상국 구성원들이 이주를 하지 않고도 높은 질의 삶을 누릴 수 있도록 하는 것밖에 없다. 이러한 사실은 1994년 이집트 카이로(Cairo)에서 열린 '인구 및 개발에 관한 국제 콘퍼런스'에서 채택된 다음 내용에서도 언급됐다.

국제 이주에 대한 장기적인 관리 능력은 모든 사람이 자신의 출신국에 남는 선택을 할 수 있도록 하는 것에 달려있다. 그 목적을 달성하기 위해서는 이런 목표에 부합하는 공정하고 지속적인 경제 성장과 개발 전략이 필수적이다……. (이주자의) 출신국과 유입국은 모든 사람이 자신의 나라에 남겠다는 선택을 할 수 있도록 방법을 찾아야 한다. 그 목적을 달성하기 위해서는 지속적으로 경제 및 사회 발전을 달성하려는 노력과 개발도상국과 선진국 그리고 과도기 경제에 있는 국가들 사이에 더 나은 경제적인 균형을 보장하는 것을 강화해야 한다.

해외로 떠나는 것이 더 나은 삶을 살기 위한 유일한 해답이 아닐 때야말로 인재 유출이 완화될 수 있다. 출신국에 남는 것이 이주하는 것에 맞먹는 선택지가 될 수 있도록 해야 한다는 것이다. 그렇지 않고 개발도상국과 선진국 간의 극심한 경제 격차가 지속된다면 '떠날 자의 권리'와 '남는 자의 권리'는 끊임없이 충돌할 수밖에 없다. 고숙련 노동자들은 자신의 국가에서 제대로 된 보상을 받지 못하기에 더 나은 삶을 위해 떠날 수밖에 없다고 느낄 것이다.

개발도상국 정부는 자국의 고숙련 노동자들이 출신국에서 일하는 것을 충분히 매력적으로 느낄 수 있도록 업무 여건과 생활 환경을 향상해야 한다. 그러기 위해서는 경제 성장이 필수적이지만, 재정적인 자원이 부족한 개발도상국이 경제적인 역량을 스스로 끌어올리기엔 한계가 있다. 이 때문에 국제기구와 비정부기구들은 규범과 목표를 만들고 있다.

국제연합에서는 새천년(2000)의 시작 시점에 전 세계 지도자들이 모인 가운데 가난에 맞서 싸우기 위해 광범위한 비전을 제시했다. 이것이 바로 2015년까지 달성할 8개의 '새천년개발목표(MDGs, Millennium Development Goals)'이다. 그 내용은 아래와 같다.

> ① 극심한 빈곤과 기아 퇴치 ② 초등교육 보편화 ③ 성 평등 촉진과 여권 신장 ④ 아동 사망률 감소 ⑤ 임신부 건강 개선 ⑥ 에이즈(HIV/ AIDS)와 말라리아 등의 질병 퇴치 ⑦ 환경의 지속가능성 보장 ⑧ 개 발을 위한 국제적인 협력관계 구축

이중 기아 퇴치, 아동 사망률 감소, 임신부 건강 개선, 질병 퇴치 등 상당 부분이 가난한 사람들의 삶과 관련이 있는 것으로 이는 경제 성장 없이는 달성이 불가능한 것이다. 새천년개발목표를 달성하기 위해서는 막대한 비용과 인력이 필요했다. 국제연합 보고서(2005)에 따르면 2002년 기준 전 세계의 공식 개발원조금액은 650억 달러로 추산되는데, 새천년개발목표를 달성하려면 공식 개발원조가 2006년엔 1,350억 달러, 2015년엔 1,950달러로 증가해야 하는 것으로 추산된다. 그렇다면 공식 개발원조를 대폭 늘릴 수는 있을까? 사실 공식 개발원조 규모를 키우는 직접적인 방법은 국가 예산에서 할당하는 대외 원조 비중을 높이는 것이다. 하지만 어떤 국가들은 재정난 때문에 이를 실행하기가 쉽지 않다.

국제사회가 개발도상국의 빈곤 완화를 재정적으로 충분히 뒷받침한다고 해도 이것만으로 고숙련 노동자들의 이주를 막거나 인재 유출로 인한 손실을 완화하는 것은 역부족이다. 고숙련 노동자들의 이주를 촉진하는 요소는 불합리한 정책, 정치적인 불안, 열악한 생활 환경 등 다양하다. 당장 재정적인 자원을 쏟아붓고 절대빈곤을 완화한다고 하더라도 근본적인 환

경 개선이 뒷받침되지 않는 한 이주 행렬은 이어질 것이다. 인재들의 이주는 개발도상국의 발전을 저해할 것이며, 추가적인 인재 유출을 유도하는 악순환이 반복될지도 모른다.

이에 해법으로 제시되는 개념이 '공동 개발(Co-Development)'이다. 공동개발은 이주자들이 새로운 나라에 잘 정착하게 하는 한편 이주에서 얻은 역량을 활용해 출신국의 사회적 · 경제적인 발전에 기여하게 하는 것이다. 궁극적으로 개발도상국과 선진국 모두에 혜택이 되도록 하는 것이 이 개념의 목표라 할 수 있다. 이것은 국가 중심의 '선진국에서 후진국으로 전달되는' 개발원조 모델을 넘어선다. '보내는 지역'과 '받는 지역', 이주를 하도록 '밀어내는 요소'와 이주를 오도록 '받아들이는 요소'를 가르는 양극단의 모델을 넘어서 이주를 통해 선진국에서 얻은 자원이 개발도상국 발전에 기여하도록 한다. 이를 통해 공식 개발원조에 못지않은 효과를 낼 수 있다.

공동 개발이라는 개념이 처음으로 등장한 것은 1985년 벨기에 루뱅(Leuven)에서 열린 '공동 개발 콘퍼런스'에서였다. 당시 제기된 핵심적인 아이디어는 국제협력 프로그램에 새로운 방향을 제시했다. 이는 개발도상국에 필요한 것을 선진국이 제공하는 식의 개발원조 논리에서 벗어나자는 움직임이기도 했다. 이처럼 공동 개발이라는 개념은 선진국과 개발도상국 사이에 균형을 회복하는 것을 목표로 했고, 개발 정책의 규정과 실행에 있어서 제3세계 국가들이 조연이 아닌 주인공이 되도록 하고자 했다.

프랑스는 공동 개발을 정책적으로 채택한 국가이자 해외 개발원조 정책의 주요 전략으로 공동 개발을 선택한 나라 중 하나다. 사실 프랑스 정부가 공동 개발 개념을 도입한 것은 합법적인 체류 기간이 끝나는 이주자들을 자발적으로 본국에 돌려보내기 위한 고민의 결과였다. 프랑스 정부는 일찍이 1970년대에 사업 계획을 갖고 본국으로 돌아가는 이주자들에게 재정적인 보너스를 지급하는 실험을 진행했다. 선진국에 머무는 이주자들이 자발적으로 출신국에 돌아가 그곳에 기여할 수 있도록 하는 인센티브제를 제시한 것이다. 프랑스는 이를 통해 출신국의 발전을 촉진하고 장기적으로는 해당 국가 사람들이 해외로 이주하지 않아도 되는 요인을 제공하고자 했다.

프랑스 총리를 지낸 미셸 로카르(Michel Rocard)는 1990년대 초반 "프랑스는 전 세계의 모든 비참함을 받아들일 수 없다"고 말했다. 세네갈 대통령을 지낸 압두 디우프(Abdou Diouf) 역시 "팔들로 바다를 막는 것"은 불가능하다고 했다. 이와 같은 사상을 기반으로 프랑스의 공동 개발 전략이 진행됐다.

공동 개발은 이주를 활용해 인재 유출의 부작용을 완화하자는 아이디어에 기반을 뒀다. 따라서 프랑스의 공동 개발 정책은 불법 이주 억제 정책을 보완하며 개발도상국 출신 이주민이 출신국에 머무르도록 하는 방식으로 시행됐다. 1998년 프랑스는 '이주 및 공동 개발에 대한 미션'으로 말리, 모로코, 세네갈 출신의 불법 이주자 중 불법체류를 사면받을 수 없는 조건의 사람들에게 인센티브를 제공하며 이들을 돌려보내려 했다.

하지만 프랑스의 공동 개발은 개발도상국의 발전보다 이주자들을 돌려보내는 데 초점이 맞춰져 있다고 비판받기도 한다. 프랑스 정부는 정책을 실행하는 과정에서 불법체류자를 확인하는 데 동의한 이주자 단체에 재정 지원을 하기도 했다. 불법체류자를 확인해주는 이주자 단체에 일종의 '보상'을 제공하며 귀환을 유도한 것이다. 물론 많은 이주자 조직이 이 같은 불법체류자 확인을 거절한 것으로 파악됐다.

니콜라스 사르코지(Nicolas Sarkozy)는 대통령에 오른 뒤인 2007년 '이민·통합·국가 정체성·연대발전부'라는 부처를 만들었다. 공동 개발은 이 부처의 '연대발전' 개념과 연결돼 있었다. 이것은 프랑스 이주자들의 출신국인 개발도상국에 농업·어업·건강과 같은 특정 분야의 교육과 직업훈련 등을 재정적으로 지원하는 것이었다. 즉 이주의 근본적인 원인인 실업 등의 요인을 제거하는 것이다. 이전까지 민간에 직접적으로 분배되던 공동 개발 기금과는 달리 정부가 다른 정부를 직접적으로 지원하는 성격의 개발원조였던 것이다. 단기적인 재난 원조나 인도주의적인 원조와는 또 다른 성격의 원조였다.

프랑스에서 2007년 시행된 새로운 이민법은 공동 개발이 어떻게 적용되는지 보여줬다. 이 법률은 특정 이주자들이 유럽에 장기적으로 머무는 것을 제한했다. 일례로 '기술 및 재능' 비자에 지원하는 사람들은 그들이 프랑스와 출신국 모두의 경제적·지적·문화적 발전에 기여하겠다는 것을 증명해야 하며, 6년 안에 본국으로 돌아가야 한다고 제한했다.

공동 개발은 생산적인 투자, 두뇌 순환, 이주자들의 귀환이라는 세 가지 전략을 기반으로 한다. 하지만 이것이 제3세계의 인재 유출 문제에 완전한 해결책은 될 수 없다. 최근 OECD 국가의 이주 제한이 강화되고 있다. 국경을 닫으려는 분위기가 확산하면서 이주의 긍정적인 역할을 근거로 한 '두뇌 순환' 정책을 수행하는 것이 어려워지고 있다. 실제로 많은 공동 개발 정책이 이 같은 모순을 극복하는 데 성공하지 못하고 궁극적으로는 개발도상국 국민의 이주를 제한하고 귀환을 유도하고 있다.

동시에 개발도상국 내에서도 공동 개발의 여러 한계점이 발견됐다. 가장 근본적인 문제 중 하나는 공동 개발이 개발도상국의 개발을 지향하지만, 제도의 혁신과 같은 개발도상국의 구조적인 문제점을 해결할 순 없다는 것이다. 또한, 공동 개발이 선진국의 이해에 기반을 두었기 때문에 개발도상국의 이해에는 적합하지 않을 수 있다는 것도 문제점으로 꼽힌다. 예를 들면 선진국과 개발도상국은 모두 고숙련 노동자들을 얻기 원해 저숙련 노동자들을 반기지 않는다. 선진국의 이주 제한과 귀환은 젊고 숙련도가 낮은 인력에 초점을 맞추고 있는데 아프리카 대부분의 노동 시장은 이들을 흡수할만한 여건을 갖추지 못한다는 모순이 있다. 이에 차라리 이주를 통해 실업률을 줄이고 송금을 증가시키는 것이 경제에 도움이 될 것이라는 지적도 있다. 즉 선진국에서 불법체류자들이나 저숙련 노동자들을 돌려보내는 식의 정책은 진정한 공동 개발이 되기는 어렵다.

고숙련 이주자들의 귀환을 유도하는 정책 역시 한계가 있을 수밖에 없다. 모든 이주자가 출신국에 돌아간 뒤 기업가가 되는 것도 아니고 개발도상국의 경제적·제도적 환경이 투자에 우호적인 것도 아니다. 심지어 이주자들의 귀환이 그들의 지역사회에서는 '실패'로 인식되기도 한다. 이주자들의 출신국 국민 사이에서는 해외에 살면서 돈을 송금하는 것이 성공으로 인식되며 본국에 돌아와 위험한 환경에서 적은 급여를 받는 것이 부정적으로 평가된다. 이주자들은 본국에 돌아가 자신의 전문성에 맞지 않는 일을 해야 하는 경우도 있어 오히려 두뇌 낭비가 초래될 수도 있다.

이 같은 문제점 때문에 이주자들의 귀환을 장려하는 식의 공동 개발 정책은 실질적으로는 '반(反)이주 전략'이 되고 있다는 지적을 받는다. 공동 개발이 불법 이주자들을 쫓아내는 도구로 활용되고 있다는 것이다. 특히 불법 이주자들을 본국으로 되돌려 보내는 형식의 공동 개발은 "제대로 된

입국 서류를 갖고 정상적인 삶을 살고 있지도 않은 사람들이 어떻게 본국에 가서 투자할 것을 기대할 수 있느냐"는 비판을 받고 있다.

사실 공동 개발은 개발도상국의 경제 상황에 대한 완전한 해법도, 선진국이 가진 이주자 관련 고민을 해결해주는 마법도 아니다. 따라서 공동 개발은 선진국과 개발도상국 사이의 이해를 타개할 수 있는 기적적인 해결책은 아니다. 그럼에도 불구하고 공동 개발은 이주자들이 새로 습득한 지식과 기술을 활용해 출신국을 도울 수 있도록 하며 이주로 인한 부정적인 영향을 줄일 수 있는 잠재력을 가지고 있다. 공동 개발 정책의 틀이 담고 있는 요소들이 이주자들의 출신국과 지역사회의 경제적인 상황을 향상하는 데 기여한다는 것만은 분명하다.

"머물 수 있는 선택지가 있다면 사람들은 자신의 국가를 떠나고 싶어 하지 않는다.
누구도 다른 나라에서 2등 시민이 되고 싶어 하지 않기 때문이다."

미시간대학교 산부인과 교수
세네이트 피세하Senait Fisseha

2장

인재
유출
해법찾기

그들이 떠나는 이유

인재들이 해외로 이주하는 이유는 무엇일까? 고숙련 노동자들은 대부분 더 나은 경제적인 기회와 생활 환경을 찾아 외국으로 떠난다. 더 발달한 국가에서 더 나은 생활 여건을 누리며 더 높은 급여를 받는 것은 이주하기에 충분히 매력적인 요소일 것이다. 그러나 '선진국의 더 나은 상황' 못지않게 '출신국의 후진적인 형편'도 인재 유출에 기여하고 있다.

인재들이 출신국을 떠나는 가장 대표적인 원인은 열악한 경제 상황이다. 어떤 나라가 경기 침체와 일자리 부족에 처했을 때 전체 인구 중 가장 생산적인 젊은 청년들이 해외로 많이 빠져나가는 것은 흔하게 발생하는 현상이다. 인재들은 자국에 마땅한 일자리가 충분치 않을 때 실업이나 질 낮은 일자리와 '이주' 가운데 선택해야 하는 순간에 마주하게 된다. 특히 해외로 공부하러 나갔던 사람들은 졸업 후 경제적인 기회가 불충분한 본국으로 돌아오기보다는 외국에 머무는 길을 택한다.

2015년 1월 영국 일간지 〈가디언(Guardian)〉의 보도에 따르면 그리스는 재정 위기 직전에 청년 실업률이 50% 이상으로 치솟았고 해외로 빠져나가는 이주도 300%나 급증했다. 빠져나간 사람들의 다수는 고숙련 노동자들이었는데 이런 현상으로 인해 경제가 회복될 전망은 더욱 희미해졌다. 2014년 스페인이 경기 침체를 겪었던 당시 16~24세 젊은이들의 실업률은 51.8%에 이르렀다. 이같이 높은 실업률은 많은 젊은이가 해외로 나가도록 촉진하며 두뇌 유출을 야기했다.

재정 위기를 겪지 않더라도 경제 체제에 구조적인 결함이 있다면 인재들이 일할 만한 자리가 마땅치 않아 두뇌 유출이 발생한다. 이탈리아에서는 공공과 민간 모두의 R&D 투자가 낮아 대학과 연구소 이외에 과학자, 연구자가 갈 수 있는 일자리가 많지 않다. 특히 민간 분야에서는 박사 수준의 과학자들을 흡수할 수 없거나 흡수하길 원치 않아 노동력에 대한 수요와 공급의 불일치가 발생하고 있다. 대학원 이상의 높은 교육을 받더라도 이들을 흡수할만한 수요가 많지 않다면 '지식인 실업'이 발생해 국가는 인재를 잃을 수밖에 없다. 2006년 5월 미국 언론매체 〈더크로니클(The Chronicle)〉의 보도에 따르면 이탈리아의 연구자들은 매년 3만 명씩 빠져나가지만, 들어오는 연구자 수는 고작 3,000명에 불과했다.

아프리카 개발도상국에서는 의료 훈련의 대부분이 정부의 재정적 지원을 받고 있어서 정부가 재정 위기를 겪으면 의료 노동자들에 대한 훈련 역량도 제한된다. 이처럼 정부의 재정 자원은 정책 역량의 미흡과도 연결돼 인재 유출을 가속화하곤 한다. 실제로 아프리카에서는 의료 전문가들의 급여가 낮고 급여 시스템도 후진적인 까닭에 많은 의료 전문가들이 해외로 빠져나갔다. 델라뇨 도블로(Delanyo Dovlo) 등의 연구(2003)에 따르면 가나의 급여 시스템은 추가 근무나 오지 근무에 대해 제대로 보상하지 않고 고정된 급여와 수당만 제공했다. 이것은 업무의 다양함이나 근무 장소의 인기도를 인정하지 않는 것이었다. 이 때문에 많은 의료 노동자는 외진 곳에서 근무하느니 차라리 실업 상태에 머물기를 택했다. 따라서 아프리카 개발도상국에서는 의료 노동자의 부족과 실업이 병존하는 역설적인 현상이 나타났다.

공공업무에 종사하는 전문직들은 재정적인 자원의 부족으로 인해 형편없는 근로 환경에 마주하게 된다. 의료 분야 노동자들은 업무 특성상 전염성이 높은 에이즈, 결핵, 간염 등의 질병에 마주할 가능성이 크다. 게다가 그들은 일터에서 폭력과 스트레스에도 자주 노출된다. 자원 부족 때문에 이런 위험으로부터 충분히 보호받지 못하게 된다면 해외로 떠나려는 동기는 더욱 강해진다.

선진국에서도 인재들이 근무하는 분야에서 재정적인 자원이 충분치 않을 때 인재 유출이 발생한다. 핀란드에서는 2011~2015년 사이 박사학위를 받은 사람 중 해외로 이주하는 사람이 37%나 증가했는데 주요 이주 원인은 정부의 연구 센터 지원 예산이 삭감된 것과 관련 있었다. 이로 인해 많은 전문가는 실업 상태에 놓였고 본국에 머물면 미래가 암울할 것이라고 내다봤다. 그와 동시에 스웨덴, 독일, 노르웨이, 영국, 미국 등에서는 자신의 프로젝트에 기금 지원을 받을 수 있을 것으로 생각했다.

물론 급여나 근무 환경이 이주에 대한 동기를 부여하는 데 있어서 결정적인 요소는 아니다. 직업적인 발전 가능성이나 주변의 인정, 자부심, 업무에 대한 권한 등도 인재들의 이주에 영향을 미친다. 하지만 이것은 재정적인 자원이 뒷받침되지 않으면 형성되기 어려운 것들이다. 개발도상국의 형편없는 경제 성장과 지속적인 재정난은 국가 예산을 빠듯하게 하며 정부가 의료 노동자의 사기를 떨어뜨리는 요인으로 작용한다.

사실 단순히 먹고 사는 문제 때문에 인재들이 이주를 택하진 않는다. 출신국에 머물더라도 그들은 주변 사람보다 더 많이 벌고 더 부유하게 살 수 있다. 그런데 어디서든 먹고 살 수 있으며 똑똑하고 능력과 기반을 갖춘 사람이라면 더욱 자유롭고 개방된 국가에서 능력을 펼치길 원할 것이다. 이는 정치적으로 불안하며 억압적인 국가에서 많은 인재가 빠져나가는 가장 큰 원인이 된다.

정치적으로 불안정한 남아프리카공화국에서는 똑똑하고 부유한 사람들이 계속해서 해외로 이주하고 있다. 글로벌 시장 조사기관 뉴월드웰스(New World Wealth)에 따르면 남아프리카공화국에서 백인 백만장자 수는 2007년 3만6,600명에서 2015년 2만1,200명으로 감소했다. 감소의 주요 원인은 이주였으며 이주의 원인으로는 본국의 혼란과 안전에 대한 우려, 자녀 교육 문제 등이 포함됐다.

터키에서는 수많은 학자가 정부의 박해와 학문의 독립성 침해에서 벗어나기 위해 해외로 떠났다. 쿠르드족(Kurd)이 대다수인 터키 동남지역에서 반란이 재개됐다가 실패했고 정부가 이를 잔혹하게 진압한 것이 인재 유출의 계기가 됐다. 2016년 학자 1,400여 명이 이를 중지할 것을 요청하며 탄원서에 서명했다. 레제프 타이이프 에르도안(Recep Tayyip Erdoğan) 대통령은 서명한 학자들을 테러 동조자로 비난하는 한편 그들이 쿠르드족 무장단체들을 대표해 선전한다는 이유를 들어 수사받도록 했다. 수백 명의 학자는 탄원서에 서명했다는 이유로 대학에서 정직됐고 수사를 받아야 했다.

결국 수많은 학자가 일자리를 잃었고 그들 중 일부는 해외로 떠났다. 독일 언론 도이치벨레(Deutsche Welle)는 그해 11월 보도에서 탄원서에 서명한 사람 중 100~150명이 독일로 떠났다고 추산했다. 한때 수백 명의 학자가 해외에서 터키로 돌아왔지만, 이 같은 정치 상황으로 인해 학자들은 다시 해외로 떠났다.

국가 전반에 만연한 부패 역시 인재들의 이탈을 부추기고 있다. 루마니아에서 이제 막 의사가 된 사람들은 '뇌물을 주느냐, 마느냐'의 갈림길에 섰다. 많은 의사와 간호사는 커리어의 단계마다 고용과 승진을 위해 뇌물을 줘야만 했다. 루마니아에선 국가 지원으로 병원 진료비가 무료인데 환자들은 가능한 한 최고의 진료를 받길 희망하며 의사들에게 뇌물을 주곤 했다. 2014년 1월 영국 일간신문 〈인디펜던트(The Independent)〉는 루마니아 출신 의사의 사연을 소개했는데 그는 부패와 족벌주의(族閥主義)[9]를 탈피하기 위해 오지에서 일자리를 찾은 사람이었다. 그런데 인구 8,000명의 작은 마을에서도 병원 관리자가 그에게 고용의 대가로 5,000유로를 요구했다. 결국 이 의사는 독일로 이주해 일자리를 찾았다.

국가적인 차원이 아니더라도 인재들이 속한 집단의 관행이 구시대적이고 억압적이라면 인재들의 이주는 가속화된다. 학계의 후진적인 관행은 인재 유출에 직격탄을 날리고 있다. 과거 이탈리아 대학들은 질 높고 경쟁력을 갖춘 교육을 제공하며 일류 학자들을 유인했지만, 언젠가부터 관료주의, 연고주의, 족벌주의 그리고 정치적인 간섭에 시달리고 있다. 아멜리에 콘스탄트(Amelie F. Constant) 등의 연구(2008)에 따르면 이탈리아의 박사과정

---

9 자신의 일족을 우선하는 관행을 의미한다.

학생들은 교수가 졸업을 허락할 때까지 언제까지 기다려야 하며 그 와중에 보수 없이 교수의 업무를 수행해야 하는 일이 종종 발생했다. 이탈리아의 정교수는 굉장히 힘이 세며 학문적인 자리들을 통제한다. 게다가 학문 시스템이 정치인들의 요구 아래 있는 까닭에 과학 분야는 부족한 지원과 낮은 투자에 시달리고 있다. 최고의 시설에서 독립적으로 연구하길 원하는 학자들이 시스템이 더 투명하고 연구시설이 우수하며 기금 지원이 풍부한 나라로 이주하는 것은 그다지 놀랄 만한 일이 아니다. 이러한 요소들은 재능있는 이탈리아의 과학자들이 자신의 나라를 떠나게 할 뿐 아니라 다른 나라의 재능있는 과학자들이 이탈리아에 오지 않게 하는 장벽으로 작용하고 있다.

인재들의 이주에 대해 일관된 진단을 내리기는 쉽지 않다. 경제적 · 정치적인 문제를 해결한다고 하더라도 인재들이 이주하는 현상은 계속해서 발생할 것이기 때문이다. 환경 개선으로 인재 유출 현상을 일부 완화할 수는 있겠지만, 국가 간 문턱이 낮아지고 있는 한 완전히 통제하는 것은 불가능할 것이다. 대부분의 나라에서 직업적인 훈련 모델이 놀라우리만치 유사한 의료분야가 특히 그렇다. 영국에서 훈련받은 의사가 풍토병에 관심이 있다고 치자. 그가 아프리카에서 일하기를 희망한다면, 언어를 제외하고 그에게 필요한 훈련은 아주 적을 것이다. 마찬가지로 아프리카에서 훈련받은 간호사가 영국에서 일하길 희망한다면 언어 외에 그가 마주하는 장애물은 많지 않을 것이다. 이러한 '기술의 호환 가능성'은 의료 노동자들이 해외로 빠져나가는 현상을 더욱 촉진하고 있다. 전문직업인들이 가진 기술의 호환 가능성은 국가 간 교류가 가속화되고 해외에서 교육받고 출신국을 오가는 인재들이 늘어날수록 더욱 높아질 수밖에 없다.

인재 유출은 또 다른 필연성에 직면하고 있다. 교통과 통신의 발달로 전 세계의 사람들이 해외의 커리어와 전망에 관해 더 많은 정보를 얻고 있다. 때로는 선진국으로의 이주를 돕는 대행사들이 이주를 부추기기도 하고 이주자들이 선진국에서 형성한 사회적 네트워크들이 이주에 대한 심리적인 문턱을 낮추며 더 많은 인재 이동을 불러일으키기도 한다. 또 다른 세계와 새로운 기회에 대한 정보가 점점 더 많이 공유되는 한 인재 유출은 계속될 것이다.

그럼에도 불구하고 각 국가가 인재 유출로 인한 손실을 줄이고 싶다면 인재들이 떠나는 요인을 살펴보고 원인을 진단하는 것이 필수적이다. 인재들이 떠나는 이유를 제대로 분석하지 못하면 과도한 인재 유출을 막는 정책도, 해외로 떠난 인재들을 유치하는 정책도 제대로 설계할 수 없다. 인재 유출에 대한 해법을 도출하려면 그 원인에 대해 제대로 진단하는 일이 선행돼야 할 것이다.

이주 제한은 가능한가

인재 유출을 막기 위한 해법은 무엇일까? 가장 즉각적이고도 손쉬운 해결책은 이주를 저지하는 것이다. 이주를 하지 않는다면, 이주로 인해 발생하는 각종 문제를 즉각적으로 해결할 수 있을 것이다. 이는 선진국에서 반(反)이주를 주장하는 사람들이 가장 편리한 방법으로 언급하는 것이다. 실제로 어떤 학자들은 부유한 나라에 '이주 쿼터(Quota)'를 도입해 정해진

쿼터만큼의 이주자만 받아들이고 이를 넘어서는 규모의 이주는 저지하자고 주장한다. 이 주장은 개발도상국이 인재 유출로 인해 각종 어려움을 겪는다는 이유로 정당화되기도 한다.

현재 시행되는 이주 제한의 대표적인 방식은 외국인의 비자 심사를 강화하고 가급적이면 장기적인 체류보다 일시적인 체류만 허가하는 것이다. 이를 통해 개발도상국 인재들은 새로운 나라에 가기 어려워지게 되고 설령 입국하더라도 오래 머물지 못하게 된다.

문제는 이 같은 비자 정책의 논리가 개발도상국의 두뇌 유출 문제의 해결과는 관련이 없다는 것이다. 단기 비자는 외국인들이 단순히 일시적인 거주만을 원했을 때 발급된다. 단기 비자는 외국인의 거주를 영구적으로 허가했을 때 선진국의 노동 시장이 왜곡될 수도 있으므로 이를 막기 위한 수단으로 사용되기도 한다. 즉 외국인 근로자의 단기 비자는 선진국이 자국의 노동 시장을 위해 발급하는 것이지, 개발도상국의 두뇌 유출을 억제하고 인재들의 귀환을 촉진하기 위해 고안된 것이 아니다. 결과적으로 제한적인 비자 정책은 두뇌 유출로 인한 문제를 일부 완화할 수 있더라도, 선진국이 개발도상국의 두뇌 유출을 억제하는 방편으로 활용할 순 없다. 선진국 입장에서 본다면 인재 경쟁 시대에 인재 유입을 억제하는 비자 정책을 도입해 자국의 경쟁력을 깎아내릴 이유가 전혀 없기 때문이다.

현실 속에서 이주 제한은 개발도상국이 자국 인재를 떠나지 못하게 하는 방식으로 시행되곤 한다. 공적자금으로 교육을 지원할 때 이주에 대해 법적인 혹은 재정적인 제한을 가하는 것이다. 이와 관련해서는 아프리카 국가들이 의대 졸업생들에게 가한 이주 제한 사례가 대표적이다. 가나는 의대 졸업생들이 본국을 떠나는 것을 막기 위해 이들이 해외로 이주하려면 현지에서 5년간 일해야 하고, 그렇지 않으면 교육비를 환급하게 했다. 5년의 근무 기간은 젊은 의사들이 가나에 정착해 가족을 꾸리기에 충분한 시간이었다. 즉 그들의 이주를 억제하는 데 충분한 시간이었다.

하지만 이런 의무를 강제적으로 집행하기는 어려웠다. 채무자를 추적하는 것이 어려웠기 때문이다. 혹자들은 가나 정부가 현지 거주민들로부터 세금을 징수하는 인프라와 역량조차 낮기 때문에 해외의 채무자를 추적하는 것이 정부의 능력을 넘어서는 일이라고 지적했다. 의대 졸업생들 사이에서도 불만이 제기됐다. 이런 의무가 왜 의대 졸업생들에게만 적용되고 다른 분야에선 적용되지 않느냐는 것이었다. 더욱이 가나에서는 인플레이션이 심화되고 현지의 화폐가치가 절하됐다. 이에 이주를 저지하려는 계획의 효과는 더욱 약해졌고, 이주 동기는 더욱 높아졌다. 동시에 이주를 강제로 규제하려는 정책은 이러한 규제를 피해 해외로 떠난 이주자들이 돌아오기 어렵게 하기도 했다.

이외에도 의대 졸업생들의 이주 방지 정책은 다양한 방식으로 시행됐다. 가나의 대학들은 졸업생들이 의대 성적표를 손쉽게 발급받는 것이 해외에서 일자리를 쉽게 찾을 수 있도록 한다고 판단해 의대 성적표 발급 비용을 올리기도 했다. 가나에서 의대 졸업생들이 성적표를 발급받는 데 드는 비용은 과거 미화 6달러였지만, 1990년대 후반엔 해외에서 사용할 목적으로 성적표를 발급받으려면 예외 사유를 제외하고 모두 졸업 후 500달러를 내야 했다. 가나에서 4년간 근무한 이후에야 값이 120달러로 줄어들었다.

재정적인 수단을 활용한 이주 제한은 다양한 방식으로 시행됐다. 2015년 4월 말레이시아 페낭(Penang) 정부는 2,000만 말레이시아 링깃(Ringgit

Malaysia, 말레이시아 화폐) 규모의 '페낭미래재단(Penang Future Foundation) 장학금' 을 조성해 인재 유출을 역전시키려 했다. 이를 통해 과학, 기술, 수학, 회계 분야를 공부하는 현지 학생들에게 도움을 주면서 페낭이 인재 허브가 될 수 있도록 인재를 육성했다. 그러나 재단의 궁극적인 목적은 지원받은 학자들이 페낭에서 일하도록 요구하기 위한 것이었다. 장학금을 받으려면 가구 월수입이 1만5,000링깃 이하여야 했다. 수혜자들은 최소 1년간 페낭에서 일해야 했고 등록금 2만 링깃을 지원받을 때마다 의무 기간이 1년씩 추가됐다.

이주 제한을 위해 각종 비용을 부과하는 방식은 해외 경기가 침체되고 선진국에서 일할 기회가 적을 때는 효과적으로 작동한다. 하지만 선진국 경제가 호황이고 그곳에서 일할 기회가 더 많이 제공된다면 인재들은 각종 비용을 감당하고서라도 해외로 떠난다. 떠날만한 여력이 있는 사람들은 기꺼이 등록금 지원액을 반환하거나 성적표 수수료를 지불할 것이다. 즉, 해외로 떠나는 사람들이 일정 부분의 비용을 지불하게 하는 조치는 이주 자체를 막지 못한다. 비용 부과 조치는 이주로 인해 발생하는 손실 일부를 메우는 데만 도움이 될 뿐이다.

이주를 강제적으로 제한하는 것은 우수한 인재들이 더욱 빨리 그들의 나라를 떠나고 싶도록 부추겼다. 2001년 가나의학·치의학협의회는 의사들이 졸업 후 6개월이 지나 수련생활을 시작하는 경우, 수련을 시작하기 전에 최종 시험을 다시 치르도록 했다. 이것은 의대 졸업생들이 수련생활을 시작하기 전에 돈을 벌기 위해 6개월에서 1년간 해외에 머무는 경우가 많다는 데서 착안한 대책이었다. 해외에서 의사로 일하기 위해서는 수련생활을 마쳐야 하기 때문에 규제가 시행되자 수련생활 전에 해외에 머무는 사람들이 줄어들었다. 문제는 해외에 오래 머물며 돈을 벌고 싶어 했던 사람들이 이런 독단적인 정책에 짜증을 느꼈다는 것이다. 이 정책은 오히려 가나의 의사들이 수련생활을 마친 뒤 자신의 국가를 더 빨리 떠나게 했다.

남아프리카공화국에서는 해외에 오래 머물려는 사람들을 추적하는 방식으로 이주 제한을 시도했다. 2017년 5월 남아프리카공화국 내각은 3개월 이상 해외에 머물고자 하는 모든 시민에 대해 내무부의 추적을 허용하는 법안을 승인했다. 이 법안은 시민들이 해외에 3개월 이상 머무르고자 할 때 그 사실을 정부에 등록하도록 하는 방식으로 시행되는데 이를 토대로 한 내무부 백서(白書, 정부 보고서)는 국가를 떠나려는 사람들의 수를 제한하기 위한 목적으로 쓰일 것이었다. 내무부 백서에 따르면 1989~2003년 남아프리카공화국 국민 52만 명이 해외 거주자가 됐는데 그 가운데 12만 명은 전문적인 자격을 갖춘 사람이었다. 이것은 남아프리공화국 전체 전문인력의 7%가 넘는 수치였다. 이 같은 법안 내용이 알려지자 현지에서는 "이주를 제한하면 더 똑똑하고, 기업가 정신을 갖췄으며, 돈이 많은 인재가 떠날 가능성이 커질 것"이라는 비판이 대두됐다.

물론 이주 제한 조치가 일정 부분 효과를 발휘한 사례도 있다. 가나는 간호사들을 상대로 교육 지원을 받으면 5년간 현지에서 근무해야 하는 정책을 시행했다. 가나에서는 매년 약 400명의 간호사가 구직시장에 유입됐는데 2004년엔 거의 두 배에 가까운 700명의 간호사가 영국으로 떠날 정도로 인재 유출이 심각했다. 이 때문에 간호사들이 의무 근무 기간을 채우지 않으면 해당 연수마다 650달러씩 벌금을 내도록 하는 조치를 시행했다. 가나 간호사들의 월급이 400달러에 불과한 것을 감안하면 소수의 사람만 부담할 수 있는 금액이었다. 벌금을 내지 않으면 해외에서 일하는 데 필요한 증명서가 발급되지 않았다. 2015년 2월 BBC의 보도에 따르면 가나 정부는 새로 간호사 자격을 얻은 사람들을 대상으로 이주 제한 정책을 폐기했다. 이제 충분히 많은 수의 간호사들이 가나에 머물게 됐기 때문에 더는 그들을 묶어둘 필요가 없기 때문이었다. 해외로 떠나는 간호사들의 수는 2004년 700명에서 2014년 192명으로 대폭 감소했고, 규제 정책은 효과적이었다는 평가를 받았다.

그럼에도 불구하고 이 같은 정책엔 한계가 있었다. 가나에서 생활비가 오르고 있는 가운데 선진국과의 현격한 급여 차이는 간호사들이 여전히 해외로 떠나도록 하는 요소가 됐다. 영국에서 신입 간호사들은 한 달에 최소 2,695달러를 벌 수 있었다. 반면, 가나의 전문 간호사들이 세금을 공제한 뒤 받는 월급은 400달러에 불과했고 심지어 월급을 늦게 받기도 했다.

국가가 각종 규제를 통해 두뇌 유출을 제한하는 것은 여러 부작용을 낳기도 했지만, 이에 앞서서 근본적인 문제점이 있었다. 바로 '자기 소유권'에 대한 존중과 이러한 조치가 양립 불가능하다는 것이다. 2016년 이집트 국회 건강위원회의 위원인 샤디아 타벳(Shadia Tabet)은 의사들이 공공병원에서 10년 이상을 근무하지 않는 한 해외여행을 금지하는 법안을 발의하겠다고 발표했다. 이 법안은 의료 전문가들의 권리에 대한 명백한 침해라는 비판을 받았다. 타벳은 당시 대부분의 공공병원에 의사들과 간호사들이 부족하다는 이유로 법안을 발의했다고 밝혔다. 그가 작성 중인 법안 조항에는 의사들이 사실상 해외에서 일할 수 없게 한 조항들이 여러가지 담겨있었는데 예를 들면 이집트 밖에서 얻은 월급의 20%를 이집트 재무부에 내야 하고 교육비도 물어내야 한다는 내용이었다. 이 내용이 공개되자 이집트 의사단체는 "불합리하다"고 반발하고 나섰다. 의사단체는 이 법안이 의사들이 삶의 수준을 향상하기 위해 여행할 권리를 빼앗아 이들의 야망을 침해한다고 주장했다.

고숙련 노동자의 이주 제한 정책은 그들의 권리를 부정하는 것이다. 개인이 어디서, 누구를 위해, 얼마나 많은 돈을 벌지 선택할 권리를 빼앗는 조치라는 것이다. 다시 말하자면 고숙련 노동자들은 자기 자신을 소유한 독립된 인격체로 존중받는 것이 아니라 중세 길드(Guild, 상공업자 조직)의 도제(徒弟, 제자)처럼 취급받는 것이었다. 중세 길드의 견습생들은 도제살이를 하는 대신 한 곳에 묶여서 그들에게 일을 가르쳐준 장인(匠人)을 위해 일해야 했다. 중세 시대에는 이 기간이 그나마 몇 년으로 한정돼 있었다. 이에 반해 국가가 인재들의 이주를 제한하는 것은 이들을 '평생' 소유하려 하는 것이나 다름없다.

고숙련 인재들의 이주를 막는 것은 국가나 지역사회가 개인의 재능 행사에 대한 권리를 주장하는 것이다. 미국의 철학자 로날드 드워르킨(Ronald Dworkin)은 이것을 '인재들의 노예화'라고 불렀다. 이것은 국가가 교육에 투자함으로 인해 개인의 재능 행사를 통제하는 것이고, 궁극적으로는 개인의 재능을 사회가 소유하는 것을 정당화한다. 이런 메커니즘은 전문가들에게 의무를 부과하고 집단에 권리를 보장하기 때문에 교육이 전문가들을 노예화하고 누군가의 재능을 타인이 점유할 수 있는 수단이 된다.

이처럼 이주 제한은 여러 가지 윤리적인 문제점을 낳는다. 고숙련 노동자들은 이주할 수 없을 때 상당한 손실을 얻게 된다. 이들이 강제로 출신국에 머무른다면 이들은 이주할 때 얻게 될 수입뿐 아니라 자유도 빼앗기게 된다. 자유를 침해받는다는 것은 고숙련 노동자들이 원치 않는 환경 아래에 살면서 그 조건을 견뎌야 한다는 것을 시사한다. 이로 인해 이들은 때때로 참을 수 없다고 느끼는 정권 아래에서 사는 것을 강요받기도 한다. 게다가 여성 고숙련 노동자들에게는 윤리적인 문제가 추가로 발생할 수 있다. 여성이 직업적으로 성취감을 느끼기 어려우며 여성의 사회활동에 대해 구조적인 장애물을 가지고 있는 개발도상국이 이주를 제한한다고 가정해 보자. 이것은 결국 여성 고숙련 노동자들이 이러한 환경을 마주하도록 강제하고 직업적인 역량을 제한받도록 한다.

이주 제한은 현실 속에서 효과적이지도, 윤리적이지도 않다. 단순히 인재들의 이주를 제한하는 것은 고숙련 노동자들의 권리와 기회를 빼앗을 뿐 아니라 사회가 인재들의 이주로 인해 얻을 수 있는 잠재적인 혜택도 박탈하는 것이다. 무엇보다도 재능있는 노동자들은 그 어떤 경우에 처하더라도 이주 제한을 피할 방법을 찾을 것이다. 따라서 우리는 인재들의 이주를 제한하는 접근법에 대해 의구심을 갖고 인재 유출 문제에 더 효과적인 대응책을 찾아야 한다.

세금 방정식을 뜯어보다

인재들이 기회가 더 많은 국가로 빠져나가는 것은 불가피한 일이므로 이주 자체를 막을 수는 없을 것이다. 그럼에도 불구하고 국가가 이주를 억제하고 이주로 인한 손실을 상쇄해야 한다면 어떻게 해야 할까? 이에 대한 해답으로 학자들은 '두뇌유출세(Brain Drain Tax)'라는 아이디어를 제시했다. 인재 유출에 대해 세금을 부과해 인재들에게 이주할 권리를 보장하면서 두뇌 유출로 인한 손실도 만회하자는 것이다. 이처럼 두뇌 유출에 세금을 부과하는 메커니즘은 현실에서 어떻게 실현될 수 있을까? 학자들은 이에 대해 다음과 같은 방법을 고안했다.

첫째는 '출국세(Exit Tax)'다. 이는 이주자들이 비자를 발급받을 때 이들을 고용하는 회사가 출국세를 내도록 하는 것이다. 하지만 이러한 방식은 부작용을 발생시킬 수 있다. 사람들이 출국세를 내지 않기 위해 학령기와 같이 최대한 이른 나이에 본국을 떠날 수 있기 때문이다. 더욱이 해외로 떠나는 학생들은 개발도상국의 엘리트 자녀들일 가능성이 크기 때문에 이런 학생들의 이주는 고등교육제도에 대한 정치적인 지지와 헌신을 약화할 수 있다.

둘째는 일률 과세(Flat Tax)다. 이는 해외에 있는 국민이 그들 소득의 일부(예를 들어 1%)를 세금으로 내는 것이다. 하지만 행정적인 실현 가능성이 빈약할 것이다.

셋째는 미국식 모델(American Model)이다. 이것은 개인이 거주지가 아닌 국적에 근거해 세금을 내는 것이다. 미국인은 해외에 나간다고 해도 언젠가는 본국으로 돌아올 가능성이 크다. 따라서 세금 납부에 대한 유인이 강하다. 반면, 저개발국은 그렇지 않다. 저개발국이 이 제도를 집행하려면 외국과 세금조약을 협상해야 하는데 이로 인해 행정적인 문제가 발생할 것이다.

넷째는 협력 모델(Cooperative Model)이다. 이는 인재 송출국과 유입국의 동의하에 사람들이 내는 소득세를 국가 간에 자동 이전하는 것이다. 이 이론에 따르면 인재 유입국이 얻는 뜻밖의 이득이 인재 송출국에 똑같이 배분돼야 한다. 이 경우 송출국이 얻는 재정적인 이득은 상당할 것이다. 하지만 인재 유입국에서 이 같은 방안을 실행해 자국에서 발생한 소득에 부과된 세금을 해외로 보낼만한 정치적인 동기가 약하다.

두뇌유출세는 1970년대에 인재 유출을 완화하기 위한 경제적인 처방으로 선호됐는데 이를 찬성한 대표적인 경제학자로는 자그디시 바그와티(Jagdish Bhagwati)가 있다. 그는 고숙련 노동자들이 해외로 이주해 얻은 소득에 세금을 붙여서 본국에 혜택을 주는 모델을 고안했다. 바그와티의 제안은 다음과 같이 요약된다. 이주자들이 해외에서 뜻밖에 얻은 이득이나 본국에서보다 더 많이 얻은 소득에 대해서는 해외의 소득세보다 더 많은 세금이 부과돼야 한다. 이렇게 걷힌 세금은 개발도상국의 발전에 쓰이며 '총괄적으로' 공유돼야 한다. 요약하자면 이주자들이 이주로 인해 더 많은 소득을 얻게 되는 만큼 이에 대한 별도의 세금을 내게 해서 출신국의 발전에 기여하게 해야 한다는 것이다.

바그와티는 이주자들에게 '피구세(Pigouvian Tax)'[10]를 부과하자고 했다. 피구세는 공장 굴뚝에서 매연이 나와 공동체에 해를 끼치니 이것에 세금을 부과하자는 식의 메커니즘이다. 두뇌 유출에 피구세를 붙이자는 것도 인재들에게 지출한 등록금 지원과 같은 재정적인 손실을 포함해 인재 유출로 인한 부정적인 외부효과를 감안한 것이다.

그런데 피구세를 붙이기 위해서는 전제 조건이 필요하다. 우선, 세금을

---

10 부정적인 외부효과가 발생할 때 세금으로 비용을 부담하게 하는 것이다.

누구에게 부과해야 하는지를 정해야 한다. 누가 '매연'이라는 외부효과의 가해자인지, 대중들이 공장의 매연을 마심으로 인해 폐가 손상된 것에 대해 누구를 탓해야 하는지를 알아야 한다. 그렇다면 두뇌유출세는 누구에게 부과해야 하는가? 이를 따져보기 위해 다른 형태의 고숙련 이주인 '국가 내 이동'을 생각해 보자. 큰 국가에서 대학교육을 받은 노동자들은 자국 내에서도 이주를 많이 하는데 이런 경향은 국가 간 이주만큼이나 높다. 작은 나라에 사는 고숙련 이주자들은 큰 나라의 작은 지역에서 사는 고숙련 노동자들과 상황이 비슷하다. 지역의 고숙련자가 이주하면 출신 지역이 인재유출로 인해 손해를 보는 것이다. 그러나 국내 이주에 대해서는 두뇌유출세를 붙이지도 않으며 이를 붙인다고 하더라도 많은 사람이 반대할 것이다. 설령 고숙련 노동자들의 생산성이 높아 그들이 이주했을 때 시골 지역에 부정적인 외부효과가 발생하더라도 말이다. 그렇다면 비슷한 부정적인 외부효과를 발생시키더라도 이동의 범위가 '국가 간 경계'라는 이유만으로 두뇌유출세를 붙이는 것은 타당한 일일까?

이러한 반문에도 불구하고 고숙련 노동자에게 두뇌유출세를 붙여야 한다고 생각하는 사람들은 여전히 존재할 것이다. 이것은 누군가의 커리어 선택에 세금을 붙이는 것과 같다. 그렇다면 누군가의 커리어 선택에 대해 세금을 붙이는 것이 타당한지 생각해 봐야 할 것이다. 법률가가 된 여성에게 세금을 붙인다고 가정해 보자. 과거에 똑똑한 여성의 대다수는 교사로 일하면서 학생들을 가르쳤지만, 오늘날 여성들의 커리어 선택지는 과거보다 더 넓어졌다. 이로 인해 학교에서 일하는 똑똑한 여성들의 수는 과거보다 감소했다. 어떤 의미에서 이것은 '두뇌 유출'로 학생들이 얻을 수 있는 긍정적인 외부효과를 앗아가는 것이다. 그렇다면 여성 법률가들이 해당 커리어를 선택할 때 학교에 보상하도록 하는 것은 어떤가? 이는 매우 비윤리적이다. 여성은 스스로 선택해 여성으로 태어난 것이 아니기 때문이다. 그들은 남성과 같이 자유롭게 커리어를 추구하고 선택할 권리가 있다. 따라서 여성들의 커리어 결정에 대해 세금을 매기는 것은 이 같은 권리를 침해하는 것이다. 이들이 외부효과에 대한 책임을 지게 하는 것은 기대소득이 낮은 일자리를 갖도록 강요하는 것이다.

두뇌유출세도 비슷한 맥락에서 문제의 소지가 있다. 이주자들은 본인의 출신국을 선택해 태어나지 않았다. 이주자에게 세금을 부과하는 것은 높은 급여를 주는 일자리에 접근할 수 있는 천부적인 권리를 제한하는 것이다. 이처럼 두뇌유출세는 윤리적인 한계점을 가지고 있다.

사실 두뇌유출세를 주장하는 사람들은 '더 나은 삶을 추구할 권리'가 이주자 본인이 아닌, 이들의 출신국에 있다고 가정하고 있다. 고숙련 노동자들을 출신국에 붙잡아두면 사회가 더 발전할 수 있으므로 공동체를 위해 세금을 내도록 강요할 수 있다는 것이다. 하지만 국가가 고숙련 이주자들이 발생시키는 긍정적인 효과에 대해 소유권을 주장하려면 이들이 발생시키는 부정적인 효과에 대해서도 똑같이 소유권을 주장해야 논리적으로 일관된다. 미국의 회사에서 인도 출신 고숙련 이주자가 1,000만 달러를 횡령했다고 치자. 인도 정부는 회사 손실의 10%라도 반환해 달라는 미국이나 회사의 요구를 수용할 것인가? 그렇지 않을 것이다. 개인의 선택으로 인한 손실을 국가가 보상해야 할 의무가 없기 때문이다. 마찬가지로 고숙련 이주자들이 좋은 커리어를 선택하고 더 많은 소득을 버는 것에 대해 국가가 소유권을 주장하며 보상을 요구할 수 있는가?

다음과 같은 경우도 생각해 볼 수 있다. 남아프리카공화국이 해외로 이주한 의사들에게 세금을 매긴다고 생각해 보자. 정부는 의사들이 출신국의 진료 현장을 이탈해 환자들이 의료 서비스를 덜 받게 된다는 이유로 세금을 부과하려 한다. 이 같은 논리라면 집에 머물면서 아이를 키우기 위해 진료를 하지 않는 의사들에게도 마찬가지로 세금을 부과해야 한다. 정부는 그들이 의대 졸업 후에 의사로 사는 것을 선택하지 않았다고 세금을 매길 수 있을까? 이주를 택하든 전업주부로의 삶을 택하든 대중들이 의료 서비스를 덜 받게 되는 결과는 같은데 말이다.

평소에 우리는 누군가의 노동이나 이웃의 존재로 인해 혜택을 입어야 한다고 주장하지 않는다. 그 원인이 직업을 바꾼 것이든 다른 곳으로 이주한 것이든 기술이나 실력을 갖춘 사람들이 공동체에 혜택을 창출하는 것을 멈췄을 때 우리가 보상을 받아야 한다고 생각하지 않는다. 아마도 이것이 우리에게 부정적인 영향을 미치더라도 누군가가 직업과 업무 장소를 바꾸는 것을 권리로서 존중하기 때문이다. 그런데 유독 이주에 대해서만 이런 부분을 인정하지 않고 타인이 실현하지 않은 이득을 계산해 보상을 요구할 수 있는가? 고숙련 노동자들의 인적자본에 대한 권리를 개인이 아닌 국가라는 공동체가 갖고 있다는 개념은 이처럼 일관되지도 않으며 아직도 설득력이 없는 상태로 남아있다.

어떤 사람들은 이렇게 반박할 수 있을 것이다. 국가가 고숙련 노동자들의 이주로 인해 '얻지 못하게 된 이득'을 두고 보상을 요구할 순 없지만, 이들의 학업에 대해 공적 지원을 했다는 사실은 두뇌유출세를 정당화할 수 있다고 말이다. 언뜻 보면 이런 주장은 공정성의 원칙에 부합해 보인다. 누구든지 공공교육을 포함해 다른 사람들로 인해 혜택을 입었다면 그에 상응하는 행동을 해야 할 의무가 있다는 것이다. 이에 대한 논리 구조는 다음과 같다.

호혜주의(互惠主義, reciprocity)의 원칙[11]
누구도 상호의 의무를 지지 않은 채 다른 사람들의 협조로부터 혜택을 봐서는 안 된다.

따라서 공공시설에서 공부하는 사람들은 다른 사람들에 대한 의무가 있다.

공공교육
공공시설에서 공부하는 사람들은 다른 사람들의 협조로부터 혜택을 얻은 것이다.

소위 말하는 '교육 오블리제(Education Oblige)'가 이러한 주장의 결론으로 꼽히는데 이것은 교육이 의무를 낳는다는 것을 함축하고 있다. 아마도 많은 사람이 이러한 주장에 동의할 것이다. 그러나 우리는 교육으로 인한 결과에 의무가 있는 사람이 누군지 따져보아야 한다. 공공교육에 대한 시각에 따라 의견이 다양하기 때문이다.

첫 번째 시각은 교육을 '투자'의 관점에서 바라보는 것으로 교육을 집합적인 노력에 의해 가능해진 혜택이라고 가정한다. 공동체가 재정을 다른 것이 아닌 교육에 배분하기로 결정하는 것은 투자이므로 보상을 기대할

---

11 국제무역을 하는 양국이 서로 대등한 관계에서 이익을 주고받는 원칙을 말한다. 즉 두 국가가 서로 같은 수준의 우대조치를 승인하는 것이다.

권리가 있다. 국가가 가난할수록 학교 졸업생들의 이주는 더욱 많아질 것인데 이것은 보상 의무를 저버리는 것이다.

두 번째 시각은 교육을 '동등한 기회'의 관점으로 바라보는 것이다. 교육을 그로부터 혜택을 입는 젊은 세대들이 지는 의무가 아니라 교육에 재정을 지출해야 하는 어른 세대의 책임으로 보는 것이다. 다른 모든 조건이 같다는 전제하에 교육 수준만 다르다고 가정하면 교육 수준이 높을수록 가난에 사로잡힐 가능성이 작다. 이러한 관점에서는 교육을 더 나은 삶을 사는 기회를 높이며 넓은 일자리의 선택지에 접근할 수 있도록 보장하는 수단으로 본다.

그렇다면 교육에 재정을 보조하는 것은 공동체가 투자에 대한 보상을 기대하면서 실행하는 선택인가, 동등한 기회를 제공하기 위한 책임의 실천인가? 위의 두 가지 시각은 교육 목표에 있어서도 상충한다. 교육을 투자로 보는 관점에서 교육은 누군가의 역량을 제한적으로 향상시키는 수단에 불과하다. 교육은 그 혜택을 받는 사람이 전체 공동체를 향상시키기 위해 자신이 받은 수혜를 되돌려준다는 조건 아래 실행되기 때문이다. 반면, 교육을 동등한 기회로 보는 관점에서는 개인의 자유를 더욱 잘 보장해주기 위한 수단으로 인식한다. 즉 교육은 당사자가 도달할 수 있는 최고 수준의 삶의 질을 열망할 수 있도록 하는 도구인 것이다. 전자는 교육을 통해 당사자가 출신 공동체와 떼려야 뗄 수 없는 관계를 맺게 하고, 후자는 당사자가 출신으로 인한 불이익으로부터 자유롭게 한다.

교육에 대한 시각은 국가의 빈부에 따라 엇갈릴 것이다. 가난한 나라에는 부유한 나라보다 교육을 투자라고 생각하는 시각이 더 많을 것이다. 후진국은 자원이 부족한 만큼 자원을 더욱 세심하게 계획해야 하고 그 가운데 정책적인 선택에 놓이기 때문이다. 한정된 자원이 향후 다른 나라로 빠져나갈 구성원들에게 쓰인다면 그것은 전체 공동체에 손실이 될 것이다. 따라서 국가가 가난할수록 교육을 투자의 관점에서 보고 이왕이면 큰 효과를 산출하려고 할 것이며 공동체에 대한 의무를 더 많이 요구할 것이다.

여기에는 개인이 선택할 수 없는 출신지 때문에 교육이 투자로 해석되고 교육을 받는다는 것이 '기회의 향상'이 아닌 '되돌려줘야 하는 의무'로 해석되는 게 맞느냐는 의문이 남게 된다. 개발도상국은 두뇌유출세를 통해 고숙련 이주자들에게 투자했던 금액을 회수해도 되는가? 회수가 타당성을 얻으려면 고숙련 노동자들의 이주를 그동안 투자받은 교육비를 사회에 되돌려주지 않는 행위로 해석해야 할 것이다. 하지만 국가가 고숙련 노동자에 대한 교육비를 공공재정으로 보조했든지 그렇지 않든지 그의 가정은 교육비의 상당 부분을 이미 지출한 상태다. 공립 초등학교에 다니는 아이를 생각해 보자. 아이의 부모는 소비세, 부가가치세, 물건 가격에 포함된 수입 관세 등 국가에 세금을 냈으므로 사실상 교육비에 해당하는 돈을 지불한 것이다. 그러므로 그 아이가 해외로 이주하더라도 가정에서 교육비를 이미 지불했다는 사실엔 변함이 없다.

물론 고등교육에서는 이 같은 주장이 설득력을 잃을지도 모른다. 가난한 나라에서는 많은 사람이 고등교육에 접근할 수 없으므로 고등교육을 받고 해외로 이주하는 고숙련 노동자들은 사회에서 더 많이 투자받았다고 볼 수 있다. 하지만 개발도상국의 경우 고소득자의 자녀일수록 고등교육을 받는 비율이 높은데 고소득자들은 세금 역시 더 많이 낸다. 그 가정은 이웃보다 더 많은 세금을 내고, 공교육비에 기여한 액수 역시 더 클 것이다. 물론 그렇지 않은 경우도 분명히 있을 것이다. 그러나 교육 비용이 어느 정도이든지 고숙련 이주자들이 출신국에 교육비 전체를 빚졌다고 판단하고 이들에게 두뇌유출세를 부과해 투자 금액을 보상받으려고 하는 것은 과도하게 단순한 생각이다.

사실 이주자에게 두뇌유출세를 붙이는 것은 그들을 이주로 인해 부정적인 외부효과를 야기하는 '가해자'로 보는 시각에서부터 시작된다. 이주자에게만 외부효과의 책임을 지우는 것이 타당한가? 대부분의 외부효과는 어느 한 주체의 행동으로만 일어나는 것이 아니라 상호적으로 나타난다. 공장의 굴뚝을 예시로 들면 사람들이 매연을 마시는 것은 공장의 배출뿐 아니라 그 공장 근처에 살겠다는 사람들의 결정, 둘 다에 의해 발생한 것이다. 외부효과는 두 행위자 간에 명백한 '가해자'와 '피해자'라는 역할에서 발생한 게 아니라 두 행위자 간에 욕망이 불일치함으로 인해 발생한다는 것이다. 공장은 굴뚝에서 매연을 발생시키고자 하는 욕망이 있고 사람들은 공장 근처에서 살고자 하는 욕망이 있다. 매연 배출에 대해 공장에 벌금을 부과하는 것은 공장에 해를 끼칠 것이고 공장 근처에 사는 사람들에게 벌금을 부과하는 것은 그 사람들에게 해를 끼칠 것이다.

어느 한쪽에만 의무를 지우고 세금을 부과하는 것은 논리적이지도, 효율적이지도 않다. 공장이 매연 배출량을 줄이는 것보다 사람들이 더 안전한 곳으로 이동하도록 보상하는 게 더 저렴하다고 가정해 보자. 이때는 양쪽의 협상을 통해 사람들이 이사할 수 있게 공장이 이사 비용을 보상하는 게 훨씬 효율적이다. 직관적으로 한쪽만 가해자로 지목해 세금을 붙이는 것은 비효율적인데다가 가장 이득이 되는 방식으로 당사자들에게 자원을 배분하지 못할 가능성이 크다.

그렇다면 두뇌 유출로 인한 손실은 누가 감당해야 하는가? 이 역시 어느 한쪽의 행동만으로 결과가 발생하는 것이 아니라는 점을 감안해야 한다. 두뇌 유출로 인한 피해는 이주하는 사람으로부터 야기되기도 하지만, 고숙련 노동자들을 충분히 훈련시키지 않은 국가에 의해 발생하기도 한다. 국가가 충분한 수의 고숙련 노동자들을 양성했다면, 일부 고숙련 노동자들의 해외 이주로 인해 얻는 피해는 적을 것이다. 결국 두뇌 유출로 인한 피해의 원인은 국가와 이주자 모두에게 있는 것이다.

따라서 두뇌 유출로 인한 부정적인 외부효과를 막기 위해서는 원인을 제공한 두 당사자가 모두 비용을 부담해야 할 것이다. 여기에서는 고숙련 이주자들이 '두뇌유출세'를 내거나 국가가 '더 많은 고숙련 노동자들을 양성하기 위한 비용'을 내는 방법이 있을 것이다. 그런데 고숙련 노동자들이 이주하면 출신국에 유·무형의 혜택을 가져오기 때문에 인재 유출을 억제하면 이 같은 긍정적인 외부효과를 누릴 수 없게 된다. 게다가 이들이 이주하지 않는다고 해도 개발도상국은 독자적으로 국가를 발전시킬 수 없을 것이다. 차라리 이주를 통해 인적자원을 효과적으로 개발하고 기술 기반을 넓히는 것이 '개발도상국의 발전 저하'라는 외부효과를 더욱 잘 막을 수 있다. 이주자들에게 두뇌유출세를 붙이는 대신 국가가 고숙련 노동자들을 많이 육성하는 것이 가장 좋은 방법일 수 있다.

누군가는 위의 주장에 대해 다음과 같이 반박할 수 있다. 이주가 초래하는 손해에 대한 보상에 있어서 사회적인 비용에 대한 효율성을 따질 것이 아니라 '정당성'과 '공정성'을 따져야 한다고 말이다. 공장 굴뚝의 예시에서 공장 근처에 사는 사람들이 다른 곳으로 이사하는 것보다 공장이 공해를 낮추는 것이 더 저렴하다고 가정해 보자. 마을 사람들은 가난해서 공장이 공해를 낮추도록 비용을 댈 수 없고, 공장 소유자는 굉장히 부유하다면 어떨까. 많은 사람은 설령 사회적으로 비효율적인 결과를 낳게 되더라도 공장이 책임을 져야한다고 할 것이다.

고숙련자의 이주 역시 마찬가지다. 어떤 사람들은 세금을 '글로벌 재분배'의 수단으로 정당화하지만, 이것은 지불할 의지보다는 지불할 능력에 기반을 둔 것이다. 이 주장은 고숙련 이주자들이 돈이 많으며 이들의 출신국 정부는 금전적인 능력에 한계가 있다는 가정을 저변에 두고 있다. 따라서 사회 전체적으로는 비효율적이더라도 이주자들이 세금을 내야 한다고 주장한다.

만약 세금에 '공정성'이라는 재분배의 특성이 있다면, 재정적인 기반이 약한 출신국에 책임을 지우지 않을 수 있다. 하지만 효율성보다 공정성을 내세운다고 해도 여전히 의문이 남는다. 지불 능력에 기반해 능력이 있는 사람들이 세금을 내면서 부정적인 외부효과를 상쇄해야 한다면, 왜 같은 지불 능력을 지닌 국가의 부유한 국민에겐 동등한 책임을 지우지 않고 이주자들에게만 책임을 지우는가? 그리고 고숙련 이주자들이 이들이 새로 도착한 나라의 고숙련 원주민보다 더 부유하다는 증거도 없다. 오히려 그 반대의 증거들만 밝혀졌을 뿐이다. 외국 출신 간호사들은 미국에 정착해 수년 넘게 일하더라도 같은 조건의 미국인 간호사들보다 수입이 훨씬 적다. 세금이 개발도상국 정부를 지원하기 위해 공정성에 기반을 두어 부과되는 것이라면, 고숙련 이주자들보다는 선진국 출신 고숙련 원주민들이 세금을 내는 것이 오히려 더욱 타당한 방법일 것이고, 이주자들에게만 특별히 책임을 지울 수는 없을 것이다.

고숙련 이주자들에게 세금을 매기면 오히려 '공정성'과 반대되는 상황이 발생한다. 고숙련 이주자들은 두뇌유출세를 내는 동시에 새로 도착한 나라에서도 그곳 시민들처럼 세금을 내야 한다. 이 경우 개발도상국 출신의 고숙련 이주자들은 선진국 고숙련 노동자에 비해 더 많은 세금을 내게 된다. 따라서 두뇌유출세는 공정성이라는 재분배의 측면에서도 정당화될 수 없다.

두뇌유출세는 인재 유출로 인한 외부효과를 전 세계가 아닌 '개발도상국'이라는 틀 안에서만 보고 내놓는 해법에 가깝다. 선진국의 고숙련 원주민과 이주자를 비교하는 대신, 개발도상국의 원주민과 그곳에서 빠져나간 이주자를 비교하는 것이다. 개발도상국만 놓고 보면 그곳을 빠져나가 더 많은 소득을 버는 사람들이 세금을 더 내는 것이 일견 타당할지도 모른다. 하지만 이주자들은 출신국과 새로 도착한 나라 사이에서 소득에 대한 기준 변화를 겪는다. 예를 들어 영국에 도착한 말라위 간호사는 이주 직후 몇 년간은 자신을 말라위에 있는 간호사들과 비교하면서 비교적 부유하다고 느낄지도 모른다. 비록 영국인 동료 간호사들보다 더 적은 급여를 받더라도 말이다. 하지만 강제적인 세금을 정당화하기 위해 이 현상을 이용한다면 끔찍한 문제가 발생할 수 있다. 만약 개발도상국 출신 고숙련 이주자들이 선진국의 현지 노동자들 보다 절반이나 적은 급여를 받는다면, 이들에게 '출신국 동료들은 더 적은 임금을 받으니 당신들은 부유하다고 느껴야 한다'고 말할 수 있을까? 이주자들은 선진국의 원주민 동료들을 보며 다른 기준을 갖고 생활하게 됐기 때문에 이를 강제할 수는 없을 것이다.

두뇌유출세를 두고 공정성을 주장하는 것은 이주자들이 왜 세금을 내야 하는지 명확한 이유를 제공하지 않는다. 가난한 나라에 있는 사람들에게 혜택을 주기 위해 부유한 나라에 있는 이주민에게 '재분배세'를 매겨야 한다면 부유한 나라에 있는 모든 노동자가 똑같이 세금을 내야 한다. 그런데 이 같은 세금은 이미 존재한다. 모든 이주자는 새로 정착한 선진국에서 원주민과 함께 세금을 내면서 후진국의 원조 자금에 기여하고 있다.

실리적인 측면에서 따져보면 두뇌유출세가 정당성을 얻기 위해서는 세금이 두뇌 유출을 제어할 수 있어야 한다. 혹은 두뇌유출세로 인한 세금 수익이 외부효과를 상쇄할 수 있어야 한다.

우선 두뇌유출세가 이주를 제한할 수 있는가? 오늘날 통합된 글로벌 노동 시장에서 이주를 원하고 이주할 능력이 있는 사람들은 어떻게든 출신국을 떠날 것이다. 인위적이며 강압적인 방법으로 이주를 제한하면 개발도상국의 열악한 환경 속에서 일하고 있는 고숙련 노동자들의 반감과 불평은 더욱 심화되고 이주의 욕망이 더욱 커져 역효과를 낳을 수 있다. 게다가 이주를 제한하면 해외에 나가 있는 고숙련 이주자들의 귀환이 더욱 어렵게 된다. 이것은 국가가 이주자들의 귀환으로 인해 얻을 혜택을 활용할 수 없게 한다.

두뇌유출세로 이주가 제어된다 하더라도 이것이 두뇌 유출의 폐해인 '국가 발전의 정체 문제'를 해결할 수 있을까? 이주자가 국가 발전의 정체라는 외부효과를 발생시키기에 충분한 존재이고 외부효과를 제거할 능력이 있다면 그러할 것이다. 하지만 이주자가 그렇지 않다는 점은 다음과 같은 예시를 통해 알 수 있다. 공장 바닥을 닦는 청소부에게 매연세를 매긴다고 생각해 보자. 청소부는 공장 운영의 일익을 담당하고 있지만, 그의 역할은 공해를 발생시키기에 충분치 않다. 그는 매연 생산에 투입되는 수많은 사람 중 한 명일 뿐이고, 청소부를 포함한 많은 사람은 매연을 생산하는 활동인 공장 운영에 집합적으로 필요하다. 청소부가 내리는 어떤 결정도 공장 매연을 감소시키기에는 충분치 않다. 설령 청소부가 자신의 활동에 대해 세금을 내야 하고, 청소로 인한 혜택보다 세금으로 인한 손실이 크기 때문에 청소를 관둬야 한다고 하더라도 그 조치가 매연을 줄이는 효과는 매우 적거나 아예 없을 것이다. 따라서 그에게 세금을 매기는 것은 타당하지 않다.

두뇌유출세 역시 마찬가지다. 두뇌유출세를 부과하려면 세금을 부과받는 당사자의 행위가 두뇌 유출로 인한 폐해를 발생시키기에 충분해야 하며 그의 결정이 그 폐해를 감소시키는 데 충분한 역할을 할 수 있어야 한다. 그런데 이주자 한 명이 국가 발전을 저해하는 데 미치는 영향은 충분치 않고 그가 두뇌유출세를 내도 그것이 국가를 발전시키기엔 충분치 않다. 물론 이주자들이 대규모로 빠져나간다면 국가 발전에 큰 타격을 줄 것이고 이들에게 집합적으로 세금이 부과돼 이주가 억제된다면 국가 발전에 일부 도움이 될 것이다. 그런데 고숙련 노동자의 해외 이주가 국가 발전의 정체에 일부 기여하더라도 그 폐해를 발생시키는 데는 충분하지 않다. 국가 발전의 정체는 고숙련 노동자들의 이주뿐 아니라 열악한 인프라, 부패한 정치, 후진적인 제도 등 복합적인 것으로 인해 야기되기 때문이다.

이제 두뇌유출세가 두뇌 유출을 제어할 순 없으며, 제어되더라도 국가 발전의 정체라는 외부효과를 제거하기에는 충분치 않다는 것은 명백해졌다. 그렇다면 두뇌유출세로 인한 세금 수익이 외부효과를 상쇄할 수 있는지 살펴봐야 할 것이다. 이를 위해서는 이주자들이 국가에 발생시키는 손해가 얼마이며, 이주로 인한 긍정적인 효과는 그 손해를 얼마나 상쇄할 수 있으며, 궁극적으로 이주자들이 얼마만큼의 책임을 져야 하는지 파악해야 한다. 즉 고숙련 이주자들로 인해 출신국에 가해지는 해악(害惡)의 크기와 이들이 이주하지 않았을 때 발생하는 긍정적인 효과를 충분히 측정할 수 있어야 한다. 그래야 세금의 규모를 산출할 수 있을 것이다.

그런데 경제학자들은 이를 측정하는 것이 굉장히 어렵다고 말한다. 특히 개발도상국은 형편없는 제도가 인적자본의 생산성을 낮추고 열악한 인프라가 젊고 교육받은 사람들의 실업률을 높이므로 이들이 본국에 머물 때 발생하는 긍정적인 효과를 산출하기가 어렵다. 고숙련 노동자들의 이주로 인해 출신국이 얻는 긍정적인 외부효과도 측정하기 어렵다. 이주자들이 본국의 가족에게 보내는 송금은 계산할 수 있겠지만, 이들이 출신국과 소통하며 교역을 촉진하고 산업 허브를 형성하며 외국인 직접투자를 끌어올리는 것은 계산하기 어렵다. 게다가 이주자들이 민주주의 규범을 전달하고 교육에 투자할 동기를 높이는 무형의 가치도 감안해야 한다. 이처럼 이주자들로 인해 발생하는 손익을 계산하는 것은 사실상 불가능하다.

사실 두뇌유출세를 부과하자는 주장은 두뇌 유출이 경제 성장을 직접적으로 낮춘다는 가정에서 유래한다. 세금을 실제로 부과하기 위해서는 정확한 현실 진단에 바탕을 둔 정책 설계가 필요하다. 그러나 적절한 세금 규모를 추산하는 데 필요한 요소들은 꽤 불명확하다.

두뇌유출세를 설계하는 것이 불명확하더라도 이를 부과해야 한다고 가정해 보자. 이를 위해서는 고숙련 노동자들의 이주에 대해 다른 세금이 부과되지 않아야 한다. 만약 이들의 이주를 제한하기 위해 다른 비용이 부과되고 있다면 두뇌유출세는 '이중과세'가 된다.

많은 고숙련 노동자는 현실 속에서 거대한 세금에 맞먹는 이주 제한을 겪고 있다. 대표적인 예로 비자 장벽이 있다. 선진국들은 취업을 위해 이주하려는 노동자들을 엄격하게 심사해 비자를 발급하고 있다. 업무 자격도 또 다른 장벽이다. 개발도상국 출신의 노동자들은 선진국에서 전문적인 면허나 자격을 새로 취득해야 한다는 비(非)비자 장벽에 마주한다. 비관세 무역 장벽이 관세에 맞먹듯이, 고숙련 노동자들이 마주하는 제한은 두뇌유출세에 맞먹는 비용이다.

게다가 대부분의 이주자는 두뇌 유출의 외부효과를 상쇄하기 위한 세금을 이미 내고 있다. 각자 이주한 국가에 내는 세금이 국가가 집행하는 개발원조 자금을 구성하는 데 일조하고 있기 때문이다. 개발원조는 개발도상국에서 기대수명을 늘리고 교육과 소득 수준을 높이는 것을 목표로 하고 있다. 두뇌유출세는 이를 간과하고 별도의 세금을 부과하는 것이기 때문에 이중과세가 될 수 있다.

이 같은 문제에도 불구하고 두뇌유출세는 두뇌 유출로 인한 손실이 존재한다는 이유로 정당화되기도 한다. 하지만 단순히 누군가의 행위로 인한 손실이 존재한다는 것이 보상 의무를 정당화하진 않는다. 우리는 어떤 국가가 무언가를 잃어 손해를 입었다고 해서 보상을 정당화하지 않는다. 노예제도 폐지가 이를 보여주는 예시다. 역사학자들은 치열한 토론 끝에 노예제도 폐지가 경제적으로는 비이성적인 선택이었다고 결론 내렸다. 어떤 역사학자들은 노예제도 폐지로 인한 영국의 손실을 '경제적인 자살(Economic Suicide)' 또는 이를 합쳐 신조어인 '이코노사이드(Econocide)'라고 묘사했다. 과도한 표현일지 모르지만, 노예제도 폐지로 인해 일부 국가의 경제적 손실은 매우 크더라도 우리는 누군가가 그에 대해 보상해야 한다고 주장하지 않는다. 손실의 존재가 보상을 정당화하지 않기 때문이다.

물론 국가는 해외에 거주하는 자국민들에게 세금을 부과할 수 있는 권리가 있다. 여기서 관건은 오로지 '불공정한 손실'만 세금으로 보상받아야 한다는 것이다. 따라서 우리는 손실의 가치를 논하기 전에 무엇이 공정한 것이며, 손실에 대한 권리를 누가 가지는지에 대해 논해야 한다.

두뇌유출세가 제안된 배경에는 '평등'에 대한 문제의식이 있다. 이주로 인해 손해를 보는 쪽과 이득을 보는 쪽 사이에 발생하는 불평등이 시정돼야 한다는 것이다. 그런데 평등을 둘러싼 보편적인 의제인 '기회의 평등'은 두뇌유출세와 모순되는 개념이다. 기회의 평등은 누구도 출신, 성별, 피부색을 이유로 차별받아서는 안 된다는 것으로 사람은 출생 당시의 상황을 선택할 수 없다는 사실에 의해 정당화된다. 만약 사회 정의가 광범위한 기회에 대한 접근을 허용하기 위한 것이라면, 기회의 평등은 '이동의 자유'를 함축할 수밖에 없다. 이동의 자유는 직업 선택에 대한 자유도 포함한다. 이주가 더 많은 기회를 제공하는 한 고숙련 이주자에게 세금을 부과하는 것은 사회적인 이동성에 세금을 붙이는 것과 같다. 더 큰 기회로 접근하는 선택을 세금의 대상으로 삼아 제재하는 것이 과연 정의로운 것인지 되물어야 한다.

더 나은 삶을 향한 욕구를 억제하는 것은 바람직하지도 않고 현실적이지도 않다. 우리는 이동성 자체를 인정하되 두뇌 유출로 야기되는 외부효과를 완화할 수 있는 합리적이고 효과적인 방법을 찾아야 한다. 이주를 제한할 것이 아니라 '이주로 인한 영향'을 제어해야 한다는 것이다. 어쩌면 가장 영속적이고 효과적인 개입 방법은 이주 정책 너머에 있을지도 모른다. 이주로 인해 국가 발전이 저해되는 것을 막기 위해서는 이주 정책을 넘어선 거시적인 개발 정책이 필요할 것이다. 장기적으로 개발도상국의 열악한 인프라를 개선하며 임금을 높이고 제도를 개선해 그곳이 핵심 인재를 보유할 수 있도록 역량을 기르는 것이 해법일 것이다. 이주를 제대로 바라보기 위해서는 이주를 넘어서 빈곤과 개발에 대해 더 많은 이해가 필요하다.

돈으로 해결할 수 없는 것들

이주를 '채찍(규제)'으로 제한할 수 없다면 '당근(동기부여)'을 통해 억제할 수 있을지도 모른다. 규제가 이주를 유발하는 동기를 고려하지 않고 현상만을 억누르려고 한다면, 동기부여는 이주를 유도하는 원인을 파악하고 해결해 출신국에 머물고 싶게 하는 것이다. 이것은 상당 부분 급여 수준과 연금 및 보험 체계, 복리후생 등 금전적인 요소들과 연관돼 있다.

개발도상국의 낮은 보상은 고숙련 노동자들이 해외로 떠나는 동기가 되고 있다. 아프리카의 몇몇 국가들에서는 고숙련 노동자들이 겨우 생존할 수 있는 수준의 급여를 받고 있다. 특히 의료와 같이 공적인 시스템 내에서 운영되는 직업이 그러한데 이것은 공공 분야 예산에 한계가 있기 때문이다. 그 결과 직원들은 업무와 관련해 동기를 부여받지 못한다.

아프리카의 공공 부문 일자리는 절대적인 급여 수준도 낮지만, 민간 의료 분야 일자리와 격차도 큰 것으로 분석된다. 예를 들면 1998년 짐바브웨 간호사들은 정부 일자리를 떠나 민간 의료 분야로 합류하면 급여가 40% 오를 것이 기대됐다. 경험이 많은 의료 전문가들은 국제기구로 옮기면 훨씬 더 많은 급여를 받을 뿐 아니라 각종 혜택도 받을 수 있었다.

경제 위기로 인한 대외적인 요인이 인재 유출을 더욱 심화시키기도 한다. 1980년대 초반 서부 아프리카에서는 세계은행이 구조조정 프로그램을 도입하자 공공서비스가 축소됐고 의사들의 급여 역시 폭락했다. 구조조정 프로그램은 제3세계에서 부채 위기가 시작되자 국제통화기금(IMF)이나 세계은행과 같은 국제금융기관이 부채 부담을 지고 있는 개발도상국들의 재정 상태를 재건하기 위해 부과한 각종 조건으로 구성됐다. 이것은 민간 부문의 경쟁, 자유로운 거래 촉진, 공공 부문 보조금 축소, 현지 통화 평가절하, 국영산업의 민영화, 규제 완화 등을 포함한 것이었다. 구조조정 프로그램은 의료 서비스 분야의 공공재정 삭감으로도 이어졌다. 이것은 정치적으로도, 도덕적으로도 많은 비판을 받았다. 1990년대 짐바브웨에서는 공공 부문 지출 감소로 인해 의료 노동자들의 이주가 촉진됐고 의료 서비스의 질이 낮아졌다. 당시 아프리카에서 의대 학위는 본국에서보다 돈을 10배 이상 벌 수 있는 선진국으로 이주하기 위한 티켓이 됐다. 외국에서 의사가 아닌 다른 직업을 가져야 하더라도 출신국에서 의사로 일할 때 받던 급여에 비하면 여전히 더 많은 돈을 벌 수 있었다.

미국의사협회(American Medical Association) 소속 의사 중 사하라 이남 아프리카 국가에서 태어나거나 자란 사람들을 조사한 연구(2011)에 따르면 조사 대상자 중 절반 정도는 1984~1999년 구조조정 프로그램 집행 기간 동안 이주한 것으로 나타났다. 유니세프(UNICEF) 가나사무소는 가나가 1981년에서 1984년 4월 사이에 의사들의 50% 이상을, 1982년 한 해에만 간호사들의 8.5%를 잃었다고 보고했다.

아프리카에서는 고숙련 노동자들이 더 나은 보상을 요구하며 공개적인 행동에 나서는 일도 종종 발생한다. 2016년 12월 케냐 케냐타(Kenyatta) 국립병원의 의사들은 더 나은 보상을 요구하며 파업에 나섰는데 이들은 월급(1,350 달러)을 300% 더 올려달라고 요구했다. 파업에 나선 것은 이들뿐이 아니었다. 간호사들 역시 더 나은 보상을 요구하며 파업에 나섰고, 2017년 1월엔 국립대 강사들이 의사들의 파업에 동참하며 형편없는 급여에 불만을 제기했다. 정부는 강경한 입장을 취했으며 법원은 이들에게 일터로 돌아갈 것을 명령했는데 의사들은 수감 위험을 감수하면서까지 파업을 계속했다.

　중남미에서도 고숙련 일자리에 대한 급여 수준은 매우 열악하다. 2012년 기준으로 멕시코 명문대 교수들의 연봉은 미국에서 같은 과목을 가르치는 텍사스대학교 오스틴캠퍼스(University of Texas at Austin) 몇몇 교수들의 평균 초봉에 비하면 약 4분의 1에 불과했다. 연구에 대한 지원 역시 격차가 컸다. 베네수엘라에서는 의료 부문 노동자들의 급여가 형편없는 수준이며 장비 및 훈련에 대한 재원도 부족해 많은 사람이 해외로 떠나고 있다. 미국 경제 매체 〈비즈니스인사이더(Business Insider)〉의 2015년 8월 보도에 따르면 베네수엘라 명문대인 베네수엘라 중앙대학교(Universidad Central de Venezuela) 화학대학의 강사들의 임금은 최저임금보다 적었다. 치과대학 학생들은 거즈나 장갑 같은 기본 장비들을 구매하기 위해 종종 과외 업무를 해야 했다. 꼭 필요한 실습은 훈련 영상을 시청하는 것으로 자주 대체됐고 교수들이 해외로 이주한 뒤 남겨진 학생들을 수용하기 위해 수업당 수강생 수가 늘어나기도 했다.

　선진국에서도 다른 나라들과의 임금 격차가 발생하고 있다. 아일랜드의 료기구(Irish Medical Organisation)는 2017년 2월 정부의 '공공서비스급여위원회(Public Service Pay Commission)'에 영국, 호주, 캐나다 등 영어를 사용하는 국가들의 병원과 경쟁하기 위해서는 급여를 최대 20%까지 올려야 한다고 주장했다. 아일랜드에서도 의사들의 이주가 심각한 문제로 부상하고 있는데 2015년 한 해에만 25~34세 아일랜드인 의사 8.7%가 해외로 이주했다.

형편없는 보상이 인재 유출을 부추긴다면 금전적인 보상을 끌어올려 인재들을 붙잡을 수 있을 것이다. 실제로 개발도상국에서는 이 같은 시도가 종종 있었다. 2015년 1월 베트남 호치민에서는 과학 기술 단지들에 높은 자격을 갖춘 인재들을 유치하기 위해 시 예산으로 최대 1억5,000만 동(약 7,000달러)의 월급을 지급하겠다고 발표했다. 이것은 그곳의 1인당 월평균 소득인 1,890달러를 훨씬 넘는 것이었다. 과학 기술 단지 관리자들은 경쟁국에 맞먹는 임금을 제시하면 해외 전문가들을 베트남으로 끌어올 수 있을 것으로 기대했다.

2016년 피지 정부는 두뇌 유출을 억제하기 위해 정부에 고용된 의사들의 월급을 56~81% 올리겠다고 발표했다. 피지 보건부 장관 존 우사메이트(Jone Usamate)는 "이것으로 사람들을 붙잡고 발전시킬 수 있길 희망한다"며 다음과 같이 말했다.

"오늘날 우리 의사들은 굉장히 젊은데 우리는 계속해서 더욱 성숙한 의사들을 잃고 있다. 당신이 괜찮은, 좋은 자격을 갖춘 노동자들을 붙잡을 수 있게 된다면 더 좋은 서비스를 제공할 수 있을 것이다."

일부 국가에서는 급여를 높여 인재 이탈을 막는 데 효과를 보기도 했다. 루마니아에서는 의사들의 급여가 낮은데다가 정치가 의료 시스템에 많이 관여하는 구조적인 문제로 많은 의사가 해외로 이주했다. 2017년 기준으로 루마니아에서 일하는 의사는 약 1만4,000명이었는데 이는 2009~2015

년 사이 해외로 떠난 의사들의 수와 거의 비슷한 수치다. 루마니아를 떠나는 의사들의 수는 2015년부터 줄어들기 시작했는데 주요 원인은 급여 수준이 높아졌기 때문이었다. 정부가 의료 부문에 대한 지출을 늘리자 2015~2017년 급여는 2009년에 비해 거의 두 배가량 증가했으며, 민간 병원도 의사들에게 매력적인 보수를 지급했다.

가나는 1999년 '추가 의무 시간 수당(Additional Duty Hours Allowance)'을 도입해 의사들의 월급을 2~3배 정도로 끌어올렸다. 이것은 의료 인력의 삶의 질을 향상했으며 불안감과 파업을 감소시켰다. 에이미 하고피안은 연구(2005)에서 가나 아크라(Accra)에 있는 한 병원의 의료 책임자가 한 발언을 소개했다. 해당 책임자는 4년 전 의사의 수가 380명에서 연구 당시 430명으로 많아지게 한 원인으로 추가 의무 시간 수당을 꼽는다고 했다. 가나 정부는 의사들을 붙잡기 위해 부단히 노력했는데 의사를 비롯한 공무원에게 집이나 차와 같은 생활 기반을 제공하기도 했다. 가나 보건부는 심지어 '해외로 떠나기 가장 쉬운' 젊은 의사들을 붙잡기 위해 차 63대를 지급하며 본국에 머물도록 동기를 부여했다.

그러나 이 같은 처방에도 한계가 있었다. 의사들은 일할 당시에는 정부로부터 집을 제공받을 수 있지만, 급여를 통해 스스로 집을 짓거나 살 만한 자금을 충분히 모으지 못한다면, 은퇴할 때는 집이 없는 상태가 된다. 이 때문에 많은 의사는 해외에서 짧게라도 일하면서 본국으로 돌아올 때 집을 살 수 있을만한 소득을 모으고자 했다. 게다가 모든 의사가 추가 수당을 기대하기 시작하자 제도를 유지하기 위한 부담이 너무 커졌다. 아울러 추가 근무 수당은 각 지방에서 임의로 결정하는 것이었기 때문에 정책 집행이 들쭉날쭉했다. 추가 근무 수당을 받아야 하는 노동자들에게 수당 지급을 거부하는 곳도 있었다.

추가 근무 시간 수당은 의사들에 비해 적은 수당을 받는 간호사들의 분개를 자아내기도 했다. 많은 간호사는 적은 수당에 불만을 가졌으며 해외 이주를 희망했다. 2004년 9월 가나 간호사들은 10일 동안 파업하며 간호사의 추가 근무 수당을 70% 올려달라고 요구하기도 했다. 이 같은 사례는 정책이 형편없이 집행되면 효과가 없거나 역효과를 낳을 수 있다는 것을 보여주고 있다.

여러 국가에서 인재들의 발길을 돌리기 위해 보상체계를 정비하지만, 보상 그 자체만으로는 인재 유출을 해결하지 못한다. 인재들이 떠나는 이유는 더 나은 보상을 포함해 종합적으로 '인생에서 더 많은 것을 얻을 기회'를 누리기 위해서다. 그 기회에는 더 유망한 커리어에 대한 전망, 더 안정적인 삶의 양식, 자녀들을 위한 더 나은 교육 환경 등도 포함돼 있다. 과학자들의 경우 본국의 연구 장비나 인프라가 확충돼 있지 않다면 급여가 높아진다 하더라도 매력을 느끼지 못한다.

베트남의 외국 은행들은 현지의 선임 관리자들을 채용하는 데 어려움을 겪었다. 베트남에서 높은 수준의 교육을 받은 전문 인력들이 가족과 함께 해외로 이주하고 있기 때문이었다. 점점 더 많은 베트남의 전문 인력들과 부유한 사람들은 높은 물가, 문화적인 차이, 언어 장벽 그리고 복잡한 비자 요건에도 불구하고 해외로 이주하고 있다. 베트남의 한 외국은행 관리자는 2016년 10월 현지 온라인매체 〈VN익스프레스(VN Express)〉에서 "젊고, 좋은 교육을 받은 많은 베트남인이 깨끗한 환경, 좋은 의료 서비스 그리고 질 높은 교육 속에서 아이들을 키우는 것에 중요성을 느끼고 있다"고 말했다.

이주는 금전적인 이유로 촉발되기도 하지만 단순히 물질적인 보상만으로는 억제될 수 없다. 이것은 생활 환경, 질 높은 교육에 대한 접근성, 정치적인 환경, 임금 및 근로 여건, 기회에 대한 정보 등 다양한 요소로부터 영향을 받기 때문이다. 따라서 고숙련 노동자들이 근무하고 살아가는 사회 전반적인 요소에 대한 관리 역량을 끌어올릴 수 없다면 아무리 많은 돈을 쓴다고 해도 인재 유출에 효과적으로 대응할 수 없다. 이것이 이주자들이 해외로 떠나는 이유, 특정 국가를 선택하고 머무는 요인을 보다 다면적으로 고찰해야 하는 이유다.

시스템 정비의 딜레마

인재들이 떠나는 것은 물질적인 보상뿐 아니라 사회 전반적인 환경과 관련돼 있다. 고숙련 노동자들은 업무에 있어서 합리적이고 투명하며 경쟁력 있는 시스템을 원한다. 많은 개발도상국에서는 제대로 된 시스템의 부재가 인재들이 떠나는 이유가 되고 있다. 이를테면 개발도상국에서는 체계적인 교육이나 훈련을 받을 기회가 적고, 승진 결정이 직원들의 업무 성과나 잠재력에 대한 평가와 무관하게 이뤄지기도 한다.

아프리카에서는 열악한 시골에서 일하거나 성과가 좋은 의료 노동자들에게 승진 인센티브를 주지 않는 곳이 많다. 이러한 상황은 의료 노동자들의 사기를 떨어뜨렸다. 게다가 일부 아프리카 국가에서는 정부가 예산이 부족할 때 자원을 아끼기 위해 일부러 의료 노동자들의 승진을 지연시키곤 했다.

진료 현장에서 약이나 의료기기 등 자원이 적은 것도 의료 노동자들이 본국 일자리에 환멸을 느끼는 원인이다. 1998년 짐바브웨에서 진행된 설문조사에 따르면 정부 일자리를 그만둔 사람들이 가장 많이 언급한 퇴직 사유는 의료기기와 의약품이 부족해 환자를 효과적으로 돌볼 수 없다는 것이었다. 형편없는 여건에서는 업무 역량을 기르기도 힘들다. 의학저널 〈뉴잉글랜드저널오브메디슨(The New England Journal of Medicine)〉은 2007년 6월 의료봉사기구 'PIH(Partner In Health)'의 공동설립자 김용이 아이티를 떠난 의료 노동자들로부터 들은 이야기를 소개했다.

"나는 내 나라를 사랑하고, 내 나라 국민을 사랑한다. 나는 단지 영안실 수행원이 되는 것에 질렸을 뿐이다. 내가 하는 것이라고는 내 나라 사람들이 더 많이 죽어 나가는 것을 주재하는 것뿐이었다."

많은 아프리카 정부는 시골의 의료 장비를 비정기적이고 드물게 관리 · 감독해 의료 서비스의 질뿐 아니라 의료 부문 종사자들의 사기를 떨어뜨리고 있다. 많은 아프리카 정부는 의료 장비 확인을 위한 경비 등의 예산을 낮게 책정하고 있으며 이는 의료 장비의 관리 · 감독을 더욱 어렵게 하고 있다. 게다가 통신 서비스와 전기 연결이 미약해 이 같은 격차를 완화하지 못하고 있다. 이러한 예시들을 통해 인재들이 일할 만한 시스템이 물질적 · 구조적으로 다양한 요소와 연관돼 있다는 점을 알 수 있다.

아프리카 정부들은 이 같은 문제를 해결하기 위해 취약한 시스템을 보완하고 있다. 가장 대표적인 시도는 인재 교육과 훈련 프로그램을 강화하며 인재 유출을 제어하는 것이다. 가나 국회는 2002년 22개 병원에 '졸업 후 훈련 프로그램'을 만드는 데 300만 달러를 투자하기로 결정했다. 이것은 의사의 이주를 저지하기 위한 전략이었다.

에티오피아에서는 미시간대학 산부인과 교수 세네이트 피세하(Senait Fisseha)가 주도해 2012년 아디스아바바(Addis Ababa)에 있는 세인트 폴스(St. Paul's) 병원에 졸업 후 훈련 프로그램을 만들었다. 이 프로그램은 의료 인재를 붙잡기 위한 가장 좋은 방법이 의사들에게 훈련과 커리어를 향상할 수 있는 기회를 제공하는 것이라는 점에서 착안했다. 에티오피아에서 졸업 후 훈련 프로그램은 극도로 적었다. 학생들은 일반적으로 학부에서 의대 학위를 받은 뒤 종종 아주 적은 관리·감독을 받으며 현장에 나가 일했다. 피세하는 〈미시간뉴스(Michigan News)〉에 이 훈련 프로그램과 관련해 "머물 수 있는 선택지가 있다면 사람들은 자신의 국가를 떠나고 싶어 하지 않는다. 누구도 다른 나라에서 2등 시민이 되고 싶어 하지 않기 때문이다"고 말했다.

개발도상국이 인재들을 붙잡기 위해 교육의 질을 높이고 시스템을 개선하는 것에 대해서는 상반된 시각이 존재한다. 이것이 개발도상국에서 인재 유출을 억제할 수도 있지만, 무의식적으로 인재 유출을 촉진할 수도 있다는 것이다. 수준 높은 교육을 받고 우수한 시스템에서 일한다는 것은 선진국과 비슷한 수준의 환경에서 공부와 업무를 할 수 있다는 것을 의미한다. 따라서 이것은 개발도상국 인재들이 해외에서 일할 수 있게 더 잘 준비시킨다.

실제로 개발도상국이 인재 역량을 키우더라도 이것이 인재 유출을 방지하는 데 별반 도움이 되지 않는다는 사례는 곳곳에서 발견된다. 예를 들어 자메이카는 중환자실, 수술실, 응급실에서 일할 수 있게 훈련받은 전문 간호사들이 북미와 유럽으로 떠나는 것 때문에 골머리를 앓고 있다. 이들은 일반 간호사보다 많은 훈련을 받았기 때문에 쉽게 대체하기 어려운 인력이다. 따라서 이들이 병원을 떠남으로써 복잡한 수술 일정을 조정해야 하는 일까지 발생하고 있다. 미국 공영방송 NPR은 2017년 1월 자메이카 킹스턴(Kingston)의 웨스트인디스(West Indies) 대학병원 회장 제임스 모스-솔로몬(James Moss-Solomon)의 다음과 같은 발언을 소개했다.

"우리는 전문 간호사들을 아주 잘 훈련한다. 우리는 미국이나 캐나다, 영국보다 적은 비용으로 그들을 훈련한다. 따라서 이것은 경제적인 이슈라고 할 수 있다. (다른 나라들이 전문 간호사들을) 훈련하는 대신 단순히 빼앗는 것은 엄청나게 돈을 아끼는 것이다."

자메이카는 간호사들이 고급 학위를 딸 수 있도록 무료 훈련을 제공하면서 이주자들이 떠난 자리를 메우려고 노력해 왔다. 간호사들은 교육을 받는 데 많은 지원을 받는 대가로 자메이카에 3~4년간 머무는 것에 동의했다. 하지만 이 같은 노력은 새롭게 배출된 전문 인력의 졸업과 동시에 외국채용 회사들이 이들을 낚아채면서 역효과를 낳았다. 간호사들은 국내 근무를 하지 않을 경우, 일반적으로 5,000~6,000달러의 벌금을 내야 했는데 채용 회사들이 그 벌금을 보상해 줬다. 또한, 간호사들을 아무리 잘 훈련해도 선진국과의 임금 격차는 좁히기 어려웠다. 자메이카에서 간호사 초봉은 연 8,000달러 미만이며 전문 훈련을 받고 초과근무를 하면 연 2만 달러를 벌 수 있다. 그런데 채용 회사들은 미국과 영국에서 일할 경우, 2~3배 많은 연봉을 받을 수 있다는 점을 제시했다. 결국 2016년 한 해에만 자메이카 전문 간호사 1,000명 중 약 200명이 해외로 이주했다.

고숙련 직업 중 어떤 직업들은 '기술의 부족'이 아닌 '비인기' 때문에 골머리를 앓고 있다는 점도 염두에 둬야 한다. 의학, 과학, 기술, 공학, 수학과 연관된 직업들은 여러 국가가 흔히 부족을 호소하는 직업이다. 이 같은 인력 부족의 원인으로는 기술 훈련의 부족이 자주 지목되지만, 실제 원인은 열악한 고용 조건일 수 있다. 유럽직업훈련연구센터는 2016년 12월 브리핑을 열고 이와 관련해 다음과 같이 말했다.

"단순히 기술 공급을 늘리는 것은 (노동자) 부족을 줄일 수 없다. 사람들은 여전히 이런 일자리에 매력을 느끼지 않기 때문이다. 기술 불일치를 해결하기 위해서는 올바른 진단이 필요하다. 교육과 훈련만으로는 기술 불일치를 해결할 수 없다……. 몇몇 STEM(Science · Technology · Engineering · Math, 과학 · 기술 · 공학 · 수학) 직업들은 수요가 있더라도 매력적이지 않다. 부족 현상이 대두하는 이유 중 하나는 직업 안정성이다. 예를 들면 고등교육기관에서 단기간 혹은 비교적 적은 급여를 받는 계약 하에 일하는 과학자들이 그렇다."

STEM 직업들은 업무 수행이 점점 어려워지고 있다. 따라서 STEM 전문가들은 기술이나 실용적인 지식에 더해 외국어, 경영, 소통, 문제 해결 및 프로젝트 관리 능력 등과 같은 '부드러운 기술'을 점점 더 많이 갖추고 있어야 한다. 이 같은 역량을 키울 수 있는 사람들은 최고 수준의 인재들이다. 하지만 이러한 인재 중 상당수는 스트레스가 많은 업무환경이나 낮은 임금 상승률 등을 감내하면서까지 해당 직업을 가지려 하지 않는다.

이 같은 현상은 인재들의 이주에 대한 처방이 생각보다 복잡하다는 것을 보여준다. 고숙련 노동자들의 이주로 인한 손실을 보상하기 위해서는 고숙련 노동자들을 많이 훈련하고 재정적인 자원을 투입해야 하지만, 그것만으로는 인재 유출을 막을 수 없기 때문이다. 인재 유출에 대한 해법을 내놓을 때는 업무 환경에 대한 보다 깊은 관찰과 분석이 필요하다.

윤리적 채용의 허와 실

인재 유출은 출신국의 낙후된 환경이나 선진국의 발달된 환경뿐 아니라 제3의 외부적인 요소로 인해 촉진되기도 한다. 바로 개발도상국 인재를 선진국과 연결하는 것을 돕는 채용대행사들이다. 간호사는 채용대행사들로부터 가장 많은 영향을 받는 직종으로 꼽힌다. 개발도상국 간호사들이 선진국 노동 시장으로 진입하는 과정은 민간 채용대행사에 의해 굉장히 구조화돼 있다.

2000년대 초반에 가나에서 채용대행사를 통해 미국으로 이주하는 간호사들의 전형적인 과정은 다음과 같았다. 대행사들은 가나 간호사들이 미국에 가서 임시 직업을 갖게 한 뒤 미국 간호사 등록 시험을 통과할 수 있도록 훈련하고 간호사가 되면 2,000달러에 이르는 채용비를 받아 투자금을 회수한다. 이 과정에서 가나에 있는 현지 간호사들이 채용대행사를 통해 이주 간호사들에게 도움을 주는데 이들은 채용비의 10%인 200달러를 일종의 수수료로 챙긴다.

채용대행사들은 아프리카에서 영국으로 향하는 간호사들에게도 다리를 놓았다. 외국인 간호사들은 영국에서 일하기 위해 몇 개월 동안 실습을 받아야 했는데 그것을 성공적으로 마쳐야 영국의 간호·조산사협회

(Nursing&Midwifery Council)에 등록할 수 있었다. 처음에 이 협회는 가나인 간호사들에게 실습을 받을 수 있는 영국 병원 목록을 전달했다. 하지만 두뇌 유출 문제가 본격적으로 불거진 1990년대 후반에 이르자 가나인 간호사들이 직접 실습 병원을 알아봐야 했다. 영국 정부나 관련 기관이 정책적으로 개발도상국 인재들에게 채용 기회를 알리는 것이 부적절하다고 인식했기 때문이다. 간호사들이 실습 장소를 찾는 것이 어렵게 되자 민간 채용대행사들이 수수료를 받는 조건으로 정보를 제공하며 이주를 돕기 시작했다.

개발도상국의 근로조건이 향상되지 않는 한 인재 유출은 더욱 가속화된다. 선진국의 정부나 공공기관이 이를 억제하는 것은 한계가 있다. 이주에 대한 수요가 존재하는 한 이주 억제는 오히려 상업적인 중개 시장을 활성화하고 이주 비용을 더욱 높이는 '풍선 효과'를 발생시킬 뿐이다. 또한, 채용대행사들은 인재 유출 문제를 더욱 악화시킨다. 가나의료협회 회장 제이콥 플란지-룰(Jacob Plange-Rhule)은 2003년 10월 비영리 독립매체 아이린과의 인터뷰에서 이렇게 말했다.

"우리 동료들은 스스로 떠나는 결정을 내리고, 단순히 그것을 허락받은 것이 아닙니다. 그들은 실제로는 떠나도록 유도된 거죠. 수많은 대행사는 가나에서 지금 당신의 자격으로 받는 월급보다 20배 많은 액수를 한순간에 지불한다고 제안합니다. 이런 상황을 상상해 보세요. 분명히 누구도 가나에 머물려고 하지 않을 겁니다."

개발도상국의 의료 문제가 심각해지면서 채용대행사들의 영업은 심각한 문제 행위로 지적받았다. 플란지-룰 회장은 의사들의 두뇌 유출에 대해 "이런 관행은 불법"이라며 "충분한 수보다 더 많은 의료 전문가가 있는 국가가 우리나라가 의료 시설을 운영할 최소한의 인력조차 없다는 사실을 알면서도 (사람들을) 채용하는 것은 범죄"라고 말했다. 학계에서는 선진국이 이주 정책을 펼 때 도덕적·윤리적인 근거에 기반해 의료 분야를 억제하는 '의료 예외주의'를 채택해야 한다고 촉구했다. 개발도상국이 의사와 간호사 인력의 유출로 몸살을 앓고 있고 이로 인한 재정적인 손실이 어마어마하기 때문이다.

문제는 이주에 대한 수요가 존재하는 한 채용대행사들의 활동을 막을 수 없다는 것이다. 가나 보건부는 채용대행사들의 활동을 억제하겠다고 밝혀왔지만, 완전한 금지를 강제할 순 없었다. 가나 보건부 대변인 코피 암폰사 - 베디아코(Kofi Amponsah - Bediako)는 아이린과의 인터뷰에서 "국제적인 수준에서 노동력의 이동은 자유롭다"며 "이 어려운 상황에 대한 더욱 현실적인 해결책은 지속적으로 의료 노동자들의 근무 여건을 개선하는 것"이라고 말했다.

채용대행사의 적극적인 구인활동으로 인재 유출이 심화하지만, 채용대행사의 활동을 금지할 수 없다면 어떻게 해야 할까? 여기서 나온 해법이 '윤리적인 채용 규범'이다. 1990년대 후반부터 선진국들은 윤리적인 채용 규범을 만들어 두뇌 유출 문제로 인한 손실을 완화하려 했다. 1999년 영국 보건부가 '의료 전문가들의 해외 채용에 대한 규약'을 만들고 서서히 강화한 것이 대표적이다. 이 규약은 국민건강서비스(NHS, National Health Service)와 민간 부문이 저개발국 인력을 활발히 채용하는 것이 미치는 영향을 명백히 인식한 것을 바탕으로 했다. 여기에는 다음과 같은 내용이 수록됐다.

영국의 상업적인 채용대행사 또는 그 대행사의 하청을 받은 해외 대행사

또는 어떤 의료 조직도 개발도상국에서 활발한 채용을 하지 않을 것이다. 그 나라에서 온 의료 노동자들이 채용의 대상이 될 수 있다는 정부 대 정부 간의 동의가 있지 않는 한 말이다.

영국 정부는 개발도상국 정부와 협의해 이 같은 활발한 채용이 금지되는 국가의 리스트를 만들었다. 이 같은 규약은 특히 사하라 이남 국가에서 채용대행사가 의료 노동자들을 유인하는 것에 대해 아프리카 정부와 비정부기구가 이를 항의하자 영국 정부가 응답한 것이기도 했다. 영국의료협회(BMA, British Medical Association)와 왕립간호대학(Royal College of Nursing)은 영국 국민건강서비스가 사하라 이남 국가에서 직원 채용을 중단하자 이를 "강력한 도덕적인 주도"라고 말하며 "이제 다른 선진국들도 이 문제를 해결하기 위해 비슷한 헌신을 하는 게 필수적"이라고 주장했다.

이 같은 규약은 국제적인 형태로 발달하며 광범위한 지지를 받고 있다. 세계보건총회(WHA)는 2010년 '의료 인력의 국제적인 채용에 관한 세계보건기구 글로벌 규약'을 채택했다. 이는 세계적으로 수용되는 윤리적 규범과 기준에 따라 의료 노동자들의 국제 이주를 더 잘 관리하기 위한 것이었다. 이 규약은 의료 노동자들의 해외 채용에 윤리적인 원칙을 제공한 것으로 기본적인 이동의 자유를 인식하는 한편 의료 인재 유출 문제에 대해 국제적인 협력과 지원을 촉구하는 것이었다. 이에 대한 실천은 자발적이며 주요 내용은 다음과 같다.

· 회원국은 의료 노동자들의 중대한 부족 문제를 겪고 있는 개발도상국의 의료 노동자 채용을 자제시켜야 한다.

· 이주 의료 노동자들은 현지에서 훈련받은 의료 노동자들과 동등한 대우에 기반해 그들의 전문적인 교육, 자격, 커리어 발전을 강화하기 위한 기회와 유인을 즐길 수 있어야 한다.
· 의료 노동자들의 순환 이주를 촉진해 기술과 지식이 송출국과 유입국 모두에 혜택이 될 수 있도록 해야 한다.
· 선진국은 가능한 한 개발도상국에 기술 및 재정적인 지원을 제공해야 한다.

  하지만 이 같은 규약을 포함해 활발한 채용을 억제하고자 하는 여러 시도는 큰 효과를 보지 못했다. 개발도상국 인재들은 글로벌 정보사회에서 정부나 채용대행사가 아니더라도 선진국의 고용 기회를 얼마든지 접할 수 있었다. 가나에 있는 의료 인력들은 영국 〈너싱타임스(Nursing Times)〉와 같은 간행물들을 구입해 읽으며 영국 취업 기회에 대한 정보를 얻었다. 민간 채용대행 활동을 저지하는 것은 효과적이지도 못할뿐더러 오히려 이주자들이 대행사로부터 제대로 된 도움을 받을 권리를 해칠 수 있었다. 2000년 이후에도 가나, 케냐, 잠비아, 말라위 등 의료 인력이 부족한 아프리카 국가의 의사와 간호사들은 영국으로 꾸준히 빠져나갔다. 이 같은 현상은 윤리적인 채용 규약이 사하라 이남 국가의 의료 노동자들이 선진국으로 빠져나가는 것을 막을 수 없었다는 것을 보여준다.
  개발도상국 인재 채용에 대한 윤리적인 규범도 효과가 없다면 어떻게 대응해야 할까? 누군가는 더 강압적인 방법을 통해 이주를 제한해야 한다고 생각할 것이다. 하지만 이것은 정책적으로 잘못된 방법이라고 지적받는다. 국가 간의 규약에 강제성을 부과한다면, 개발도상국 출신 노동자만 선진국으로 이주하기 어려워지고 선진국 노동자가 선진국으로 이주하기는 용이해지기 때문이다. 결국 이것은 선진국 출신의 이주자들, 즉 더 잘 사는 사람들이 이주할 권리에 암묵적으로 특권을 주는 것이 된다. 따라서 이주 제한은 완전히 윤리적이라고 평가받지 못하고 있으며 오히려 논쟁의 여지를 남겼다.

전문가들은 강압적으로 채용 규약을 강화하기보다는 다른 대안을 함께 강구하는 것이 합리적이라고 지적한다. 크웨조 멘사(Kwadwo Mensah) 등은 연구(2005)에서 이렇게 말했다.

"우리는 규약이 폐지돼야 한다고 보진 않는다. 우리는 가나에서 활발한 채용이 진행되는 것을 옹호하지도 않는다. 그보다는 많은 개발도상국에서 직원들이 빠져나가 의료 불평등이 심화되고 있는 문제에 대해 규약이 핵심적인 정책 대응으로 여겨지는 것이 중단돼야 한다. 그리고 그 문제에 대처하기 위해서는 다른 정책들이 고안돼야 한다."

인재 유출에 대해서는 국가 간 협력을 통한 해결책을 강구하는 것이 그나마 현실적인 대안으로 떠오르고 있다. 영국과 남아프리카공화국이 2003년 체결한 양해각서(MOU)가 좋은 롤모델로 회자된다. 남아프리카공화국 의사들과 간호사들은 영국 국민건강서비스가 제안하는 기관에서 일정 기간 일하면서 경험을 쌓고, 영국의 병원 직원들은 남아프리카공화국의 시골 지역에서 일하도록 하는 것이었다. 영국과 남아프리카공화국은 남아프리카공화국의 의료 인력이 많이 유출되는 것으로 인한 폐해를 막기 위해 이 같은 협약을 맺었다.

이제 인재 유출은 막을 수 없는 현실이다. 윤리적인 채용 규범을 통해 채용 그 자체를 억제하는 것보다 모든 국제 이주자의 권리와 직업적인 역량을 강화하는 데 초점을 맞추는 게 오히려 효과적일 것이다. 이주하고 싶은 사람들이 존재하는 한 규범이 이주를 억제하긴 어렵기 때문이다. 인재 불평등이 커지는 것을 막기 위해서는 더욱 현실적인 방안을 강구해야 한다.

글로벌 귀환 드라이브

인재 유출을 억제하는 방법 대부분이 효과가 없다면, 빠져나간 인재들이 최대한 많이 본국으로 돌아와 발전에 기여하도록 하는 것이 현실적인 대안일 것이다. 사실 이주자 중 상당수는 본국과의 연결고리를 유지하고자 하는 경향이 있다. 국가의 규모가 클수록 이주자로부터 큰 혜택을 볼 수 있는데 빠져나간 인재가 많은 만큼 네트워크가 크기 때문이다. 물론 규모 못지않게 이주자들이 가진 역량과 활동 내용도 중요할 것이다.

많은 국가와 국제기구는 해외로 떠난 인재들을 상대로 귀환 프로그램을 운영해 왔다. 대표적인 것은 인재들이 가족과 함께 돌아와 본국에 정착할 수 있도록 지원하는 것이다. 여기엔 많은 비용이 든다. 일자리 매칭, 여행, 정착에는 돈이 들기 때문이다. 그럼에도 불구하고 이 같은 프로그램은 비용보다 효과가 더 크며 전 세계적으로 생산성을 높인다는 평가를 받는다.

정부 간 기구나 국제기구는 인재들이 단기간 귀환하도록 유도하는 프로그램을 활발하게 진행해 왔다. 대표적인 프로그램은 1977년 국제연합 개발계획(United Nations Development Programme)이 고안한 '톡텐(TOKTEN, Transfer of Knowledge Through Expatriate Nationals)'으로 국외 거주자들의 전문성을 활용해 출신국을 발전시키자는 목표로 실행됐다. 이 프로그램은 해외에 거주하는 고숙련 인력들이 단기간(3주~3개월) 동안 본국을 방문하는 것을 후원했다. 또 이들이 전문지식을 활용해 본국 발전과 관련된 과제를 수행하도록 지원했다. 이는 전문 컨설턴트를 고용해 같은 일을 수행하는 것보다 비용을 낮출 수 있었다. 20세기가 끝날 때까지 개발도상국 49곳에서 5,000명이 넘는 사람들이 톡텐 프로그램을 통해 공공행정, 관리, 농업 연구, 컴퓨터 기술 등의 분야에서 일했다.

국제이주기구(IOM)는 1983년 '자격을 갖춘 아프리카인들의 귀환(Return of Qualified African Nationals)' 프로그램을 시작했다. 이것은 해외 이주자들의 경험을 통해 혜택을 볼 수 있는 국가들에 도움을 주는 것이었다. 이 프로그램에 참여하는 사람들은 2년 이상의 업무 경험이나 박사학위가 있어야 했는데 국제이주기구는 이들과 가족들이 본국에 재정착하는 것을 돕거나 '대상 국가'로 지정된 다른 나라에 정착하는 것을 도왔다. 대상 국가는 앙골라, 에티오피아, 가나, 케냐, 우간다, 잠비아, 짐바브웨 등이었다. 귀환 이주자들에겐 비행기 표, 전문 기기 또는 자료를 구매할 비용, 정착 비용 등이 제공됐다. 국제이주기구 보고서(2004)에 따르면 이 프로그램을 통해 총 41개의 국가에 경험이 많은 고숙련 아프리카인 2,000명 이상이 귀환했다.

국제이주기구는 '자격을 갖춘 아프리카인들의 귀환' 프로그램에서 얻은 교훈을 바탕으로 2001년엔 '아프리카를 위한 이주와 발전(MIDA, Migration and Development for Africa)' 프로그램을 시작했다. 이것은 고숙련 노동자들이 일시적 또는 장기적으로 출신국으로 돌아가는 것을 권장하고 인재 송출국과 유입국의 노동자들을 영상으로 연결해 필요한 지식을 전수하며 '사실상의 귀환 효과'를 누리는 것이었다. 이 프로그램은 이주자들이 새로 도착한 나라 또는 새로 선택한 조국에서 법적인 지위를 위협받지 않으면서도 출신국의 수요를 충족시킬 수 있게끔 디자인됐다.

의료 분야는 이 같은 방식으로 지식과 기술을 전파하기 가장 용이한 분야로 꼽힌다. 국제이주기구가 가나 보건부 및 유럽의 가나 출신 이주자 단체들과 협력해 2002~2012년에 진행한 'MIDA 가나 건강 프로젝트'가 대표적인 성공 모델이다. 국제이주기구는 이 프로그램을 통해 네덜란드, 영국, 독일에 있는 가나 출신 의료 전문가들이 일시적으로 본국에 돌아가 과제들을 수행하며 지식, 기술, 경험을 전파하도록 촉진했다. 또 가나 출신 의료 노동자들이 네덜란드, 독일, 영국 의료기관에서 훈련받을 수 있도록 했다.

각 국가에서도 해외로 빠져나간 인재들이 돌아오게 하기 위해 다양한 방법을 시도했다. 가장 대표적인 형태는 해외에 나가 있는 고숙련 자국민을 채용하기 위한 프로그램이나 이벤트를 마련하는 것이다. 아일랜드에서는 크리스마스 기간에 본국에 돌아오는 고숙련 이주자들을 유치하기 위한 채용 캠페인을 열고 있다. 2016년 크리스마스에는 150개가 넘는 회사들의 지원 하에 '2017년에 본국에 일하러 오세요(Come home for work in 2017)' 캠페인을 진행했다.

해외에 있는 인재들의 귀환을 촉진하기 위해 인터넷이 활용되기도 한다. 웹사이트를 통해 일자리 정보를 제공해 해외에 있는 이주자들이 출신국의 취업 기회를 접할 수 있도록 하는 것이다. 이를 통해 전달되는 경제적인 성취와 산업 정보는 해외에 있는 사람들이 본국의 상황에 대해 친숙하게 느낄 수 있게 한다. 말레이시아, 태국, 남아프리카공화국 등이 이 같은 온라인 일자리 리스트를 만든 바 있다.

태국에서는 국가과학기술개발원(NSTDA)이 1997년 '두뇌 유출 반전 프로젝트(Reverse Brain Drain Project)'를 실행했다. 각종 프로젝트를 수행하는 데 있어서 해외에 사는 태국인들과 협력하면서 기술적인 연결을 촉진하는 프로젝트였다. 이것은 해외에 있는 태국인들이 지식 공유와 세미나, 기술 전수 워크숍을 통해 단기적으로 태국에 방문하게 했다.

해외에서 공부하는 인재들에게 금전적인 유인책을 제시하며 본국으로의 귀환을 촉진하는 경우도 있다. 헝가리 정부는 해외로 나간 젊은 인재들이 돌아오게 하기 위해 2015년 항공료와 월 356달러에 이르는 수당을 포함한 인센티브를 제공하며 귀환을 촉진하는 캠페인을 벌였다.

하지만 귀환 정책이 완전히 효과적이라고 보긴 어렵다. 우선 인재의 귀환을 위해 금전적인 유인책을 쓰는 방식은 이주 대상국과 출신국의 소득 격차가 확연히 클 경우에는 효과를 기대하기 어렵다. 말레이시아는 2001년부터 '돌아오는 전문가 프로그램(Returning Expert Programme)'을 만들고 총리실 산하에 '탤런트 콥(Talent Corp)'이라는 기관을 설립해 해외에 있는 말레이시아 출신 전문 인력이 본국에 돌아올 수 있도록 했다. 말레이시아 정부는 이 프로그램을 통해 말레이시아 출신 고숙련 노동자들이 본국에 돌아올 경우, 5년간 세율을 비교적 낮게 적용하는 것을 포함한 몇 가지 인센티브를 제공했다. 그런데 이 정책은 해외에 있는 이주자들이 돌아오게 하는 대신 오히려 현지 고숙련 노동자들이 해당 혜택을 이용하기 위해 외국으로 나가도록 유인했다. 현지 고숙련 노동자들의 임금이 올라가지 않는 한 이 같은 정책은 효과가 없다는 지적을 받았다.

해외로 빠져나간 인재들이 충분히 매력을 느낄 일자리나 인센티브를 제공하는 것도 쉽지 않지만, 인재 송출국의 의지만으로 효과적인 귀환을 유도할 수도 없다. 인재들의 귀환은 그들이 새로 정착한 나라의 이주 정책과도 밀접하게 연관돼 있기 때문이다. 해외 이주자들은 출신국으로 돌아오는 것으로 인해 외국에서의 영주권을 잃을 위험이 있다면 돌아오지 않을 것이다. 미국으로 이주한 이들이 대표적인 예다. 미국에서 시민권이나 영주권을 신청하기 위해서는 '지속적인 거주'라는 요건을 충족해야 하는데 해외에 오래 머물면 조건을 채우기 어렵게 된다. 미국 영주권자들은 일반적으로 1년을 초과해 해외에 거주하면 영주 의사가 없는 것으로 간주돼 영주권 자격을 잃을 수 있으므로 1년을 초과해 거주할 계획이 있다면 사전에 '재입국 허가'를 신청해야 한다.

이주자들은 더 높은 임금을 받는 곳에서 살면서 그곳 생활을 누리고 싶어 한다. 그것이 더 발달한 국가에 가족들을 데려가고 집을 소유하는 등 투자를 하는 이유다. 출신국에 머무는 기간이 길어질 때 선진국에서 영주권을 보장받을 수 없다면 귀환은 활발하게 이뤄지지 못한다. 많은 국가가 복수국적을 허용하지 않으므로 해외에서 시민권을 취득하면 본국에서는 그것을 유지하지 못할 수 있다. 따라서 해외에서 시민권을 취득하면 송출국과의 연결고리나 법적인 권리가 줄어들고, 본국으로 돌아갈 유인도 줄어든다. 즉 귀환 정책은 인재 송출국과 유입국의 체류 정책 등 다양한 요소와 함께 작용해야 한다.

인재들이 돌아오도록 하기 위해서는 궁극적으로 출신국의 경제 성장이 선행돼 매력적인 고숙련 일자리를 제공할 수 있어야 한다. 그와 동시에 인재들이 주로 향했던 선진국의 경기 침체가 동반될 경우 출신국으로 향하는 고숙련 노동자들이 늘어날 수 있다. 실제로 유럽의 경기 침체와 아프리카의 경제 발전이 동반됐을 때 이 같은 현상이 두드러졌다.

영국 BBC는 2011년 10월 보도에서 영국에서 20년간 햄버거 체인 관리자로 일하다가 2년 전에 가족과 함께 출신국 나이지리아로 돌아와 패스트푸드 레스토랑의 최고운영책임자(COO)로 일하는 남성의 사연을 소개했다. 이 남성은 유럽 경기가 침체됐지만, 나이지리아의 경제는 성장하고 있는 점을 귀환 이유로 꼽았다. BBC는 "누구도 믿을만한 통계를 가지고 있진 않지만, 그는 서구에서의 경기 침체와 본국에서의 강력한 성장의 결합으로 인해 귀환을 결정한 교육받은 수천 명, 어쩌면 수십만 명의 나이지리아인 중 한 명"이라고 보도했다. 1980년대와 1990년대에 국가를 떠났던 나이지리아인들은 2000년대에 많은 사람이 본국에 돌아가 성공하는 것을 목격했다. 이것은 귀환에 있어서 자석으로 작동했다.

인재들의 귀환에 대한 경험적인 증거들은 이들이 장기적으로 출신국에 귀환하도록 하는 것이 쉽지 않으며, 귀환이 한 국가의 정책적인 주도로만 달성되긴 어렵다는 것을 보여준다. 인재들의 귀환을 유도하기 위해서는 인재 유입국과 송출국 양쪽을 모두 보면서 방안을 강구해야 한다.

인재 유치의 길

인재들이 각기 다른 이유로 출신국을 떠나는 것은 자연스러운 현상일지도 모른다. 합법적인 이동이 가능한데 모두가 같은 나라에 머물러 있는 것이 오히려 이상한 현상일 수 있다. 사실 인재 유출은 완전히 막을 수도 없고, 귀환을 촉진하는 정책으로 떠난 이주자 모두를 돌아오게 할 수도 없다.

결국 글로벌 경쟁 시대에 가장 현실적인 대안은 해외에서 많은 인재를 유치하는 것이라 할 수 있다. 떠나간 인재 못지않게 유입된 인재들이 많다면 인재 유출로 인한 손실을 최소화할 수 있다.

외국인 인재를 유치하는 데 있어서 마주하는 도전은 국가마다 다르다. 언어, 문화, 생활 환경, 경제 수준 등을 고려했을 때 어떤 국가는 다른 국가에 비해 인재를 유치하기가 압도적으로 쉽다. 인재 유치에 영향을 미치는 기본적인 출발선이 각기 다르다는 것이다. 미국은 전 세계 인재들을 압도적으로 많이 끌어당기는 국가다. 미국이 처한 주요 과제는 고숙련 이주자의 유인 그 자체보다는 고숙련 이주 지원자로 이루어진 커다란 인재시장에서 적절한 인재를 효과적으로 선택하는 것이다. 영어를 사용하는 국가인 호주, 캐나다, 영국도 비교적 많은 고숙련 이주자를 유치하고 있다.

20세기에는 '사람들은 일자리가 있는 곳으로 움직인다'가 보편적인 개념으로 통용됐다. 그러나 이는 오늘날에 이르러 '일자리들은 인재들이 있는 곳으로 간다'로 대체되고 있다. 한때 인재를 많이 유치하는 도시들은 거대한 산업이나 회사를 유치한 곳이었다. 이런 특성은 아직도 사라지지 않았고 주요 고용주들이 존재하는 곳은 다른 지역에 비해 인재 경쟁력 측면에서 상당한 이점을 갖고 있다. 하지만 오늘날 인재들, 특히 최고 수준의 인재들은 과거와는 다른 메커니즘으로 움직이고 있으며 인재들이 있는 곳에 기업이 몰리고 있다.

영어를 주요 언어로 사용하지 않아 고숙련 이주자들이 일할 수 있는 기회가 적고, 열악한 물리적·문화적인 환경을 지닌 국가들은 인재 유치에 어려움을 겪고 있다. 이런 맥락에서 어떤 학자들은 그동안 '인재 경쟁'이라는 말이 인재 유출에 대한 각국 정부의 상황을 묘사하는 데 있어서 잘못된 비유라고 지적한다. 미국, 영국 등과 같은 인재 유입국들은 그곳에 입국하려는 인재들이 줄을 서 있으므로 인재 확보 자체에 열을 올리기보다는 이주자를 더욱 잘 선별해 유입하는 방안을 모색하고 있기 때문이다. 반면, 다른 국가들은 인재 유입을 늘리기 위해 열정적으로 방안을 모색하고 있다.

정부가 자국의 환경이나 언어를 제어하는 데에는 한계가 있다. 또 이주자를 환대하고 관용하는 사회를 만드는 것도 단기간에 절대적인 영향을 미치기가 어렵다. 하지만 이주자를 유입하는 어떤 동력은 강력한 정책의 대상이 되는데 인프라 발전, R&D 투자, 교육과 같은 것이 그렇다. 모든 정부는 경제 성장과 생산성 향상을 위해 이 같은 요소에 박차를 가하고 있다.

오늘날 산업 인프라, 생활 환경, 언어적인 장벽 등에 있어서 불리한 여건을 가진 국가들에서는 외국인 유학생들을 끌어모으는 세계적인 대학이 인재 유치에 큰 도움이 되고 있다. 과학이 지속적으로 발전하려면 높은 수준의 지식을 갖춘 사람들이 많이 배출돼야 한다. 대학들은 인재들을 길러내고 유입하며 정착시키는 데 중요한 매개체가 되고 있다. 일정 수준 이상의 절대적인 인재 시장이 없으면 국가 발전이 저해되고 더 많은 인재가 떠나는 악순환이 발생하므로 인재 유출로 인해 손해를 보는 국가들은 해외에서 유입되는 고숙련 인재들을 늘리는 데에 우선 주력할 수밖에 없다. 이를 위한 효과적인 방법이 바로 유학생 유치라 할 수 있다.

물론 우수한 대학이나 연구기관을 갖출 뿐만 아니라 더 나은 생활 환경, 경제적인 여건, 정치적인 안정 등을 갖췄을 때 인재를 효과적으로 유치할 수 있다. 미국에 온 과학자들도 20세기에는 유럽에서 파시즘을 탈피해 온 사람이 많았지만, 최근에는 중국과 인도 등 다양한 국가에서 더 나은 교육 및 경제적인 기회를 위해 이주하는 사람들이 많아졌다.

아울러 교육기관을 매개로 인재를 유치하기 위해서는 우수한 교육기관을 갖추는 게 우선이지만, 그와 동시에 학위를 마치고 꾸준히 연구를 뒷받침할 수 있는 환경을 마련해야 한다. 연구자들은 박사학위를 받은 직후 지위가 불안정한 경우가 많다. 연구 계약이 짧고 대학에서 교수 등 영구적인 일자리를 얻는 데 경쟁이 치열하기 때문이다. 아무리 좋은 대학이라도 그 나라의 직업 안정성이 약하고 커리어 전망이 제한적이며 보수가 적거나 학문과 산업 간의 연결고리가 단절돼 있으면 인재들이 이탈하기 쉽다.

대학 졸업생들의 구직 전망이 인재 확보에 중요한 역할을 하는 만큼 많은 국가는 외국인 학생들이 졸업 후 일자리를 찾을 수 있도록 방안을 고안하고 있다. 호주는 '일시 졸업생 비자(Temporary Graduate Visa)'를 통해 졸업생들이 호주에서 공부를 마친 뒤 일할 수 있도록 하고 있다. 일시 졸업생 비자는 '졸업생 근로(Graduate Work Stream)'와 '학업 이후 근로(Post-Study Work Stream)' 두 종류로 나뉜다. 졸업생 근로 비자는 호주 노동 시장에서 필요로 하는 직업과 연관된 기술과 자격을 지닌 외국인 졸업생들이 18개월간 일할 수 있도록 보장한다. 학업 이후 근로 비자는 고등교육 학위를 받은 졸업생들이 각자의 자격에 따라 2~4년간 일할 수 있게 된다.

캐나다는 '졸업 후 근로 허가 프로그램(PGWPP, Post-Graduation Work Permit Program)'을 통해 캐나다 대학교를 졸업한 사람들이 최대 3년간 캐나다에서 업무 경험을 쌓을 수 있도록 하고 있다. 이 프로그램으로 숙련된 업무 경험을 쌓은 졸업생들은 '신속 입장(Express Entry)' 프로그램을 통해 캐나다 영주권을 얻을 수 있다.

미국과 영국은 외국인 학생들에게 졸업 후 구직 기간을 상대적으로 짧게 제공하고 있다. 이로 인해 고숙련 노동자들을 필요로 하는 산업계는 끊임없이 불평을 제기하고 있다. 영국은 유럽연합 외의 국가에서 온 학생의 경우 학업 기간이 끝난 뒤 4개월간의 짧은 구직 기간을 준다. 한때 영국은 '학업 후 근로 비자(Post-Study Work Visa)' 제도를 통해 비(非)유럽연합 국가 학생들이 졸업 후 최대 2년간 머물며 일할 수 있도록 했는데 2012년 이 제도가 폐지되면서 학생들은 최대 4개월까지만 머물 수 있게 됐다. 영국에서 대부분의 비유럽연합 국가 학생들은 학업을 마친 뒤 본국으로 돌아가지만, 영국에 머물고자 하는 사람들은 '티어(Tier) 2 비자'를 신청한다. 티어 2 비자는 영국에서 고숙련 일자리를 제안받은 사람만 지원할 수 있는데 회사로부터 후원 증명서를 받아야 하고 일정 수준 이상의 적절한 연봉을 받아야 하는 등 여러 가지 요건을 충족해야 한다. 일각에서는 영국에서 갓 졸업한 사람들이 곧장 일자리를 찾기 어렵기 때문에 4개월의 시간제한은 지나치게 짧다고 지적한다. 가전제품 회사 다이슨(Dyson) 설립자 제임스 다이슨(James Dyson)은 "영국은 가장 명석한 학생들이 졸업 후 4개월 안에 일자리를 확보하지 못한다면 본국으로 돌아가도록 강제하는 대신, 학위를 마친 뒤 그들이 영국에 남게 해야 한다"고 주장한 바 있다.

미국은 '선택 실무 훈련(OPT, Optional Practical Training)'을 통해 학생비자 (F-1)를 받은 외국인들이 학업을 마치기 전후로 최대 12개월 동안 전공 분야에서 일할 수 있도록 하고 있다. 조지 부시(George W. Bush) 정부는 2008년 STEM을 분야를 전공한 학생들이 선택 실무훈련을 통해 최대 29개월 동안 일할 수 있도록 했고 오바마(Barack Obama) 정부는 2016년 이 기간을 최대 36개월로 늘렸다. 미국의 다른 비자 프로그램들과는 달리 선택 실무 훈련은 참여할 수 있는 외국 학생들의 숫자에 제한이 없다. 미국 퓨리

서치센터(Pew Research Center)의 분석에 따르면 미국 연방정부는 2008~2014년에 약 70만 건의 선택 실무 훈련 신청서를 승인했다. 퓨리서치센터는 또 2012~2015년 선택 실무 훈련 승인을 받은 사람의 약 절반인 49%는 STEM 전공으로 졸업했다고 분석했다.

학생들은 선택 실무 훈련 기간을 넘기면 비자 규정을 어긴 것으로 간주돼 미국을 떠나야 한다. 이것은 미국에 머물고자 하는 졸업생들에게 상당한 불확실성을 제공한다고 평가받았다. 물론 이 비자 외에도 미국에서 H-1B 근로 비자를 얻어 일할 수 있다. 하지만 H-1B 비자는 제한적으로 발급된다. 미국 경제전문지 〈포브스(Forbes)〉는 2016년 12월 "H-1B 비자를 받을 기회는 그것이 완전히 추첨 시스템에 기반을 둔다는 점을 제외하면 미국의 톱 50 대학에 합격할 기회와 같다"고 보도했다. 〈포브스〉에 따르면 그해 H-1B 비자 지원자는 23만6,000명에 이르렀는데 자리는 8만5,000개에 불과해 36%만 합격할 수 있었다. 이것이야말로 구글의 모회사 알파벳 회장 에릭 슈미트(Eric E. Schmidt)가 2017년 5월 "미국의 정치 시스템 전체에서 가장 멍청한 정책은 H-1B 비자의 제한"이라고 비판한 이유다.

미국이 비교적 엄격한 비자 정책으로 인해 인재들을 일부 잃고 있다는 지적도 제기됐다. 미국 버팔로대학교(University at Buffalo) 총장을 지낸 사티시 트리파시(Satish Tripathi) 박사에 따르면 미국과 캐나다 국경 근처에 위치한 버팔로대학교의 많은 졸업생이 캐나다로 가고 있다. 이것은 미국 신문 광고에서 캐나다의 이주 노동 및 거주 정책을 우호적으로 조명하는 것에 이끌렸기 때문이다.

하지만 그에 못지않게 분명한 사실은 아무리 그 과정이 어렵더라도 미국이나 영국에서 일하려는 인재들이 줄을 선다는 것이다. 최고의 인재들을 필요로 하는 것은 어느 나라나 마찬가지다. 미국과 영국의 비자 정책이 엄격한 것은 그곳에 들어와 일하려고 하는 고숙련 노동자들이 넘쳐 엄격히 선별해야 하기 때문이기도 하다. 사실 인재들은 이주 정책 때문에 움직이는 것은 아니며, 잘 만들어진 정책 하나만으로 국가를 매력적이게 만들 순 없다. 그럼에도 불구하고 '모든 조건이 같다면' 인재들은 더 우호적인 이주 정책을 가진 국가를 향할 것이다. 특정 국가가 잠재적인 거주자들에게 내놓는 정책이야말로 그들이 그 국가에서 누릴 기회와 혜택에 영향을 준다. 형편없는 이주 정책이 이런 기회를 침해한다면 국가의 매력 역시 떨어지게 된다.

인재들이 유입되는 데에는 세계적인 수준의 대학이나 비자 정책이 영향을 끼칠 수도 있지만, 장기적인 정착에 그보다 더 중요한 역할을 하는 것은 따로 있다. 바로 전반적인 생활 환경이다. 제도와 삶의 질, 안전하고 관용적인 사회 분위기는 국가의 매력을 결정하는 데 큰 역할을 한다. 물론 이 같은 요소에 대한 평가는 개인의 상황이나 기대에 많이 좌우될 것이다. 예를 들면 보편적인 의료보험과 우수한 교육기관은 가족과 함께 오래 머무는 사람에겐 중요한 요소일 것이다. 어떤 이주자들은 기후나 자연의 아름다움 때문에 호주나 뉴질랜드 같은 국가에 끌리기도 한다. 누군가에겐 언어, 민족, 문화, 종교의 다양성에 대한 수용과 존중이 유인 요소가 될 수 있다.

최근 글로벌 인재 경쟁에 있어서 '도시'와 '지역'의 중요성은 점점 커지고 있다. 프랑스 경영대학원 인시아드(INSEAD) 등이 펴낸 '글로벌 인재 경쟁력 지수 2015~2016' 보고서는 도시와 지역이 글로벌 인재 경쟁에서 점점 더 중요한 요소들이 되고 있다고 진단했다. 점점 더 많은 대도시가 질 높은 기반 시설과 클러스터(Cluster), 경쟁력이 있는 시장 여건 및 사업 환경, 네트워킹 및 협력 가능성, 건강과 교육 서비스, 문화적인 환경 등을 통해 '글로벌 인재 허브'가 되면서 창의적인 고숙련 노동자들을 끌어당기고 있다.

전 세계 국가들이 인재를 유치하는 데 있어서 도시는 상당히 중요한 역할을 하고 있다. 도시들이 인재를 얻기 위해 경쟁하는 것은 각 국가가 인재 유치를 위해 경쟁하는 것에 비해 몇 가지 전략적인 장점이 있다. 우선 국가 전체의 평균적인 경제 성장률보다 특정 도시의 경제 성장률이 더욱 높을 수 있다. 또 도시 단위에서는 지리, 문화, 삶의 질과 연관된 특별한 혜택이나 강점이 부각될 수 있다. 도시는 국가보다 조직이 작으므로 관리하기가 쉽고 정책이 민첩하게 집행된다. 지역의 특색에 맞는 브랜드를 만들어 알리기도 더욱 쉽다.

오늘날 선진국 주요 도시들은 '경제 거인들'로 작동하고 있다. 2007년 기준으로 전 세계 GDP의 절반이 선진국 도시 380곳에서, 전 세계 GDP의 20% 이상이 북아메리카 도시 190곳에서 나왔다. 도시와 지방자치단체들은 전 세계 모든 분야에서 세간의 이목을 끄는 역할을 하면서 인재를 유치하기 위해 적극적인 전략을 취해왔다. 이것은 올림픽이나 엑스포, 유럽의 '문화 수도'와 같은 강력한 브랜딩(Branding) 전략이 동반된 것이었다. 도시와 지역은 인재들을 얻기 위해 경쟁할 뿐 아니라 새로운 방식으로 인재를 성장시키고 유인하는 주체로 작용한다.

인재 유입은 이처럼 국가적인 차원뿐 아니라 지역적인 요소와도 밀접하게 연관돼 있다. 따라서 이주 정책은 더 넓은 사회 및 경제 정책과 전략의 일부가 돼야 한다. 이것은 교육, 고용, 복지, 산업 등을 포함한 것이어야 하며, 이민부서 한 곳의 영역을 넘어서야 한다. 정부는 사회 전반의 분야와 밀접하게 협력해야만 인재 경쟁에서 승리할 수 있다.

"우리는 고숙련 이주자들이 캐나다에 와서
영주권을 얻을 수 있도록 유인하기 위해 더 많은 일에 전념했다.
왜냐하면, 이것이 우리 경제를 세우고 사회를 튼튼하게 하는 데
중요한 역할을 하기 때문이다."

캐나다 이민부 장관

존 맥컬럼 John McCallum

3장

인재 허브의 조건

미국, 교육과 산업 인프라

현대사회에서 국가의 경쟁력은 과학과 기술에 크게 의존하고 있다. 새로운 성장 동력을 창출하는 데 있어서 과학과 기술이 결정적인 요소로 작용하기 때문이다. 과학과 기술은 새로운 직업과 산업을 만들어 내는 한편 노동 생산성을 높이는 중요한 수단이다. 또 당장은 해결하기 힘들어 보이는 환경 및 건강 문제를 해결하는 등 생활의 모든 면에 스며들어 사람들이 살아가는 방식을 변화시키고 삶의 질을 높이며 문명화된 세계의 토대가 되고 있다. 경제적으로 성공하는 국가들은 과학과 기술에 크게 의존하고 있으며 앞으로도 더욱 그러할 것이다.

그렇다면 과학과 기술을 다루는 직업, 과학자와 엔지니어의 특징을 살펴볼 필요가 있다. 과학자와 엔지니어는 국제적으로 많이 이동하는 경향이 있다. 국내에서 공동체 발전에 핵심적인 역할을 하는 인력은 해외에서도 유치하고 싶어하는 인재이기 때문이다. 따라서 많은 국가와 기업은 고숙련 노동자 중에서도 특히 이들을 유치하기 위해 치열하게 경쟁하고 있다.

과학자와 엔지니어는 굉장히 보완적인 직업이기도 하다. 다른 분야와 동떨어져서 뭔가를 해내기보다는 모여서 협력할 때 더 많은 성과를 낼 수 있다. 혁신을 창출하는 시스템은 노동자들이 공통의 경계선 안에서 기술을 개발, 도입, 수정, 전파, 교류하는 네트워크로 구성된다. 이것이 바로 대학 연구실, 특허 사무소, 정부 기관, 원재료 공급자, 제조 기업, 소비자 서비스 기업 등이 포함된 시스템 내에서 성공적으로 혁신이 발생하고 전파되는 이유다. 과학과 기술 분야에서 대학, 연구소, 산업계가 한데 모인 '지식 클러스터'는 오늘날 흔히 목격되고 있다. 클러스터는 특정 분야에서 서로 연결된 회사들이나 기관들이 지리적으로 집중돼 있는 곳을 지칭한다.

과학과 기술 분야에서 전 세계적으로 가장 호평을 받는 클러스터는 미국 실리콘밸리다. 실리콘밸리는 새로운 지식을 가장 활발하게 생성 · 적용하고 전파하며 기술 혁신을 주도하고 있다. 오늘날 수많은 인재는 실리콘밸리에서 일하기를 열망하며 그곳으로 건너가고 있다. 실리콘밸리가 세계 각국의 인재들을 미국으로 끌어모으는 일종의 '자석' 역할을 하는 것이다.

그렇다면 미국은 어떻게 실리콘밸리와 같은 지식 클러스터를 바탕으로 산업계를 주도하며 인재들을 대거 흡수하게 된 것일까? 미국은 제2차 세계대전 전후로 연구와 교육에 막대한 투자를 하며 과학과 기술 분야를 주도하기 시작했다. 미국 정부는 처음엔 군사적인 목적으로 과학 연구에 기금을 지원했지만, 전쟁이 끝난 뒤 평화로운 시기에도 아낌없는 지원을 지속하면서 국가의 성장을 촉진했다. 당시 미국은 정치적인 환경이 비교적 안정돼 있었으며 생활 환경도 매력적이었으므로 해외 인재를 유치하기에 유리했다. 유럽에서는 유망한 과학자들이 나치의 박해를 피해 미국으로 건너갔다.

20세기 초반까지 전 세계 과학 분야를 지배했던 유럽 국가들은 제2차 세계대전 이후 고등교육과 과학 분야의 경쟁력을 회복하는 속도가 더뎠다. 반면, 1950~1960년대 미국에선 대학교육이 빠르게 확대됐고 R&D 투자가 늘어났으며, 과학과 공학 분야에서 박사학위를 받은 사람들이 증가했다. 이는 당시 소련이 국방 기술을 향상하기 위해 과학과 공학 분야 개발에 집중하고, 세계 최초의 인공위성인 스푸트니크(Sputnik)를 발사한 것에 대한 경쟁심리가 작용한 것도 있었다.

20세기 중후반 미국이 해외에서 얼마나 많은 인재를 끌어모았는지는 통계에서도 나타난다. 1966년만 해도 미국에서 과학 및 공학 박사학위를 받은 사람의 71%는 미국 출신 남성, 6%는 미국 출신 여성, 23%는 외국인이 차지했다. 이후 이주자들의 비율은 점점 늘어나기 시작했다. 2000년에 미국에서 과학 및 공학 박사학위를 받은 사람의 36%는 미국 출신 남성, 25%는 미국 출신 여성 그리고 39%는 외국인이었다.

20세기 후반 미국은 전 세계의 '수퍼 파워'로 떠오르면서 많은 분야를 주도했다. 미국의 인구당 소득은 전 세계에서 가장 높았고 수출도 가장 많은 비중을 차지했으며 미국에 기반을 둔 다국적 기업들은 글로벌 산업을 지배했다. 1990년대에 미국은 역사상 가장 긴 경제 호황을 경험했는데 그 중심에는 과학과 기술에 대한 대규모 투자와 그로 인한 생산성 향상이 있었다.

미국이 과학과 기술 분야에서 쌓은 탄탄한 입지는 지금까지도 이어지고 있다. 미국 국립과학위원회의 '과학 및 공학 지표 2016'에 따르면 2012

년에 전 세계에서 과학 및 공학 분야(의학 및 건강 분야 제외) 박사학위는 약 20만 개가 수여됐으며, 미국이(약 3만 5,000개) 가장 많았고 그다음은 중국(약 3만 2,000개), 인도(약 1만 4,000개), 독일(약 1만 2,000개) 순이었다. 2013년 기준으로 미국은 전 세계에서 가장 큰 R&D 수행 국가였는데 전체 지출(4,561억 달러)이 전 세계의 27%로 가장 높은 비중을 차지했다. 그 뒤를 중국과 일본이 이었는데 그들의 R&D 지출은 각각 3,365억 달러와 1,602억 달러로 미국에 한참 못 미치는 수치였다.

미국은 해외에서 온 인재들이 오래 머물도록 하는 보유 능력도 뛰어났다. 2003~2011년 사이 미국에서 과학 및 공학 박사학위를 받은 사람들의 5년 잔류비율은 64~67% 수준으로 세 명 중 두 명꼴이었다. 10년 잔류비율도 큰 차이가 없었다. 1995년 과학 및 공학 박사학위를 받은 사람들의 10년 잔류비율을 조사한 연구(2007)에서 2005년에 2/3가량인 62%가 미국에 머무는 것으로 분석됐다. 학위 취득 후 5년, 10년이 지난 뒤에도 머문다는 것은 그들이 미국에서 학위를 받은 뒤 그곳에서 일자리를 얻으며 사실상 '정착'한다는 것을 시사한다.

미국이 단순히 과학과 기술 분야에 재정적인 투자만 늘려 인재를 유치한 것은 아니다. 미국은 해외의 인재들에게 경제적인 성취에 대한 열망과 시민권 취득에 대한 열망 모두를 가질 수 있는 솔루션을 제공했다. 고숙련 인재를 위한 비자 프로그램을 마련해 전문 인력들이 일할 수 있도록 한 것이다. 미국 의회는 '1990년 이민법(Immigration Act of 1990)'을 통과시켰는데 이것은 고숙련 이주자들을 더 많이 받아들이는 것에 더욱 초점을 둔 것이었다. 법안을 지지하는 사람들은 더 높은 기술을 갖춘 이주자들을 받아들이면 글로벌 노동 시장에서 '최고의, 가장 영특한' 인재들을 유치해 경제에 보탬이 되고 국가의 경쟁력을 높일 수 있을 것으로 믿었다. 당시 많은 사람은 과학, 공학과 같이 수년간의 훈련이 요구되고 빠르게 성장하는 직업의 수요를 채우기엔 미국에 있는 고숙련 노동자들이 충분치 못하다는 것에 동의하고 있었다.

1990년 이민법은 공학자, 수학자, 물리학자, 의료 전문가, 컴퓨터 전문가와 같은 전문직 숙련 노동자에 대해 'H-1B'라는 범주로 단기 체류 허가 기준을 규정했다. 당시 H-1B는 3년간의 일시적인 고용 비자였는데 최대 6년까지 연장할 수 있었다. H-1B 비자를 받은 고숙련 노동자들은 입국 당시에 일시적으로 체류 허가를 받았더라도 추후 지위 변경을 신청해 영주권을 받을 수 있었다. H-1B 비자는 고숙련 인재들이 미국에서 합법적으로 오래 거주하고 궁극적으로는 시민권을 얻는 데 발판이 됐다. 고숙련 노동자들과 그들의 가족은 미국에 영구적으로 정착하는 이주자 중 점점 많은 비중을 차지하기 시작했다.

도입 초기 H-1B 비자 한도는 연 6만5,000개였다. 하지만 1990년대 후반 '닷컴 붐(Dot Com Boom)'[12]을 전후해 전 세계 인재 경쟁이 치열해지자 미국 산업계는 전문 분야의 인재 유입이 당장 늘어나지 않으면 미국이 IT 분야에 있어서 경쟁 우위를 잃을 것이라고 주장했다. 이로 인해 미국 의회는 고숙련 인력 비자 쿼터를 늘리게 됐다. 미국 의회는 1998년 '미국 경쟁력

---

12 닷컴 버블(Dot Com Bubble)이라고도 부른다. 주로 컴퓨터, 인터넷 분야가 성장하면서 주식 지분의 급속한 상승이 이루어졌던 1995~2000년의 거품 경제 현상을 이야기한다. 한편 닷컴기업이란 컴퓨터, 인터넷 관련 벤처기업들을 이야기하는데 이들의 사이트 도메인이 '.com'으로 끝난다는 점에서 유래했다.

및 노동력 향상법(American Competitiveness and Work Force Improvement Act)'을 통과시켰는데 이것은 1999년과 2000년에 일시적으로 H-1B 비자 수를 6만 5,000개에서 11만 5,000개로 늘리는 것이었다. H-1B 비자 쿼터는 2000년에 다시 35만 5,600명으로 늘었다.

H-1B 비자 카테고리는 미국 ICT 분야의 성장과 크게 관련이 있는데 이 비자를 받는 사람 중 다수가 과학, 공학 또는 그와 연관된 직업을 가지고 있었다. 2014년 회계연도에 따르면 새로 발급된 H-1B 비자를 받은 사람 중 65%는 컴퓨터 관련 직업에 종사하는 노동자들이었다.

20세기에 미국이 과학과 기술 분야의 인재 유치에서 우위를 차지할 수 있었던 이유는 위와 같이 적극적인 정책을 내놓았기 때문이다. 아울러 경쟁국들의 인재 경쟁력이 비교적 취약했기 때문이다. 미국은 다른 나라들이 고전하는 사이 '도전받지 않는 우위'를 차지했다. 하지만 인재 경쟁에는 영원한 승자도, 영원한 패자도 없다. 21세기에 들어서면서 미국의 우위는 거센 도전을 받기 시작했다.

2001년 9·11 테러가 발생하자 미국 이민 당국은 외국인 학생들에 대해 더욱 엄격하게 비자를 발급했다. 시간이 흐른 뒤 비교적 느슨해지긴 했지만, 이것은 미국에서 과학과 공학을 공부하는 외국인 학생 수가 위축되는 요인으로 작용했다. 게다가 H-1B 비자는 대기자들이 너무 많아 신청이 승인되기까지 오랜기간 지원자들의 체류 자격이 불안정해진다는 비판을 받았다. 심지어 미국 의회는 2004년 H-1B 비자 쿼터를 1998년 이후 가장 낮은 수치인 6만 5,000개로 낮췄다. 고숙련 이주자 유입을 줄이려는 이와 같은 정책은 기술력에 의존하는 산업계에 실망을 안겼다.

세계 경제에도 변화의 신호탄이 터지기 시작했다. 2001년 중국이 세계 무역기구(WTO)에 가입하는 등 수십억 명의 사람들이 세계 무역 시스템에 참여하기 시작했다. 신흥 시장이 떠오르고 인건비가 저렴한 글로벌 노동 시장이 열리는 한편 원격통신과 IT가 발달하면서 세계가 하나로 연결돼 갔다.

미국 산업계는 생산기지를 해외로 이전하는 '오프쇼링(Offshoring)'을 추진했다. 많은 개발도상국은 제조원가가 저렴하고 생산 및 공급 네트워크를 갖췄을 뿐 아니라 고숙련 노동자들도 많이 유입돼 사업하기 좋은 환경이었다. 오프쇼링은 전 세계적으로 생산 효율을 최적화한다는 평가를 받는다. 소비자들에게 더 낮은 가격을 제시할 수 있으며 시장을 팽창시키고 새로운 사업 기회를 만들기 때문이다. 일각에서는 기업이 자체적으로 판단하기에 호의적인 환경을 지닌 곳으로 기지를 옮기면 경영 자원을 효율적으로 재분배할 수 있고, 비(非)핵심 활동을 해외로 이전한다면 더 부가가치가 높은 활동에 집중해 혁신할 수 있다고 추정한다.

오프쇼링의 장기적인 효과에 대해서 아직은 확실하게 알 수 없다. 하지만 혹자는 제조업이 해외로 옮겨가면 R&D와 기술 관련 일자리도 따라가고 결국 핵심 인재들과 일자리도 해외로 유출되는 게 아니냐고 우려한다. 실제로 미국 회사들은 제조업 운영과 서비스뿐 아니라 R&D를 비롯한 지식 노동까지 오프쇼링했다. 많은 사업가와 경제학자는 이에 대해 우려를 표했다. 높은 기술력을 요구하는 업무까지 해외로 옮기면 기술력과 인재 경쟁력이 저하될 수 있기 때문이다. R&D를 오프쇼링하면 현지 지식에 접근하기 쉽고 보충적인 기술을 배울 수 있다는 주장도 있지만, 이는 광범위한 공감을 얻지 못하고 있다.

미국 회사들은 개발도상국에서 수천 개의 새로운 일자리를 만들어 내는 반면 미국에선 수천 명의 노동자를 해고했고 이로써 오프쇼링에 대한 우려는 더욱 거세졌다. 인도 신문과 비즈니스 저널들에 따르면 미국 회사들은 2003년 7월 한 달간 인도에서 새로운 아웃소싱(Outsourcing, 외부위탁) 일자리 2만5,000~3만 개를 만든다고 발표했다. 미국 노동부에 따르면 같은 달 미국 고용주들은 2,087건의 정리해고를 시행했으며 이로 인해 총 22만 6,435개의 일자리가 사라졌다. 미국 학계에서도 이에 대한 우려가 제기돼 왔다. 미국학술원은 보고서(2007)에서 다음과 같이 밝혔다.

"오늘날 미국이 번영을 즐기는 것은 50년이 넘도록 대학, 기업, 국립연구소에서 R&D에 적지 않게 투자했기 때문이다. 하지만 최근 기업, 정부, 국가의 과학 및 기술 지도자들은 과학과 기술 기업에 대한 압박이 과거의 성공을 심각하게 갉아먹고 미국의 번영을 위험에 빠뜨릴 것이라는 우려를 표명해 왔다. 이런 트렌드는 단순히 제조업 일자리뿐 아니라 행정, 금융, 공학, 연구 분야의 일자리가 해외로 옮기는 것에서 볼 수 있다."

오프쇼링이 촉발시킨 산업 경쟁력과 일자리에 대한 우려는 계속해서 미국을 뒤흔들고 있다. 미국은 2017년 도널드 트럼프(Donald Trump) 대통령 취임 이후 자국기업의 해외 유출을 방지하고 외국기업을 유치하며 일자리를 창출하기 위해 다양한 시도에 나서고 있다. 트럼프 대통령은 "미국 우선(American First)"이라는 구호를 외치며 미국인들의 일자리를 강조해 왔다.

H-1B 비자는 주요 비판 대상으로 떠올랐다. 처음 이 비자는 미국 회사들이 적합한 현지 노동자를 찾을 수 없을 때 해외에서 사람을 채용하기 위해 도입된 것이었다. 상당수의 회사는 H-1B 비자를 통해 높은 기술력을

갖춘 'STEM' 분야의 사람들을 채용했다. 하지만 언젠가부터 이 비자는 미국인들에게 돌아갈 수 있는 일자리를 더 저렴한 가격에 외국인들에게 주는 식으로 남용된다고 지적받았다. H-1B 비자를 많이 받는 회사들은 주로 인도 아웃소싱 회사들이었는데 이들이 미국 고객을 상대하기 위해 미국인보다 임금이 저렴한 외국인을 고용하는 게 아니냐는 비판이 있었다. 즉 비자가 미국에 필요한 높은 기술을 지닌 고숙련 노동자가 아닌 일반적인 기술을 지닌 노동자들에게 배정된다는 것이다. 나아가 비자를 얻은 외국인들이 미국의 시스템과 사업 과정에 대해 정보를 수집한 뒤 업무를 해외로 이전한다는 우려가 쏟아졌다.

트럼프 대통령은 현행 H-1B 비자 제도가 저숙련 노동자들의 입국에 활용돼 미국인들의 일자리를 빼앗아 간다고 비판했다. 2017년 4월 행정명령을 통해 그는 정부기관에서 매년 추첨 형식을 통해 배정하던 H-1B 비자 발급 방식을 '가장 숙련되거나 가장 높은 급여를 받는' 지원자들이 비자를 받는 제도로 바꾸도록 권고했다.

트럼프 정부는 2017년 4월 연방 법인세 최고세율을 기존 35%에서 15%로 줄이겠다는 파격적인 구상을 발표하기도 했다. 이는 미국 역사상 규모가 가장 큰 세금 인하로 경제 성장을 촉진하기 위한 목적이었다. 물론 이 계획은 국회의 동의 없이 실행될 수 없으며 여러 민주당원의 지지를 받지 못했다. 하지만 많은 공화당과 민주당 입법자들은 미국 회사들이 해외로 옮기는 것을 방지하고 이들이 다른 나라의 회사들과 경쟁하기 위해서는 세율을 낮춰야 한다고 주장한다.

트럼프 정부의 정책을 두고 여러 잡음이 터져 나오기도 했다. 트럼프 대통령은 2017년 1월 안보를 이유로 이슬람권 7개국 국민과 난민의 입국을

90일간 금지하는 행정명령에 서명했다. 이는 곧 거센 비판을 받았다. 블룸버그(Bloomberg)에 따르면 구글에서는 이 행정명령의 영향을 받는 직원이 100명을 넘었다.

우수한 교육기관과 탄탄한 산업 인프라로 전 세계의 '인재 자석'으로 작동했던 미국은 최근 새로운 전기를 맞이하고 있다. 일각에서는 '미국 우선'을 외치는 트럼프 대통령의 행보로 인해 미국이 수많은 외국인 인재를 잃을 것이라고 한다. 하지만 미국은 대통령 한 명의 의지로 정책이 쉽게 좌우되는 국가가 아니므로 두고 봐야 한다는 반론도 만만치 않다.

이 같은 우여곡절에도 불구하고 변치 않는 사실은 미국의 산업 인프라가 여전히 세계 어느 나라보다 강력하며 수많은 인재가 그곳에서 일하기를 열망한다는 것이다. 미국의 기업들은 아직도 글로벌 산업계를 주도하고 있고 세계 곳곳에서 명석한 인재들을 유치하면서 경쟁 우위를 유지하고 있다. 미국이 트럼프 정부 이후 인재 강국의 입지를 더욱 강화할지, 극단적이고 예측 불가능한 제도 개편으로 인재들의 발길을 되돌리게 할지는 좀 더 두고 볼 일이다.

캐나다, 체류 자격의 매력

여타 조건들이 모두 같다고 가정한다면 고숙련 노동자들은 가장 높은 보상을 받고 유망한 커리어를 쌓을 수 있는 나라로 이주하려 할 것이다. 따라서 미국과 비교해 매력적인 일자리가 비교적 적은 나라들은 경쟁에서 불리해진다.

캐나다는 미국보다 경제권이 작고 세계적인 명성을 지닌 글로벌 기업들이 적기 때문에 인재 유치에 불리하다는 평가를 받아왔다. 하지만 그것이 인재 유치의 전부는 아니다. 캐나다는 매력적인 생활 환경을 기반으로 고숙련 노동자들에게 안정적인 체류 자격이나 시민권을 제시하며 인재 유치에 승부를 걸고 있다. 이 방식에 담긴 가정은 다음과 같다. 고숙련 노동자들은 더 나은 고용 기회와 발전 가능성을 찾아 이주하지만, 이주에는 또 다른 동기가 있다. 바로 자신과 가족이 정치적으로 더 안정적이고 경제적으로 더 부유한 국가에서 시민권을 얻어 안전과 번영을 즐길 수 있다는 가능성이다. 가난하고 불안정한 개발도상국을 빠져나오는 고숙련 노동자들은 시민권에 포함된 여러 혜택에 매력을 느끼게 된다.

1967년 캐나다는 고숙련 이주자들을 받아들이기 위한 기준인 '점수 시스템'을 도입했다. 점수 시스템은 학업 수준이나 직업적인 능력 등에 따라 이주자를 선별해 받아들이는 것으로 인종이나 출신국이 아닌 교육 수준, 영어 또는 프랑스어 구사력, 업무 경험 등을 평가해 받아들이는 것이었다. 캐나다 정부는 경제 성장을 고려해 고용 정책의 하나로 선별 이주 정책을 도입했다. 이는 이주자를 받아들이는 데 있어서 차별이나 선입견을 제거하기 위한 것이기도 했다.

점수 시스템은 캐나다 정부가 이주자들을 받아들이는 데 있어서 비교적 객관적이고 명확한 도구로 작용했다. 동시에 투명하고 예측 가능한 시민권 취득 절차를 정립하도록 했다는 평가를 받는다. 캐나다는 이를 통해 경제 성장의 기반이 되는 글로벌 인재들을 유치할 수 있었다. 점수 시스템 도입 이후 아시아인들은 유럽인들을 제치고 가장 많은 이주자 집단으로 부상했다.

캐나다는 미국보다 가족 관계로 오는 이주자들을 적게 받고 이주자들에게 요구하는 교육 기준이 높은 까닭에 전체 이주자 중에서 고숙련 노동자들이 차지하는 비중이 비교적 높은 편이다. 2007년 6월 〈뉴욕타임스〉의 보도에 따르면 캐나다는 매년 약 25만 명의 이주자들을 받아들이고 있으며 이들 중 약 절반은 점수 시스템을 통해 입국하는 것으로 집계된다. 캐나다는 이주자들을 받아들이는 단계부터 자격을 기준으로 선별적인 이주 정책을 펴고 있기 때문에 이주자들이 여러 고숙련 일자리에 종사하며 사회 통합과 관련된 문제가 덜 발생하는 경향이 있다.

캐나다의 지리적인 위치 역시 이주 관리를 안정적으로 할 수 있게 하는 요인 중 하나다. 캐나다는 미국과 멕시코처럼 임금 차이가 큰 국가와 국경을 접하고 있지 않다. 유럽 국가들이 북아프리카 및 중동과 접하는 것처럼 정치적으로 불안정한 지역과도 붙어있지 않다. 캐나다는 오히려 미국이라는 부유한 국가와 국경을 맞대고 있는 덕에 불법 이주 문제가 적게 발생하고 있다. 이처럼 캐나다는 미국처럼 국경지대의 불법 이주자들로 인해 골머리를 앓거나 유럽 국가들처럼 보트를 타고 들어오는 이주자들로 인해 문제를 겪을 소지가 적다. 캐나다 사람들은 이주자들이 일종의 자격 테스트를 거쳤다는 것에 동의하며 이들의 장점에 주목하고 있고 이주자들이 캐나다의 경제적인 이해를 충족시킨다는 점에 공감하고 있다. 이 때문에 이주자에 대한 사회 분위기도 비교적 관용적이다.

처음부터 캐나다의 고숙련자 이주 정책이 성공적이었던 것은 아니다. 캐나다의 초기 점수 시스템은 고숙련 이주자들의 '두뇌 낭비'를 발생시킨다는 비판을 받곤 했다. 고숙련 이주자들은 구직 제안을 받지 않았더라도 이주할 수 있었기 때문이다. 이주자들은 정부로부터 이주를 허가받는 과정에서 차별받지 않았더라도 입국해 일자리를 찾는 과정에서 고용주에 의해 차별받았다. 이 시스템에서는 고용주들이 이주자 선택 과정에 관여하지 않았기 때문에 이주자들이 자신의 기술 수준에 맞는 일자리를 찾을 수 없는 경우가 종종 발생했다.

의료 분야와 같이 규제를 받는 직업에선 문제가 더욱 심각했다. 캐나다에선 미국에서 얻은 학위에 비해 중국이나 인도에서 얻은 학위를 잘 인정해 주지 않았다. 전문적인 분야의 고용주들은 이주자들이 해외에서 취득한 기술이나 교육을 인정하지 않을 때도 있었다. 개발도상국 출신 의사들이 캐나다에서 추가 자격을 취득하는 데 지쳐 택시를 운전하고, 건축가들이 소매상점에서 힘겹게 일하는 현상이 발생했다.

점수 시스템은 시간이 지나면서 변화를 거듭했다. 2007년 6월 〈뉴욕타임스〉의 보도에 따르면 한때 캐나다에서 점수 시스템으로 이주 허가를 받으려면 100점 만점에 최소 67점 이상을 얻어야 했다. 한동안 최대 70점은 고등교육, 영어 또는 프랑스어 구사력, 4년 이상의 업무 경험에 따라 주어졌고, 구직 제안은 10점에 불과했다. 정원 제한이 없고 고용 제안을 받지 않아도 됐기 때문에 그 문턱이 낮았다. 이 때문에 점수 시스템 지원자들이 80만 명에 이르기도 했고 이주를 위해 4년이나 기다려야 하는 경우도 발생했다.

2015년 캐나다 정부는 시스템을 전반적으로 개선하면서 이주 지원자들이 얻을 수 있는 총점을 1,200점으로 늘렸고 이 중 구직 제안이 차지하는 점수를 600점으로 올렸다. 그해 11월 저스틴 트뤼도(Justin Trudeau) 총리가 집권한 뒤 정부는 제도를 재조정했는데 구직 제안에 부여되는 점수를 줄이고 캐나다 대학 졸업자에게 30점을 추가해 줬다.

자격과 고용계약을 기준으로 이주자를 받아들이는 시스템은 각각의 장단점이 있었다. 자격을 기준으로 한 시스템은 인종이나 국적에 따라 이주자를 차별하지 않고 받아들이지만, 고용주들이 이주자들을 차별해 고용하지 않을 가능성이 있었다. 한 연구(2011)에서는 토론토, 몬트리올, 밴쿠버의 고용주들은 영어 발음이 나는 이름을 가진 구직자를 선호한다고 분석하기도 했다. 반면, 고용계약을 기준으로 한 시스템은 허위 서류와 거짓 계약의 위험이 있다. 일정 기간 동안 특정 고용주와의 계약에 종속돼 있기 때문에 인권 침해의 위험도 있다. 게다가 고용주들은 정책 결정자들이 허용하고자 하는 수준보다 더 많은 규모의 이주자들이나 더 낮은 기술을 가진 이주자들을 원할 수도 있다. 고용주들은 이주로 인해 혜택을 누리지만 추후 노동 수요가 감소하면 장기적으로는 그 비용을 사회에 전가할 수 있다.

캐나다 정부가 점수 시스템을 운용하는 데 있어서 어느 쪽에 가점을 부여해 왔건 간에 근본적인 원칙은 변함없었다. 이 시스템을 통해 들어오는 이주자들은 좋은 교육을 받았고 캐나다 현지 언어를 읽고 쓸 수 있으며 사회에서 커다란 신임을 받고 있다는 것이었다. 경제적인 이유로 들어온 고숙련 이주자들은 두말할 것 없이 더 많은 교육을 받았고 더 유창한 언어를 구사하면서 입국해 더 많은 급여를 주는 일자리를 가졌다. 그리고 추후 급여가 상승할 잠재력도 높았다.

문제는 이주 정책만으로는 세계 최고의 인재들을 유치하는 것이 역부족이라는 점이었다. 고숙련 노동자들의 공급은 고숙련 노동에 대한 수요를 근거로 하고 있다. 우수한 인력을 많이 영입하려면 인재들이 역량을 발휘할 만한 산업적인 기반을 충분히 갖추고 있어야 한다는 것이다.

캐나다는 고숙련 노동자들이 진입할 만한 노동 시장의 규모가 비교적 작다고 평가된다. 캐나다 서스캐처원대학교(University of Saskatchewan) 테리 워더스푼(Terry Wotherspoon) 교수는 캐나다 외국인 학생의 대부분이 주요 대도시 3곳에 거주하는 반면, 고용 기회의 다수는 지방에 있다는 점을 지적했다. 이것은 캐나다가 고숙련 이주를 권장하기 위해 고숙련 이주자들에게 시민권을 부여하는 매력적인 정책을 도입했음에도 불구하고 우수한 외국인 인재들이 학생에서 시민권자로 변환하는 비율이 낮은 이유를 설명해준다. 외국인 학생들이 시민권을 취득하는 비율이 낮다는 것은 그곳에 정착하는 비율이 낮다는 것이고, 인재들의 정착 비율이 낮다는 것은 교육에 대한 투자로부터 돌아오는 보상이 적다는 것을 시사하고 있다.

캐나다에서 교육에 대한 보상이 적은 것은 산업 기반이 약하기 때문이다. 일반적으로 교육에 대한 보상은 기술의 최전선과 근접할수록 높아지는 경향이 있다. 미국은 최첨단 산업이 활발하게 꽃피고 있어 지식을 적용하고 실행할 만한 산업적인 기반이 크고 탄탄하지만, 캐나다는 상대적으로 기술의 최전선과 동떨어져 있다는 평가를 받는다. 교육에 대한 보상이 적다면 장기적으로 인적자본이 해외로 빠져나갈 가능성이 커진다. 많은 사람은 삶에서 이주를 포함한 더 많은 선택지를 얻기 위해 인적자본에 투자한다. 세계화는 인적자본이 경제적으로 풍요로운 나라로 모이는 현상을 더욱 강화하고 국제 이주자들이 선택할 수 있는 영역을 넓히기 때문에 기회가 적은 곳엔 인재도 적어진다.

캐나다의 인재 유출은 최첨단 기술을 가진 미국과 가깝다는 점에서도 비롯되고 있다. 미국은 캐나다와 지리적으로 가깝고 문화적인 차이도 적으며 기술 혁신이 활발하다. 따라서 많은 인재가 캐나다에서 미국으로 빠져 나가고 있다. 그중 특히 실리콘밸리로 많은 인재가 향하고 있다.

캐나다에서도 두뇌 유출에 대한 우려가 끊임없이 제기된다. 캐나다의 노동과 관련된 한 연구(2015)는 2019년엔 캐나다의 기술 분야 노동자들이 충분치 않아 기술 분야 일자리 18만2,000개가 공석일 것이라고 추산했다. 캐나다 재무부 장관 빌 모노(Bill Morneau)는 2016년 11월 "회사들은 그들의 가장 큰 도전 과제가 '인재'라고 말한다"고 밝히기도 했다.

캐나다는 인재를 유치하려면 일할 수 있는 기업이 많아야 하고 기업이 많아지기 위해서는 사업하기 좋은 환경을 구축해야 한다는 점을 인식했다. 2006년 집권한 스티븐 하퍼(Stephen Harper) 정부는 2012년 연방 법인세율을 28%에서 15%로 내렸다. 물론 각 주의 법인세율을 더하면 실제 법인세율은 이보다 높지만, 그래도 굉장히 경쟁력 있는 수치였다. 예를 들면 온타리오(Ontario) 주는 연방 법인세율 15%에 주 법인세율 11.5%를 더하면 전체 법인세율이 26.5%였는데 이는 미국의 연방 법인세 최고세율인 35%보다 훨씬 낮은 수치였다. 글로벌 회계 컨설팅 기업 KPMG는 보고서(2016)에서 캐나다를 선진국 중에서 가장 기업 친화적인 세금 구조를 가진 나라로 평가했다.

캐나다는 고숙련 이주자들이 빠르게 정착할 수 있도록 이주 정책도 정비했다. 2015년엔 '신속 입국(Express Entry) 시스템'을 도입해 기술이나 경험 등 일정 요건을 지닌 사람들의 경우 6개월만 기다리면 거주 허가가 나오도록 했다. 또 2016년 11월엔 제도를 개선해 캐나다에서 일하고 있는 고숙련 노동자들과 캐나다에서 대학 이상의 교육을 마친 학생들이 영주권에 더

쉽게 지원할 수 있게 했다. 캐나다 이민부 장관 존 맥컬럼(John McCallum)은 이와 관련해 2016년 11월 보도자료를 통해 다음과 같이 말했다.

"우리는 고숙련 이주자들이 캐나다에 와서 영주권을 얻을 수 있도록 유인하기 위해 더 많은 일에 전념했다. 왜냐하면, 이것이 우리 경제를 세우고 사회를 튼튼하게 하는 데 중요한 역할을 하기 때문이다. 나는 신속입국(시스템)의 변화가 우리의 이민 시스템에 긍정적인 영향을 끼칠 것으로 확신한다."

2017년 미국에 도널드 트럼프 정부가 들어서자 캐나다는 전 세계 기술 인재들을 끌어모을 수 있는 또 다른 전환기를 맞이했다. 트럼프 대통령의 이주에 대한 강경한 태도와 예측 불가능성에 우려를 표하는 사람들이 많아졌기 때문이다. 2017년 2월 장 크레티엥(Jean Chrétien) 캐나다 총리의 비서실장을 지낸 에디 골덴버그(Eddie Goldenberg)는 캐나다 일간지 〈글로브앤드메일(Globe and Mail)〉에 다음과 같은 내용의 기고문을 싣기도 했다.

"도널드 트럼프와 브렉시트(Brexit)[13] 그리고 유럽의 우익 국수주의가 부상하는 세계에서 미국과 전 세계의 과학자들, 대학 연구자들, 기업가들, 기술회사들은 그들이 살고, 위치하고, 운영하고, 일하길 원하는 곳에 대해 되돌아보고 있다……. 캐나다에 이것은 기회를 의미한다."

캐나다 정부는 2016년부터 '북쪽 캐나다로 가자(Go North Canada)'라는 조직을 설립해 해외에서 일하는 캐나다인들이 본국 기술 분야의 일자리로

---

13 영국을 의미하는 'Britain'과 탈퇴를 의미하는 'Exit'의 합성어로 영국의 유럽연합 탈퇴를 말한다. 브렉시트는 2017년 3월 공식 개시됐으며, 2019년 3월까지 이에 대한 협상이 진행될 예정이다.

돌아오도록 유도하는 캠페인을 벌이고 있다. 이 조직은 네트워킹 이벤트를 여는가 하면 미국 캘리포니아 팰로앨토(Palo Alto)와 산호세(San Jose)에 있는 광고판을 활용해 실리콘밸리에서 캠페인을 하기도 했다.

캐나다 정부는 2017년 6월부터 24개월의 실험 프로그램인 '글로벌 기술 비자 프로그램'을 시작했다. 기존에 캐나다 정부가 해외 인재들에게 근로 허가를 발급하는 데 소요되는 기간은 최대 1년이었다. 이 프로그램은 그 기간을 2주 이내로 단축시켰다. 빠르게 성장하는 회사들은 이를 통해 더욱 신속하게 해외 인재들을 채용할 수 있게 됐다. 캐나다 일간지 〈글로브앤드 메일〉은 해당 정책에 대해 "미국의 정치적인 환경과 캐나다의 좋은 삶의 질에 대한 평판을 감안하면, 숙련된 개인들이 캐나다에 오도록 설득하기에 이처럼 좋은 적이 없었을 것"이라고 평가했다.

경제권이 작은 국가는 매력적인 생활 환경을 토대로 체류 자격과 같은 강점을 활용해야 인재 경쟁에서 우위를 얻을 수 있다. 아울러 글로벌 인재들이 일하고 싶어 하는 기업을 많이 유치해야 인재들을 성공적으로 유입할 수 있다. 이에 캐나다가 기술의 최전선에 서 있는 기업들을 많이 유치해 미국과의 인재 경쟁에서 역전승을 거둘 수 있을지 관심이 쏠리고 있다.

영국, 투자와 인재 유출

전 세계적으로 '두뇌 유출'을 화두로 끌어올린 영국에서는 과학자들의 이주가 주요 관심거리였다. 1960년대 영국에서 두뇌 유출은 언론의 주요 화제가 됐는데 특히 과학, 기술 분야의 인재들이 미국으로 빠져나갔기 때문이었다. 이에 영국 내에서는 인재들을 잃으면 경제와 산업 혁신 강국의 지위를 위협받는다는 우려가 대두됐다.

1980년대 당시 마가렛 대처(Margaret Thatcher) 총리는 정부가 지속적으로 '기초' 연구를 지원하는 것은 중요하지만, '응용' 연구를 지원하는 것은 정부가 아닌 산업이 해야 할 일이라고 믿었다. 문제는 핵심적인 분야를 제외한 상당수의 영국 산업계가 이것을 정부의 신호로 받아들이고 경쟁국들에 비해 R&D에 대한 자체 투자를 축소했다는 것이다. 기초 연구를 넘어 상업화와 기술 이전을 통해 혁신을 만드는 것이 보상받을 희망은 희미해졌다. 영국의 과학적인 기반은 쇠퇴하기 시작했다.

영국에서 R&D에 대한 투자가 상대적으로 느리게 증가하면서 미국으로 과학자들이 대거 빠져나갔다. 투자가 적은 만큼 영국에서 과학자들의 임금은 상대적으로 낮았다. 똑똑한 인재들에게 과학자라는 직업은 불안정하고 매력적이지 못한 것으로 인식되기 시작했다. 이것은 과학과 기술 분야의 학위를 취득하고자 하는 의욕도 저하시켰다. 재정적인 요소가 과학 발전의 전부는 아니지만, 투자가 저조한 것은 경쟁력을 서서히 떨어뜨렸고 전망을 어둡게 했다.

이에 반해 미국은 뛰어난 과학자들에게 차별화된 임금을 지불하면서 인재들을 끌어모았다. 미국은 개발도상국뿐 아니라 영국과 같은 선진국의 고숙련 노동자들에게도 '인재 자석'이었는데 지식과 기술에 대해 미국보다 더 높은 보상을 주는 나라가 거의 없었기 때문이다. 물론 미국에서 영국을 비롯한 유럽으로 빠져나간 과학자들도 있었지만, 전체적으로 미국이 유치한 과학자 수가 훨씬 많았다.

1980년대 중반 영국의 많은 대학에서 과학 관련 예산이 감소했고 과학자들의 사기는 떨어졌다. 연구 예산이 감소한다는 것은 교육과 기반 시설에 쓰이는 예산이 줄어든다는 것을 의미했다. 연구자들은 낡은 장비로 가능한 한 최첨단 연구를 하기 위해 고군분투했다. 침체된 연구 환경으로 인해 더 많은 영국 과학자들이 미국으로 떠나게 됐다.

주요 선진국들의 경제가 구조적인 변화를 겪기 시작하면서 과학자들의 중요성은 더욱 커졌다. 경제의 축은 단순노동, 유형 자산, 물질적인 자원을 기반으로 삼던 시대에서 창조, 확산, 새로운 지식의 활용을 기반으로 삼는 지식 경제 시대로 이동하고 있었다. 생산 역량을 끌어 올려주는 지식을 생성하고 확산하는 데 중추적인 역할을 하는 과학자들은 더욱 중요한 존재로 부각됐다.

영국에선 과학과 기술에 대한 경각심이 대두됐다. 영국의 왕립학회 회원 100명을 포함한 과학자와 엔지니어 1,500명은 1986년 '영국 과학을 구하자(Save British Science)'라고 불리는 새로운 조직을 설립했다. 이들은 〈타임스(The Times)〉에 광고를 실으면서 다음과 같이 경고했다.

"모든 분야의 연구가 위험에 처해 있다……. 여기엔 변명이 없다. 이를 구하기 위해서는 북해 원유에서 얻는 연간 수익 중 1%만 더 지출하면 될 것이다. 우리는 기초 연구를 감당할 수 있고 감당해야 한다."

1990년대 인터넷 관련 분야가 급속도로 성장하던 시기에도 영국의 고숙련 노동자들이 대거 유출됐다. 물론 개발도상국에서 영국으로 유입되는 과학자들도 꽤 많았지만, 영국 인재들이 해외로 대거 빠져나가고 그 자리를 개발도상국 인재들이 메우는 현상은 미래에 대한 전망을 어둡게 했다. 당시의 인재 유출은 다른 고숙련 노동자들의 연쇄적인 이탈을 야기하면서 인재 경쟁력을 대거 떨어뜨릴 수 있었다.

1990년대 영국의 정책 입안자들은 미국의 실리콘밸리를 부러워했다. 실리콘밸리는 스탠퍼드대학(Stanford University)이나 UC버클리(University of California, Berkeley) 등 세계적인 수준의 대학들을 높은 기술을 갖춘 회사들이 둘러싸고 있는 구조였다. 그곳에 새롭게 생겨난 회사들은 활발한 벤처캐피털 시장의 투자를 받으며 성장했다. 실리콘밸리는 기술 혁신에 있어서 모든 것을 갖춘 장소로 보였다. 그곳은 다른 지역에 비해 대외적인 경제 위기를 잘 견뎌냈으며 글로벌 산업에서 격변을 일으킨 기업들을 여럿 배출해냈다. 많은 국가는 그런 실리콘밸리를 벤치마킹하고자 했다.

산업 분야에서는 종종 '거리의 죽음(Death of Distance)'이라고 불리는 현상이 발생한다. 이것은 유기적으로 소통해야 하는 주체들이 떨어져 있을 때 발생하는 손실과 쇠퇴를 일컫는 말이다. 많은 회사는 연구 시너지를 내기 위해 명문대 근처에 R&D 실험실을 두고 싶어 한다. 높은 기술력이 요구되는 산업들은 한 곳에서 면대면으로 직접 소통하며 지식을 교환하고 서로의 전문성과 기술을 전하며 성장한다.

영국은 과학과 기술 분야의 상대적인 쇠퇴를 뒤집기 위해 박차를 가하기 시작했다. 대표적으로 실리콘밸리와 비슷한 기술 클러스터를 조성하고 발전시키려 했다. 영국은 케임브리지(Cambridge), 맨체스터(Manchester), 옥스퍼드(Oxford), 사우샘프턴(Southampton), 서리(Surrey), 요크(York) 등의 대학들 인근에 각기 다른 전문영역을 지닌 클러스터를 개발하기 시작했다. 각 클러스터의 조성 배경에는 차이가 있었다. 케임브리지 클러스터는 1970년 트리니티 칼리지(Trinity College)가 '케임브리지 사이언스 파크'를 설립한 것을 계기로 케임브리지대학교의 연구 역량과 고숙련 인력 시장에 힘입어 빠르게 성장하기 시작했다. 1970년대엔 그곳에 새로 설립된 회사가 137곳에 불과했지만, 1990년에는 주당 평균 2곳에 이르렀다. 영국의 싱크탱크(Think Tank) 폴리시 익스체인지(Policy Exchange)가 2014년 발간한 보고서에 따르면 케임브리지 기술 클러스터엔 2013년 기준으로 소프트웨어, 하드웨어, 바이오 기술, 엔지니어링, 의료기기 등 다양한 분야의 회사가 1,535개 있었다.

데이비드 카메론(David Cameron) 총리는 2010년 당시 런던 동부 '쇼어디치(Shoreditch)' 지역에서 '테크시티(Tech City)' 또는 '실리콘 라운드어바웃(Silicon Roundabout)'으로 불리는 기술 클러스터를 출범시켰다. 이곳은 영국의 기술 사업이 빠르게 성장하도록 돕기 위해 다양한 프로그램을 운영하는 한편 정부와 소통하는 역할을 했다. 테크시티는 2008년 글로벌 금융 위기 직후에 출범해 투자를 유치하는 데 어려움을 겪기도 했지만, 실리콘밸리의 50년 역사가 성취한 것에 비하면 비교적 짧은 기간에 기술 산업 성장에 큰 역할을 했다고 평가받는다. 2008년만 해도 쇼어디치의 미디어 및 기술 기업은 15개에 불과했지만, 2013년엔 1,340개로 늘었다.

영국 산업계는 해외 투자자들을 유치하는 데에도 박차를 가했다. 기업가들과 투자자들은 2006년 영국의 기업 생태계를 지원하기 위해 '실리콘밸리가 영국에 온다(SVC2UK, Silicon Valley Comes to the UK)'라는 조직을 설립했다. 이 조직은 투자자, 기업가, 학생 등이 모여 세상을 바꾸기 위한 혁신적인 기술을 만들고 이에 대한 자금 지원을 논의하도록 각종 이벤트를 열었다. 이를 통해 기업들이 빠르게 성장할 수 있도록 지원했다.

과학과 기술 분야 투자를 늘리는 것은 인재 유치와 보유에 있어서 핵심적인 요소다. 영국 정부는 2004년 과학과 혁신을 위한 10년 전략을 담은

'과학 및 혁신 투자 틀(Science and Innovation Investment Framework) 2004-2014'
를 발간했다. 이는 영국의 과학 및 혁신에 장기적인 비전을 제시한 것으로
2014년까지 GDP에서 R&D 투자가 차지하는 비중을 2.5%로 높인다는
목표를 세웠다. 특히 산업과 대학 간의 협업에 중점을 두고 기초 과학이 국
가 경제의 수요에 더욱 부합하게 하는 것을 강조했다.

   그런데 이것은 구상대로 실행되지 못했다. 얼마 지나지 않아 금융 위
기가 영국을 강타하면서 계획대로 예산을 쓸 수 없게 된 것이다. 하지만
R&D 투자 금액뿐 아니라 살펴봐야 할 몇몇 요소들이 더 있다. 연구개발
투자는 '혁신적인 성과의 불확실성'이라는 무시할 수 없는 위험을 동반한
다. 따라서 GDP에서 R&D 투자가 차지하는 비중뿐 아니라 R&D에 투자
하는 회사의 수, 연구자의 수, 특허의 수, 인용 횟수 등을 함께 살펴봐야 국
가의 혁신 역량을 평가할 수 있다. 이런 관점에서 본다면 영국의 과학 경쟁
력은 세계적으로 높은 수준으로 평가받는다. 왕립학회 보고서(2010)에 따
르면 영국의 인구는 전 세계 인구의 1%에 불과하지만, 전 세계 간행물의
7.9%, 논문 인용의 11.8%를 차지하고 있었다. 보고서는 "이전 세대는 영
국의 두뇌 유출에 대해 걱정했지만, 우리는 이제 과학자들과 혁신가들의 수
입국이며 그들은 그 어느 때보다도 높은 기술을 갖추고 있다"고 평가했다.

   과학 기술 투자와 클러스터를 통해 반전을 이룬 영국이 인재 경쟁에서
우위를 유지할 수 있을지는 아직 불확실하다. 2016년 6월 영국이 유럽연
합 탈퇴를 결정한 뒤 과학 기술 재원이 부족해지고 국제적인 영향력이 줄
어드는 등 문제가 발생할 것이라는 관측이 나오고 있기 때문이다. 영국의
과학 연구에서 유럽연합이 차지하는 입지는 어마어마했다. AP통신은 2016

년 12월 보도에서 기술회사 디지털 사이언스(Digital Science) 보고서를 인용해 "최근 몇 년간 영국 대학 연구기금의 10분의 1 이상은 유럽연합에서 나왔고, 나노기술이나 암 연구와 같은 어떤 분야들은 다른 분야에 비해 유럽연합의 기금에 더욱 의존적이다"라고 보도했다. 2007~2013년 사이 영국이 연구와 관련해 유럽연합으로부터 직접적인 투자를 받은 금액은 88억 유로에 달한다. 영국 일간지 〈가디언〉은 2016년 5월 보도에서 2006~2015년 영국 암 연구를 지원한 공적인 재원의 40% 이상은 유럽연합이 뒷받침했다고 했다. 같은 기간 영국 정부가 경제의 핵심적인 동력으로 여기고 있는 정보 및 컴퓨터 시스템 연구와 같은 최첨단 분야에서도 공공 지출의 3분의 1 이상이 유럽연합에서 왔다.

적어도 과학 분야에서는 브렉시트가 손해로 평가된다. 2014년 기준으로 영국이 연구에 지출한 비용은 GDP의 0.5% 미만이었는데 이는 유럽 평균보다 낮은 수치였다. 과학 분야에 있어서 영국 정부의 투자가 다른 선진국에 비해 뒤지는 만큼 유럽연합이 연구 재정지원의 중요한 근원이었다. 영국은 유럽연합에 내는 연구기금보다 더 많은 지원을 받고 있었다. 영국의 상원과학위원회(Lords Science Committee)가 2016년 4월 발표한 보고서에 따르면 영국은 2007~2013년 사이 유럽연합 연구 프로젝트에 43억 유로 이상을 지출했고, 같은 기간 유럽연합으로부터 약 70억 유로를 받았다.

2016년 영국 총리직에 오른 테레사 메이(Theresa May)는 브렉시트로 인해 연구에 대한 지원이 줄어들 것이라는 우려를 인식했다. 메이 정부는 영국이 과학과 혁신에 있어서 세계적인 리더로 남을 수 있게 연구에 대한 연간 투자를 늘리겠다고 밝혔다. 과거 금융 위기 등으로 과학 투자를 계획대로 진행하지 못한 적이 있어 이 구상 역시 실제로 실현될 수 있을지는 불확실하다. 설령 예산이 실행된다고 해도 이것이 과학 분야의 인재 유출을 줄일 수 있을지도 불분명하다. 브렉시트는 단순히 재정지원에 관한 문제가 아니기 때문이다.

이주 문제는 영국이 브렉시트를 결정하는 데 큰 영향을 미쳤다. 많은 영국인은 유럽연합 회원국 국민의 영국 이주에 수치 제한이 가해져야 한다고 생각했다. 반면, 과학자와 연구자들은 영국이 유럽연합에 남는 것이 과학 발전에 큰 도움이 될 것이라고 주장해 왔다. 유럽연합에 소속된다는 것은 회원국에 있는 5억 명의 사람들이 비자 없이 자유롭게 살고 일한다는 것을 의미했다. 영국이 유럽연합에 남으면 유럽 최고의 인재들을 채용하기 쉽고 국경의 제한 없이 중요한 연구 협력이나 학생 교환을 할 수 있기 때문이다.

2016년 12월 AP통신에 따르면 연구자들은 시민단체 '유럽연합을 위한 과학자들(Scientists for EU)'에게 브렉시트가 자신들의 삶과 업무에 어떠한 영향을 미쳤는지에 대해 사연이 담긴 편지 400통 이상을 전달했다. 고용이 위축되고 박사과정 학생을 잃게 된다는 등의 내용이었다.

영국의 대학연합(University and College Union)이 영국 고등교육기관에 있는 교수와 강사 1,000여 명을 대상으로 설문조사해 2017년 1월 발표한 내용에 따르면 응답자의 42%는 브렉시트로 인해 영국 고등교육기관을 떠나는 것을 고려하겠다고 밝혔다. 응답자 중 영국인이 아닌 사람 중에서는 76%가 이주를 고려한다고 답했다. 이러한 분위기가 향후 영국의 인재 확보가 어려워질 것으로 보이는 이유다.

인재 경쟁에서 핵심 분야에 대한 재정지원은 중요한 요소지만, 오늘날 세계화로 인해 연결성과 이동성을 포함한 여러 요소가 인재 확보에 막대한 영향을 미치고 있다. 영국이 20세기에 겪은 인재 유출 논란은 브렉시트 이후 다시 거세게 일고 있다.

중국, 이주자 발길 되돌리기

21세기를 전후로 전 세계에서 가장 빠른 속도로 인재 강국이 된 나라는 중국일 것이다. 1975년까지만 해도 중국에서 과학과 공학 분야의 박사학위를 받은 사람은 거의 없었다. 하지만 1978년 개혁·개방 정책이 출범하며 국가를 현대화하기 위한 핵심 분야로 과학과 기술이 주목받기 시작했다. 수많은 학생과 학자는 개혁·개방 정책을 통해 해외로 나갔고, 이를 통해 국가의 경제와 사회 발전을 뒷받침하기 위한 기술을 얻기 시작했다.

중국 정부는 과학과 기술 분야를 주도하기 위해 야심 찬 목표를 세우고 막대한 자원을 투입했는데 그 중심에는 고등교육이 있었다. 정부는 1995년 고등교육을 육성하기 위한 '프로젝트 211'을 출범시키며 100개의 핵심 대학과 핵심 전공을 개설하겠다고 발표했다. 1998년엔 국가 발전에 도움이 되는 엘리트들을 양성하기 위한 '프로젝트 985'를 출범시키며 중국 대학들을 세계적인 수준으로 육성하겠다는 포부를 밝혔다. 2009~2013년 사이 프로젝트 211 대상 대학은 중국 전체 대학의 14.3%밖에 차지하지 않았지만, 정부의 고등교육 기금의 70%를 지원받았다. 프로젝트 985에 선정된 우수 대학은 개별적으로 더욱 큰 지원을 받았는데 2014년 기준으로 칭화대(淸華大: 175억 위안), 저장대(浙江大: 156억 위안), 베이징대(北京大: 128억 위안) 순이었다.

중국 〈글로벌타임스(Global Times)〉의 2014년 11월 보도에 따르면 당시를 기준으로 프로젝트 211에 속한 대학은 118곳, 프로젝트 985에 속한 대학은 39곳이었고 몇몇 대학들은 두 프로젝트 모두에 속해 있었다. 두 프로젝트에 참여한 중국 대학들은 중국 박사과정 학생들의 80%, 대학원생들의 30% 이상, 해외 유학생의 절반 가량을 교육했다. 이 대학들은 수업의 85%가 중국의 개발 목표와 연관돼 있었으며 국가의 핵심적인 실험실의 96%를 운영했고, 공공 과학 연구기금의 70%를 받고 있었다. 중국에서 이들 대학을 졸업하는 것은 학생들의 직업적인 전망에 있어서 큰 이득으로 인식됐다. 정부는 고용주들이 두 프로젝트에 속하지 않은 대학의 졸업자를 차별하는 것을 금지했지만, 많은 구직자는 일종의 유리천장을 느꼈다.

두 프로젝트에 대한 비판도 계속해서 제기됐다. 일각에서는 프로젝트에 속한 대학에만 자원이 집중되는 것은 심각한 불평등이라고 비판했다. 대학은 계획이 아닌 경쟁을 통해 성장하는 곳이므로 정부기관이 이 같은 프로젝트를 계획하는 것은 비효율적이라는 지적도 제기됐다.

각종 논란에도 불구하고 중국의 고등교육기관은 정부의 강력한 주도 아래 빠르게 성장하며 인재를 육성했다. 1995~2003년 사이 중국에서 박사학위 프로그램 1년 차에 등록한 사람은 8,139명에서 4만8,740명으로 6배나 늘어났다. 중국에서 과학 및 공학 박사학위를 받은 사람의 수는 1998년 6,000명에서 2012년 3만2,000명으로 늘어났다. 미국 국립과학위원회의 '과학 및 공학 지표 2016'에 따르면 2012년 과학과 공학 분야의 대학 학위 수여 비율은 중국(23.4%)이 가장 많았고, 인도(23.0%), 유럽연합(11.5%), 미국(9.2%)이 뒤를 이었다.

물론 중요한 것은 학위 개수가 아닌 공부의 질이다. 일부 학자는 중국에서 수여되는 박사학위 프로그램의 질에 대해 의문을 제기했다. 하지만 연구 실적 면에서도 중국의 기세는 무섭게 성장해 왔다. 2013년 기준으로 전 세계 과학 및 공학 저술에서 미국과 중국은 전체의 각각 18.8%, 18.2%로 비슷한 비중을 차지했다. 2003년과 비교하면 미국의 비중은 26.8%에서 감소했으나 중국의 비중은 6.4%에서 약 3배 수준으로 성장한 것이었다.

중국 정부는 국가 경쟁력을 높이기 위해서는 과학과 기술에 막대한 투자를 해야 한다는 것을 인지하고 1980년대 이래 과학과 기술 R&D에 대한 국가적인 프로그램들을 만들었다. 1986년엔 과학 기술 발전을 촉진하기 위한 R&D 프로그램인 '863 프로그램'을, 1997년엔 국가의 전략적인 목표와 관련된 기초 연구를 지원하기 위한 '973 프로그램'을 출범시켰다.

중국의 많은 기술회사는 국영으로 운영됐다. 국영 회사들은 제품이 상업화되기 전, R&D에 대해 막대한 투자금을 들여 손실을 내더라도 걱정할 필요가 없었다. 이것은 커다란 이점으로 작용했다. 정부는 우주 탐사, 국방, 컴퓨터 등 과학 발전에 있어서 직접적이고 강력한 역할을 수행했다.

2006년 중국 정부는 과학과 기술 발전을 위한 15년의 중장기 계획을 승인했다. 이 계획은 중국이 2020년까지 혁신 지향적인 사회가 되고 2050년까지 전 세계 과학 및 기술 분야에서 리더가 되는 것을 목표로 삼고 있다. 구체적인 내용은 세 가지로 요약된다. 첫째는 GDP에서 R&D 투자가 차지하는 비중을 높인다는 것, 둘째는 국내의 혁신 역량을 강화하고 해외 기술에 대한 의존도를 낮춘다는 것, 셋째는 혁신 과정에서 기업 및 사업 분야를 주요 동력으로 만든다는 것이다. 이를 위해 중국 정부는 GDP에서 연구개발 투자가 차지하는 비중을 2005년 1.34%에서 2020년까지 2.5%로 끌어올리겠다는 목표를 세웠다. 중국 GDP의 규모를 감안하면, 이 비율은 대단히 많은 금액이 증가한다는 것을 의미한다.

중국에서 정부 주도로 발달한 분야로 가장 눈에 띄는 예는 우주공학이다. 2003년 중국은 유인 우주선인 '선저우(神舟) 5호'를 성공적으로 발사하면서 미국과 소련에 이어 세 번째로 유인 우주선 기술을 습득한 국가가 됐다. 2007년엔 달 탐사선을 발사해 달 주변을 돌며 사진을 찍도록 했다. 이듬해인 2008년엔 중국의 '선저우 7호' 바깥에서 중국인 자이즈강(翟志剛)이 처음으로 우주 유영을 마쳤다. 2011년 중국 정부는 우주 탐사를 위한 5년간의 계획을 발표하며 우주 기술 경쟁에 있어서 미국에 강력한 라이벌이됐다.

일각에서는 중국 정부가 과학 기술 발전에 과도하게 개입한다며 비판했다. 중국 정부의 R&D 지원이 과학자들의 독립적인 판단과 필요에 따라서가 아니라 정부의 정치적인 판단에 따라 배정된다는 것이다. 이로 인해 일부 기금이 실질적인 연구보다는 화려한 시설에 쓰일 가능성이 크고 특허의 질보다는 양에 집중하는 경향이 발생한다는 우려도 제기됐다. 중국이 기초 연구에 비교적 적은 투자를 하는 것도 근본적인 한계가 있다는 지적이 제기됐다. 2016년 11월 〈하버드비즈니스리뷰(Harvard Business Review)〉에 실린 기고문에 따르면 중국의 R&D에서 기초 연구에 지출하는 비중은 4% 였는데 이는 OECD 평균인 17%에 비해 훨씬 못 미치는 것이었다. 그 결과 중국 R&D는 기존 지식을 가져다가 제품으로 만들어 중국 시장에 가져다주는 것에 그치고, 새로운 과학적인 아이디어와 기술을 개발해 세계에 가져다주기에는 충분치 않다고 지적받았다.

각종 비판에도 불구하고 중국이 가난한 개발도상국에서 괄목할 만한 발전을 이룬 것은 굉장한 것이었다. 현재 중국은 원자력 에너지, 우주 공학, 물리학, 생물학, 컴퓨터 과학, IT를 포함한 여러 과학 분야의 성과가 국제적인 수준에 도달했거나 그에 가깝다는 평가를 받는다.

중국이 인재 강국으로 성장하는 데 있어서 교육과 R&D에 대한 정부의 투자 못지않게 막대한 영향을 미친 것은 해외로 나간 이주자들이었다. 기술적인 역량, 전문지식, 초국가적인 네트워크를 가진 사람들이야말로 경제에서 중추적인 역할을 하며 변화와 혁신을 이끌어 왔다.

중국은 불과 수십 년 전만 해도 자국민의 이주를 제한했다. 1986~1987년 중앙정부에 반대하는 시위가 발생한 뒤 중국 공산당은 해외 유학에 대한 규제를 강화했다. 1988년 당시 대학 강사들은 대부분 석사학위 소지자였는데 중국의 국가교육위원회(State Education Commission)는 이들에게 민간여권에서 공공여권으로 바꿀 것을 강요했다. 이것은 이들이 미국 비자를 받을 때 더욱 제한을 받도록 하기 위한 것이었다.

1989년경 중국에서 학생들을 해외로 보내는 것에 대한 진지한 토론이 불거져 나왔다. 자오쯔양(趙紫陽) 당서기는 중국의 두뇌 유출을 "해외에 두뇌 파워를 축적하는 것"으로 묘사했다. 중국의 과학기술위원회(State Science and Technology Commission)도 해외 이주를 지지했는데 해외에 머무는 사람들만이 미국 과학 연구의 수준과 품질을 배울 수 있고 그들이 중국의 과학 발전에 기여할 것으로 생각했기 때문이다. 하지만 당시만 해도 국가교육위원회는 중국으로 돌아오는 이주자들이 적기 때문에 인재 유출을 더 까다롭게 해야 한다고 판단했다.

1989년 천안문 사태는 이주에 대한 정부의 부정적인 태도를 강화했다.

정부는 해외에 있는 학생 대부분을 '공산당의 적'으로 봤으며 본국에 귀환하려는 사람들에게 비우호적인 환경을 조성했다. 계급투쟁과 문화혁명 등 당시 정치적인 상황을 감안하면, 각종 설문조사에서 해외의 중국인 학자 중 소수만이 본국 귀환을 고려하고 있다고 답한 것은 당연한 결과다. 천안문 사태 이후 중국에서 두뇌 유출은 꾸준히 증가했다. 미국 대학들에서 중국인들은 가장 빠르게 증가하는 집단이었다. 그런데 중국인 학생들이 대거 빠져나가고 본국으로 거의 돌아오지 않는 와중에도 어떤 중국인 지도자들은 그들을 눈여겨보고 있었다. 덩샤오핑(鄧小平) 주석은 해외 학생들에게 모국을 돕기 위해 돌아올 것을 권유하며 이렇게 말했다.

"우리는 해외에 공부하러 간 모든 사람이 돌아올 것을 희망한다. 그들의 과거 정치 성향이 무엇이든 간에 그들은 모두 돌아올 수 있으며 그들이 돌아온 뒤에는 상황이 잘 해결돼 있을 것이다. 이런 정책은 변하지 않을 것이다……. 그들이 기여하길 원한다면 돌아오는 게 낫다."

덩샤오핑은 본국에 돌아오는 이주자들을 위해 제반 여건을 개선하고자 했다. 하지만 이를 강력하게 반대하는 사람들로 인해 새로운 정책은 도입되지 못했다. 그러던 와중에 중국은 인재들을 빠르게 잃게 됐다. 미국의 국립과학재단(NSF, National Science Foundation)에 따르면 1990년대 미국에서 과학 및 공학 분야 박사학위를 받는 중국 학생 수는 매년 2,500명가량에 이르렀다. 미국에 잔류하는 중국인의 비율도 높았다. 1990~1991년 미국에서 과학 및 공학 박사학위를 받은 중국인의 88%는 1995년에도 여전히 미국에서 일하고 있었다.

중국 정부에선 이주에 대한 보수적인 시각을 수정해야 한다는 인식이 퍼지기 시작했다. 1992년 8월, 중국 국가 교육위원회 의장 리티에잉(李铁

映)은 "유학을 지지하고, 사람들이 돌아오는 것을 권유하며, 사람들에게 오고 갈 수 있는 자유를 준다(支持留學, 鼓勵回國, 來去自由)"는 슬로건을 발표했다. 1993년 이 슬로건은 공식 정책이 되며 정책 혁신을 이끌었다. 귀환자를 기존과는 다르게 인식하면서 이들에게 유연함을 발휘하는 새로운 태도를 나타낸 것이다.

교육부는 해외 이주자들에게 중국에 짧게나마 돌아와 국가를 위해 봉사할 것을 권유하기 시작했고, 이들이 강의나 연구 협력을 위해 본국을 방문할 때 재정을 지원했다. 1997년 장쩌민(江澤民) 주석은 공산당대회에서 중국인들이 해외에서 돌아와 국가를 위해 봉사하라고 요구하며 이 같은 관점을 더욱 굳건히 했다. 1998년 정부는 고등교육에 대한 투자를 강화하면서 대학들이 그 기금을 해외 인재 유치에 쓰도록 권유했다.

중국의 이주자 귀환에 큰 기폭제가 된 것은 2001년 세계무역기구의 가입이었다. 세계무역기구 가입은 많은 다국적 기업이 중국에 올 수 있도록 했다. 중국이 국제 경제에서 경쟁하기 위해서는 서양의 사업 관행이나 국제법에 대한 지식이 필요했다. 따라서 서양식 훈련을 받고 외국 경험을 갖춘 중국인들이 많이 필요했다. 해외에 있는 학생들은 중국 산업계에서 매우 가치 있는 인재들로 여겨졌다. 중국 정책 결정자들의 세계관은 더욱 유연해졌다. 세계화 시대에는 인재들을 더는 가둬둘 수 없고, 세계에서 배우고자 한다면 자국의 지식인들과 사업가들이 세계 속으로 나가야 한다는 것이었다. 이들은 국가 발전을 위해 해외에서 교육받은 전문가들을 적극적으로 활용해야 한다는 것을 깨달았다.

중국 정부는 해외 인재들의 귀환을 위해 전략적으로 노력하기 시작했다.

중국 인사부(Ministry of Personnel)는 2002년 3월 '돌아온 학생들을 위해 서비스를 강화한다'는 슬로건을 가지고 귀환자들을 유치하기 위해 전략을 제시했는데 여기에는 다음과 같은 내용이 포함됐다.

· 돌아온 학생들을 위해 선전(深圳), 상하이(上海), 푸젠(福建)에 직업소개센터를 설립한다.
· 다음과 같은 것을 포함해 (귀환자에게) 우선권을 주는 정책을 시행한다.
  (a) 귀환자에게 더 많은 생활공간과 더 높은 직업적인 직위를 준다.
  (b) 귀환자가 일자리를 찾은 새로운 도시에 그들의 가족들이 이주하도록 한다.
  (c) 연구 센터와 2, 3년 계약을 체결한 학생의 협약이 만료되면 그곳에 머물거나 일자리를 바꿀 수 있게 한다.
· 귀환자들을 위한 전국협회를 설립한다.
· 과학 연구에 대한 지원을 강화한다.

귀환자들을 둘러싼 지방정부 간의 경쟁도 점차 심화했다. 중국 전역의 정부 및 회사 대표들은 인재 채용을 위해 미국 실리콘밸리를 꾸준히 찾았고, 지방 정부들은 새롭게 개발되는 지역에 '귀환학생벤처단지' 또는 '해외학생단지'를 설립했다. 정부는 이 지역에 저렴한 임차료나 세금 감면 등 재정적인 혜택을 제공할 뿐 아니라 귀환자들이 특별히 필요로 하는 것들을 제공하기 위해 노력했다. 예를 들면 장소를 구하는 것과 관련된 행정을 빠르게 처리하고, 자녀들이 이중 언어를 사용하는 명문 학교에 접근할 수 있도록 하는 것이었다.

민간 기업들도 이주민을 활용하기 위해 적극적으로 움직였다. 회사들은 스터디 투어, 콘퍼런스, 공동연구 프로젝트, 단기 업무 및 교육 기회 등을 통해 해외의 중국인 커뮤니티들과 연락하고 소통하는 기회를 늘리는 데 주력했다. 해외에 있는 중국인들도 다양한 기회를 통해 중국과 광범위한 네트워크를 쌓기 시작했다.

2000년 미국 실리콘밸리에서는 중국인 사업 커뮤니티들이 전문적으로 발전하는 것을 촉진하기 위해 '화위안과학기술협회(Hua Yuan Science&Technology Association)'가 설립됐다. 회원 수가 급격하게 증가해 2002년 '기회들과 도전들: 중국 물결을 타다'라는 주제로 열린 '화위안연례콘퍼런스'에는 중국인 엔지니어 1,000명 이상이 참석했다. 화위안과학기술협회를 비롯한 단체들은 사업상 중국에 정기적으로 방문하는 것을 후원하고 중국에서 오는 정부 대표단을 받는 한편 중국 회사들이 미국에서 중국인들을 채용하는 통로가 됐다.

해외 중국인 단체들은 중국과의 연결고리를 통해 중국에 대한 정보를 얻었다. 2001년 '중국인인터넷및네트워킹협회(Chinese Internet and Networking Association)'는 협회 대표단의 중국 방문을 후원했다. 참가자들은 돌아간 이후 '중국의 물결 – 현실 점검'이라는 주제로 발표 시리즈를 진행했다. 연사들은 중국으로 돌아가는 사람들이 직면하는 도전과 기회에 대해 상세한 정보를 제공했다. 이런 단체들은 회원들에게 멘토링과 연락처, 자본, 노하우, 정보를 제공하기 위한 포럼을 열며 구성원들 간에 이해와 세계관의 공유를 촉진했다. 중국인엔지니어들연구소(Chinese Institute of Engineers)는 미국, 중국, 대만에 지부를 갖고 현역 엔지니어들과 학자들을 끌어 모으는 기술 콘퍼런스들을 후원했다.

이주자들이 만든 단체는 인재들의 귀환에 직접적인 영향을 미쳤다. 1998년 중국계미국인반도체협회(Chinese American Semiconductor Association)는 엔지니어 대표단이 2주간 상하이 반도체 산업에 대해 스터디 투어를 할 수 있도록 후원했다. 이후 이 협회의 전 대표 4명은 2001년 상하이의 장장(張江) 첨단기술단지(Hightech Park)의 고위 임원으로 채용됐다. 장장첨단기술단지 행정 당국은 인재 영입에 그치지 않고 적극적으로 해외 인재들과의 교류를 추진했다. 이를테면 장장첨단기술단지와 실리콘밸리에 있는 중국인 엔지니어들이 공통 관심 분야에 대해 면대면으로 소통할 수 있도록 매달 2시간씩 비디오 콘퍼런스를 열었다.

중국을 휘감은 '귀환 운동'이 얼마나 많은 이주자를 돌아오게 했는지 이를 알 수 있는 종합적인 자료는 없다. 몇 가지 혜택만으로 많은 수의 고숙련 이주자들이 돌아오게 하기는 부족한 것도 사실이다. 정부와의 밀접한 연결 및 감시를 포함한 제도적인 요건 등을 보면 중국을 매력적인 토양으로 보긴 어려웠기 때문이다. 그럼에도 불구하고 1990년대 후반부터 미국에서 중국으로 돌아오는 고숙련 노동자들의 물결은 눈에 띄게 많아졌다. 이것은 인터넷 붐, 중국 시장의 규모적인 매력, 중국 정부가 제시한 다양한 혜택에 의해 촉발된 것이었다.

해외에서 돌아온 이주자들은 중국에서 인터넷 사업을 시작했다. 물론 인터넷 스타트업의 대부분은 몇 년 내에 실패했고, 해외 이주자들의 귀환 물결은 닷컴 붐의 붕괴와 함께 위축됐다. 하지만 2000년대 초반에 중국 반도체 산업에 대한 외국 투자가 가속화하면서 이주자들의 귀환 물결은 놀랄 만한 수준으로 늘어났다. 미국 실리콘밸리나 대만에서 많은 경험을 쌓은 나이든 엔지니어들이 중국에 대거 채용됐다. 많은 사람은 거액의 스톡옵션(Stock Option)**¹⁴**과 전문적인 기회에 이끌려 본국으로 돌아왔다. 그들은 빠르게 성장하는 상하이의 반도체 산업 클러스터에서 일했다. 성공과 기회에 대한 소식은 해외 중국인들 사이에서 빠르게 전해졌다.

2001년 9·11 사태는 중국인들의 귀환을 더욱 촉진했다. 중국의 한 커리어 검색 웹사이트는 2002년 1월 이력서 접수 건수가 극적으로 증가했다며 다음과 같이 밝혔다.

"중국에 돌아와 일하기를 희망하는 사람들은 지난 두어 달 동안 1만~1만5,000명에 달했다. 반면, 6개월 전 같은 기간 동안 접수된 이력서의 수는 10~100개에 불과했다."

해외에서 돌아오는 중국인은 점점 늘고 있다. 중국 교육부에 따르면 해외에서 돌아온 학생 1명당 해외로 나간 학생들의 비율은 2006년 3.15명에서 2015년 1.28명으로 대폭 감소했다.

그러나 중국이 해외로 나간 자국민 이주자들의 발길을 계속 되돌리고 이를 넘어서 외국인 인재들까지 유치할 수 있을지는 두고 봐야 한다. 중국의 귀환 물결에 몇 가지 한계점이 있기 때문이다. 홍콩과학기술대학교 데이비드 즈와이그(David Zweig) 교수는 2013년 1월 〈뉴욕타임스〉 기고문을 통해 다음과 같은 문제점을 지적했다. 우선 중국에 돌아오는 학생들의 비율은 10년간 약 30%가량에 머물렀다. 즉 중국으로 돌아오는 학생들의 절

---

14 주식매입선택권 및 주식매수선택권이라고도 한다. 기업이 임직원에게 시세보다 적은 금액으로 자사 주식을 매수할 수 있는 권리를 부여하는 제도이다.

대적인 숫자가 많아진 것은 해외로 나가는 학생들이 그만큼 많아지고 있기 때문이다. 게다가 미국에서 박사학위를 받은 중국인들의 귀환 비율은 충격적이리만치 낮다. 2002년에 미국에서 과학이나 기술 분야의 박사학위를 받은 사람들의 약 92%는 2007년에도 여전히 미국에 머물고 있었다. 아울러 중국의 대학과 과학 관련 연구기관들은 '최고 중의 최고' 인재들을 끌어모으지는 못하고 있다.

실제로 중국 정부의 인재 유치 프로그램은 최고의 인재들을 장기적으로 유치하기에는 한계가 있었다. 2008년 중국 공산당이 최고의 재능을 지닌 해외 중국인들을 유치하기 위해 시작한 '1,000 인재들(Thousand Talents)' 프로그램이 대표적인 예다. 공산당은 다양한 금전적인 인센티브를 제시하며 학문 및 연구기관들과 지방정부들이 최고 인재들의 발길을 되돌리는 데 주력하도록 했다. 그 덕에 2008~2015년 해외에 있는 고숙련 인재 5,208명을 유치할 수 있었다. 그런데 기업가들은 영구적으로 이주하려 했으나 학자들과 과학자들은 단기간만 중국에 방문하는 것을 선호했고 자신들의 소유물과 함께 중국으로 돌아오길 꺼렸다.

과학자들과 학자들이 왜 영구적으로 돌아오지 않고 이와 관련해 중국의 지도자들이 무엇을 해야 하는지에 대해 즈와이그 교수는 〈뉴욕타임스〉 기고문에서 다음과 같이 지적했다.

"만약 중국이 인재들을 데려오고 싶다면 학문 및 과학 기관을 근본적으로 개혁해야 한다. 가장 중요한 것은 학문 및 과학 분야에서 행정 당국의 힘을 약화해야 한다는 것이다. 현재 너무 많은 돈이 개방되고 경쟁적이며 전문가의 평가를 거쳐 배분되기보다는 행정 당국의 손을 거쳐 배분된다. 이와 비슷하게 많은 기관에서는 승진이 학문적인 내력이 아닌 학장이나 선임 교수들과의 관계에 따라 결정된다."

물론 중국의 모든 기관에 이런 결점이 있는 것은 아니다. 국가적으로는 더 많은 기금이 경쟁을 거쳐 배분되고 있다. 하지만 인재들은 더욱 투명하고 유연한 기관을 원하고 있으며 이런 기관이 충분치 않은 현상은 인재 유치의 걸림돌로 작용하고 있다.

해외 이주자들이 중국으로 돌아와 새로운 사업을 벌이고 투자를 하기에는 중국의 환경이 이를 뒷받침하지 못한다는 점도 중요한 요소다. 중국은 인터넷을 검열하고 제어해 자국민들이 자유롭게 세계와 소통하지 못하게 하고 있다. 이것은 오늘날 '중국의 인터넷'과 '나머지 세계의 인터넷' 사이의 분계선을 낳고 있다고 지적된다. 이로 인해 중국은 외국인 인재들에게 매력적인 업무 장소가 되지 못한다고 평가된다. 소프트웨어 개발자들에게 정부의 인터넷 통제는 단순히 휴식시간에 유튜브에 접근할 수 없다는 정도를 넘어서 핵심적인 소프트웨어와 도구에 접근할 수 없다는 것을 의미한다. 이 같은 통제의 영향은 막대하다. 프로그래머들은 중국 시장에만 최적화된 것이 아닌 글로벌 시장에 맞춘 제품을 개발하기 어려워진다. 결국 다른 나라의 연구자와 엔지니어보다 뒤떨어지게 되는 것이다.

이 같은 요소로 인해 중국의 가장 크고 혁신적인 인터넷 회사들은 자국이라는 울타리 안에 갇히게 됐다. 알리바바(Alibaba), 바이두(Baidu), 텐센트(Tencent)는 세계에서 가장 큰 인터넷 회사 중 하나로 성장했지만, 대부분 국내 사업에 의존하고 있다. 이들의 해외 사업은 형편없는 수준인데 이는 그들이 미국의 거대한 경쟁기업들에 도전할 수 없다는 점을 보여준다. 중국 인터넷 회사가 해외로 확장하는 데 있어서 마주하는 어려움을 보여주는 예시로는 텐센트가 소유한 메시징 앱인 위챗(WeChat)이 있다. 위챗은 9억 명의 사용자를 보유하고 있지만, 사용자는 대부분 중국인이거나 중국에 있는 사람들과 연락하는 사람들이다. 위챗의 문제점으로는 텐센트의 마케팅 역량 부족, 중국의 검열과 감시, 해외 시장에 늦게 도착한 것 등이 꼽힌다. 위챗을 활용하면 중국 내에서 계산, 진료 예약, 사진 공유, 채팅 등 다양한 활동을 할 수 있지만, 이것들은 자체 서비스에 불과하므로 중국 밖에서는 제한된다.

비슷한 문제는 중국의 스타트업에서도 발생하고 있다. 중국 스타트업들은 자신들의 제품을 상업화하고 사업을 키우는 데 있어서 중국의 인터넷 사이트와 앱들을 활용하는 것에 익숙해져 있다. 하지만 해외 진출은 바이두나 텐센트가 아닌 페이스북과 구글의 플랫폼에 대해 충분히 이해하고, 다른 세계의 서비스를 익혀야 한다는 것을 의미한다.

중국의 불명확하고 자주 변화하는 규제와 문화적으로 난해한 사업 방식 역시 문제를 일으키고 있다. 이것이야말로 글로벌 기업들이 중국 사업을 철수한 주요 원인이다.

해외에서 돌아온 사람이 다시 중국을 떠나는 '역(逆)귀환' 현상도 발생하고 있다. 중국에서 유망한 과학자로 꼽혔던 칭화대학교(淸華大學校) 교수 니엥 옌(Nieng Yan)은 미국 프린스턴대학(Princeton University)에서 박사학위를 받은 후 2007년 30세의 나이로 중국에 돌아와 칭화대학교 최연소 교수가 됐다. 그녀는 중국이 혁신 경제로 전환하는 중에 유치한 연구 인재 가운데 가장 유망한 인물로 꼽혔지만, 2017년 가을 다시 프린스턴 대학으로 돌아갔다.

옌의 연구팀은 많은 연구 성과를 냈다. 2014년엔 세계 최초로 암과 비만을 포함한 광범위한 질병과 연관된 단백질의 물리적인 구조를 발견하기도 했다. 하지만 옌은 그해 자신의 블로그에 정부가 운영하는 국립자연과학재단(National Natural Science Foundation)이 자신이 속한 팀의 보조금 신청을 어떻게 거절했는지 상세하게 기술했다. 동시에 기금 운영 담당자들이 위험성이 높은 연구에 대해 지원을 꺼린다고 비판했다. 그녀는 당시 블로그에 이렇게 적었다.

"핵심 연구기금은 위험하지만 중요한 연구를 지원하기 위한 것이 아닌가? 아니면 예측 가능한 결과와 성공이 보장된 프로젝트만을 지원하기 위한 것인가? 이게 혁신을 위한 길인가?"

일각에서는 옌을 비롯한 연구자들의 역귀환에 대해 긍정적으로 평가하기도 한다. 중국인 교수들이 세계 최고의 대학에서 가르칠 역량이 있다는 것을 보여주기 때문에 중국의 연구 역량을 드러내는 긍정적인 현상이라는 것이다. 하지만 중국인 연구자들의 온라인 커뮤니티 '사이언스 넷(Science Net)'에는 옌의 이주와 관련해 정부가 과학 인재와 그들의 연구 환경을 제대로 관리하는 데 실패했다는 비난이 쏟아졌다. 이와 관련해 〈사우스차이나모닝포스트(South China Morning Post)〉는 2017년 5월 익명의 과학자와 인터뷰한 내용을 게재했는데 그는 다음과 같이 말했다.

"이것은 경고다. 당국은 과학자들이 많은 것을 신경 쓴다는 것을 깨달아야 하며 단순히 돈이나 애국심으로 그들이 머물게 하는 것은 어렵다."

중국에 돌아온 인재들의 역귀환 현상은 베이징에 기반을 둔 싱크탱크인 '중국및국제화센터(Centre for China and Globalization)'의 설문조사에서도 드러난다. 이 설문조사에서는 해외에서 돌아온 중국인 이주자의 약 70%가 다시 해외로 돌아가고 싶다고 답했다. 그 이유로는 더 높은 급여에 대한 희망, 일자리에 대한 불만족, 환경 오염, 음식 안전 스캔들에 대한 우려, 아이들 교육, 높은 집값, 복잡한 대인관계와 문화 충돌 등이 꼽혔다.

중국은 인재 경쟁에 있어서 그동안 이룬 괄목할 만한 성취 못지않게 큰 난관에 봉착해 있다. 중국에 구조적인 변화가 진행되지 않는 한 해외로 나간 핵심 인재들의 상당수가 돌아오지 않을 것이고, 최고의 외국인 인재들도 중국에서 일하려 하지 않을 것이다. 앞으로 중국이 성공적으로 인재를 유지하는 데 있어서 관건은 국가의 기금 지원이 아닌 제도, 환경, 문화에 대한 개혁 의지일 것이다.

대만, 파트너국과의 시너지

1960~1970년대만 해도 주요 컴퓨터 기업들은 부품 개발, 생산, 완성품 조립을 한 회사가 전담하는 '수직계열화'된 상태였다. 국가들은 각자의 대표기업을 통해 부품부터 완제품까지 모두 만들고 싶어 했고 이를 통해 하드웨어와 소프트웨어의 모든 방면을 제어했다.

그러나 21세기 전후를 기점으로 IT 산업 구조가 전문화되고 분업화되기 시작했다. 기존에 하나의 큰 기업 안에서 내부적으로 생산됐던 부품들을 여러 기업이 나눠서 생산하게 됐고 다른 기업들이 최종 제품을 상품화하고 분배하는 것이 트렌드가 됐다. 이를 배경으로 미국 실리콘밸리처럼 전문화된 생산자들이 네트워크를 이루며 협업하는 것이 바람직한 모델로 부상했다.

반도체 산업에서는 독립된 기업들이 칩 디자인, 제작, 조립, 테스트, 마케팅, 분배를 할 뿐 아니라 반도체 장비 제조 및 재료 분야의 다양한 부분이 전문화됐다. 이처럼 사업에 필요한 요소들이 작은 단위로 나뉘는 '모듈화 (Module化)'는 기술적으로 주변 지역으로 꼽혔던 곳에 사업 기회를 만들었고 대만이 IT 제품 생산의 중심지로 부상하도록 했다.

여느 국가에서처럼 이 과정에서 해외로 나간 이주자들은 핵심적인 역할을 맡았다. 미국 실리콘밸리에서 교육받은 중국인 엔지니어들은 1990년대 초반에 매년 수천 명씩 대만으로 돌아왔다. 일부는 기술회사를 설립하기 위해, 일부는 미국 회사의 지부들을 설립하기 위해, 일부는 대만 회사에서 일하거나 기술 커뮤니티에 전문적인 서비스를 제공하기 위해 대만으로 향했다. 1990년대 초반 미국의 경기 침체는 중국인의 발길을 대만으로 이끄는 중요한 요소로 작용했다.

두뇌 유출의 '역전'으로 기술, 노하우, 사업적인 연결이 이루어졌고 대만의 반도체 및 PC 제조 역량이 빠르게 발전했다. 대만은 이를 통해 PC뿐 아니라 스캐너, 키보드, 마더보드(Motherboard), 비디오카드에 이르는 부품 공급자 네트워크를 구축하고, 세계적인 수준의 반도체 디자인 및 제조 인프라를 마련했다. 대만은 제조 전문성을 발판으로 실리콘밸리가 가진 최첨단 기술과 디자인 및 마케팅 역량을 보완했다.

대만은 이주자들을 통해 미국의 경영 자원을 유입하면서 실리콘밸리에 있는 기술 및 시장과 경제적으로 밀접하게 연결됐다. 이로 인해 대만은 1990년대에 집적회로, PC, 관련 부품 제조의 선두에 위치하게 됐다. 작고 전문화된 대만 생산업체들은 미국과의 연결성을 통해 시장과 기술의 최첨단에 머물 수 있었다.

인재 허브의 조건

'모방자'로서 대만의 성공은 그곳이 점점 실리콘밸리의 중요한 파트너이자 협력자가 되도록 했다. 미국과 대만 간에 사람, 정보, 노하우, 사업 파트너십이 오가며 두 지역의 경제는 연결됐고 대만의 신추산업단지는 '실리콘밸리의 연장'이라고 불리게 됐다.

이것은 신추산업단지가 또 다른 실리콘밸리였다는 의미는 아니다. 대만은 주문형 반도체(Application-Specific Integrated Circuit)와 PC를 제조함으로써 실리콘밸리 기업들과는 다른 분야를 전문화했다. 즉 실리콘밸리와 직접 경쟁하기보다는 시너지 효과를 내는 길을 택했다. 신추산업단지는 마침 미국에서 제조업의 경쟁력이 점점 떨어지던 시점에 보완적인 클러스터로 떠올랐다. 대만의 내수 시장 규모는 작았지만, 대만 기업들은 외국과의 연결로 인해 크게 성장하게 됐다. 선두에 있는 외국회사들과의 파트너십을 통해 경쟁력과 덩치를 키운 것이다.

대만의 IT 기업 홍하이(鴻海)는 그 대표적인 예다. 홍하이는 1974년 플라스틱 부품을 만드는 회사로 설립된 뒤 1990년대 후반까지만 해도 눈에 띄는 성장을 하지 못했다. 1980년대에 홍하이는 데스크톱 및 노트북 부품과 연결 장치 등을 만들어 변화를 꾀했지만, 1996년만 해도 매출은 고작 5억 달러에 불과했다. 하지만 2010년에 처음으로 판매수익이 1,000억 달러를 넘어섰고 2014년엔 판매수익이 1,350억 달러에 이를 정도로 크게 성장했다.

홍하이가 짧은 시간 내에 조그마한 부품 회사에서 대폭 성장한 것은 애플, 델(Dell), 휴렛팩커드, 인텔(Intel), 모토로라(Motorola), 노키아(Nokia), 소니(Sony), 도시바(Toshiba)와 같은 글로벌 회사들과 전략적인 파트너십을 맺는 '전자제품 생산 서비스(EMS, Electronics Manufacturing Service)' 모델을 채택했기 때문이었다. 1995년 홍하이는 델과의 전략적인 파트너십을 맺었다. 당시만 해도 델과 다른 PC 회사들은 공급자로부터 부품을 사서 자체 공장에서 조립하고 있었다. 하지만 홍하이는 PC 외형에 쓰이는 철부터 최종 조립에 쓰이는 전기 연결 장치에 이르는 대부분의 부품과 과정을 통합하는 생산 라인을 만들어 델의 가장 큰 전자제품 생산서비스 공급자가 됐다. 이후 홍하이는 하나둘 파트너 업체를 늘려나갔다. 이처럼 글로벌 주요 회사들과 전략적인 네트워크를 맺는 것이 홍하이가 성공하는 데 핵심 요소였다.

미국과 중국 간의 국제적인 기술 네트워크는 전문적인 조직을 통해 형성되기도 했다. 신추산업단지와 실리콘밸리에 있는 많은 중국인 엔지니어들은 '중국인엔지니어들연구소'와 같은 조직의 회원이었다. 이 연구소는 미국과 대만의 콘퍼런스와 전문적인 교류를 주선해 회원들이 관계를 맺고 신뢰를 형성하도록 했다. 1989년엔 대만과 미국 사이에 기술, 투자의 흐름과 협력을 촉진하기 위한 기술 전문가 조직인 '몬테제이드과학기술협회(Monte Jade Science and Technology Association)'가 설립돼 주목받았다. 협회 회원사에는 실리콘밸리와 대만 모두에 기반을 두고 있는 주요 대만 회사들이 포함됐다. 이 단체가 연 연례 콘퍼런스엔 보통 1,000명 이상이 참석했다.

대만 정부 역시 두 지역 사이에 다리를 놓았다. 대만국립과학위원회(National Science Council)와 산업기술연구소(Industrial Technology Research Institute)와 같은 기관들은 실리콘밸리가 주목받기 한참 전인 1980년대에 현지 사무실을 설립했다. 민간에서도 활발히 움직였다. 대만인들이 실리콘밸리에서 운영하는 벤처기업들은 투자 기회를 찾기 위해 타이베이(台北)에 사무실을 열었고 이들은 실리콘밸리로부터 투자를 받게 됐다.

대만은 가까운 나라인 중국이 가진 물리적 자원의 이점도 적극적으로 활용했다. 1990년대 초 글로벌 제조 경쟁이 심해지자 대만 PC 회사들은 중국에 전원장치, 키보드, 스캐너 조립과 같은 노동 집약적인 업무들을 배치하며 저렴한 노동력과 토지를 활용했다. 이 같은 사업은 중국 남부의 푸젠과 광둥(廣東) 지역에 주로 배치됐다. 1999년엔 대만 PC 제조의 3분의 1 이상이 중국에서 진행됐는데 그 가운데 주요 부분은 중국 경제특구 중 하나인 주강델타(Pearl River Delta)와 광둥성 둥관(東莞) 시에 밀집해 있었다. 대만 제조업체들은 관리 및 기술 역량이 뛰어나기 때문에 중국에서의 생산공정을 계속해서 제어할 수 있었다.

중국과 대만의 산업적 연결고리는 더욱 강해졌다. 2000년대 이후 비용 경쟁이 강화되자 콤팔(Compal), 미택(Mitac), 트윈헤드(Twinhead), 애서(Acer)와 같은 대만의 주요 PC 업체들이 마더보드, 비디오카드, 스캐너, 노트북 제조와 같은 고부가 가치 활동을 중국으로 옮기기 시작한 것이다. 이들은 중국 남부에 계속 투자하기보다는 상하이와 저장성 그리고 장수성(江蘇省) 쑤저우(蘇州)와 쿤산(崑山) 등에도 제조시설을 설치하기 시작했다.

중국에 제조시설을 지을 때 대만의 기업 관리자들은 공장의 복잡한 공정을 직접 관리·감독하기 위해 팀을 꾸려 떠났다. 이것은 공급자 네트워크가 중국으로 이동하도록 촉진하기도 했다. 2001년 상하이 지역의 대만 회사들은 약 8,000개에 이르렀고 공장 관리자 및 엔지니어들과 그들의 가족을 포함한 대만인 25~40만 명이 그 지역에 거주했다. 대만 기업의 관리자들과 엔지니어들은 일반적으로 분기에 한 번씩 바다를 건너 중국과 대만을 왕복했다. 이것은 이들이 전략적인 의사결정과 사업방향 수립을 위해 계속해서 대만 본사에 의존했다는 것을 시사한다.

중국의 반도체 산업도 발전하기 시작했다. 2001년 중국 정부는 상하이를 국가 반도체 산업의 수도로 지정했다. 중국 과학기술부가 국가 기술 발전의 중심으로 삼기 위해 1992년 설립한 상하이 '저장첨단기술단지'는 반도체 산업의 새로운 투자 장소로 떠올랐다. 상하이 정부와 단지 행정 당국은 대출 지원, 세금 면제, 파크 부지 렌트비 할인 등의 혜택을 제시했다. 저장첨단기술단지는 해외 투자의 중심으로 떠올랐다. 모토로라, 램 리서치(Lam Research), 선 마이크로시스템스(Sun Microsystems)도 단지에서 사업을 운영했고 대부분 홍콩과 대만으로부터 투자를 받았다.

대만의 반도체 위탁생산(Foundry) 회사 TSMC(Taiwan Semiconductor Manufacturing Company)의 설립자 모리스 창(Morris Chang)은 대만과 파트너국의 연결고리를 보여주는 대표적인 인물이다. 미국 시민권자인 창은 1987년 대만에 TSMC를 설립해 세계에서 가장 큰 반도체 위탁생산 회사로 키웠다. TSMC는 중국 투자 계획을 발표했는데 이와 관련해 창은 2001년 8월 다음과 같이 말했다.

"중국 당국이 세금 혜택이나 충분한 높은 기술을 가진 인력, 물, 전기와 같은 인센티브를 제공하고 우리의 경쟁자들이 이 같은 혜택을 사용하기 시작하고 우리가 이를 따라 하지 않는다면 우리는 경쟁 우위를 잃을 것이다."

대만과 중국 간의 공식적인 투자 금액은 정확히 집계되지 않는다. 타이베이컴퓨터협회(Taipei Computer Association)의 2001년 설문조사에 따르면 대만에 기반을 둔 첨단 기술 기업들의 90%는 중국 본토에 투자했거나 투자할 계획이 있었다.

대만 산업은 파트너국과의 시너지를 통해 대폭 성장했지만, 이것은 동시에 딜레마를 낳기도 했다. 중국 내 임금이 점점 오르고 중국 정부와의 관계가 불안정하게 되면서 중국의 저렴한 노동력에 의존하는 것이 더는 불가능하게 됐다. 게다가 대만의 기술회사들은 PC와 같은 제품들을 대량 생산하기만 할 뿐 새로운 제품들을 만들어 내지 않아 위기를 고조했다. 소프트웨어, 소프트웨어와 하드웨어가 결합한 서비스에 있어서 대만의 혁신 역량이 부족해지면서 기술 분야에서 대만의 입지가 좁아진다는 평가를 받게 됐다. 인재들은 아시아지역 가운데 비교적 임금이 높은 상하이, 홍콩, 싱가포르 등으로 빠져나갔다. 기존에 대만의 강점으로 평가받던 것들은 취약한 요소가 됐다. 중국의 제조 및 산업 분야는 인건비가 저렴한 동남아시아라는 새로운 시장과 경쟁하게 됐다. 이러한 다양한 요인들로 인해 대만의 경제 성장률은 2014년 3.8%에서 2016년 1.5%로 떨어졌다.

대만 정부는 제조업과 중국의 저렴한 노동력에 의존해야 했던 기존의 경제 체제를 극복하고자 여러 대책을 내놓았다. 2016년 12월 대만 정부는 전반적인 경제 구조를 끌어올리기 위해 야심 차게 '아시안 실리콘밸리' 계획을 출범시켰다. 아시안 실리콘밸리 계획은 대학, 기업들, 스타트업들을 통합하는 생태계를 만드는 것이었다. 대만은 이 계획에서도 파트너국과 시너지를 내는 모델을 구상했다. 2017년 4월 〈대만뉴스(Taiwan News)〉에 따르면 대만 타오위안(桃園) 시의 정원찬(鄭文燦) 시장은 이렇게 말했다.

"우리는 미국 실리콘밸리 모델을 대만에 복제하거나 옮겨올 수는 없지만, 아시안 실리콘밸리를 미국의 실리콘밸리와 함께 네트워킹 플랫폼으로 만들 수 있다."

2017년 4월 대만 내각은 아시안 실리콘밸리 계획의 일환으로 고숙련 외국인들을 유치하기 위해 외국인 화이트 칼라(White Collar) 노동자들의 거주 및 근로 제한을 완화하는 법의 초안을 승인했다. 이것은 '고용 골드카드'로 불렸는데 거주 비자, 외국인 거주증, 재입국 허가, 근로 허가로 구성된 거주 및 근로 허가 4개를 하나로 모은 것이었다. 이 법은 또 외국인 노동자들의 거주 기간을 3년에서 5년으로 늘리는 한편 영주권을 지닌 노동자들이 매년 최소 183일을 대만에 머물러야 한다는 규정을 삭제했다. 특정 분야의 전문가 중 연봉이 200만 대만달러(미화 약 6만6,000달러)가 넘는 사람들은 임금의 절반에 대해 3년간 세금이 면제될 수 있었다. 대만에서 인턴십 자리를 찾는 학생들과 대학 졸업자들에 대한 비자 규제도 완화됐다.

2017년 4월 대만 과학기술부(Ministry of Science and Technology)는 첨단 기술 산업 분야의 대만인 인재들이 돌아오는 것을 유인하기 위해 '미래 트렌드의 리더들(LIFT, Leaders in Future Trend)'이라는 새로운 프로그램을 도입할 것이라고 발표했다. 이 프로그램의 주요 대상은 첨단 기술 산업에 종사하는 재능있고 젊은 대만인들이었다. 국가 경제의 변환을 위해 이들의 혁신적인 기술을 가져오는 것이 이 프로그램의 목적이었다. 정부는 해외에 있는 45세 미만의 대만인 중 아시안 실리콘밸리 계획과 연관된 사물인터넷(IoT, Internet of Things), 스마트 기계, 바이오 기술, 의약, 우주 공학, 방위 산업 등의 분야에 박사학위를 가지고 있는 사람들의 채용을 우선순위로 삼았다. 최대 100명이 선택되면 이들이 1년 동안 150만 대만 달러(미화 약 5만 달러)에 이르는 재정적인 보조금뿐 아니라 집과 아이들의 교육 보조금을 받도록 한다는 계획이었다.

대만은 미국과 중국이라는 경제권이 큰 국가를 활용해 산업 경쟁력을 키우고 인재를 유치한 '작은 거인' 같은 국가다. 외부와의 밀접한 연결성은 때때로 위험성과 불확실성의 요소가 되지만, 거대한 기회를 만들어주기도 한다. 세계 곳곳의 산업이 발달하면서 인재 경쟁이 치열해지는 현상은 대만과 같이 덩치가 작은 국가에 계속해서 새로운 숙제를 던져주고 있다.

인도, 디아스포라 활용하기

인도는 이주를 적극적으로 활용해 경제를 성장시키고 인재 경쟁력을 높인 국가로 꼽힌다. 1960년대 후반까지 인도의 많은 인재가 영국으로 빠져나갔다. 식민지 경험으로 인해 영어가 고숙련 노동자들의 이주에 매개로 작용했기 때문이다. 1970년대 이후부터 미국과 캐나다로도 많은 사람이 빠져나갔다. 1990년 기준으로 인도인들은 미국에 있는 아시아인 커뮤니티 중에서 가장 교육 수준이 높은 집단이었는데 58%가 대졸 이상의 학위를 갖고 있었다.

1991년 인도는 경제 개혁 및 개방 정책을 시행했다. 이는 학생들이 해외에 나가 더 발전된 교육과 훈련을 받도록 촉진했다. 미국에서 영주권을 얻은 인도 출신 이주자 수는 1976년 1만7,500명에서 1996년 4만4,859명으로 증가했고, 같은 기간 미국 시민으로 귀화한 인도 출신 이주자도 3,564명에서 3만3,113명으로 증가했다. 그리고 인도 출신 이주자들은 상당수가 고숙련 노동자들이었다.

인도 정부는 인재들을 본국에 붙잡아두기 위해 보호주의적인 자세를 취하는 것보다는 이들이 해외로 나가 지식과 경험을 쌓도록 하는 게 유리하다는 것을 일찍이 깨닫고 있었다. 글로벌 산업 구조는 변하고 있었다. 21세기 산업을 주도할 ICT 분야의 핵심 키워드는 '응집'과 '전달'이다. 다시 말해 여러 부분이 응집해 지식을 공유하고 팀워크를 발휘하며 서로 연결됨으로써 시너지를 내는 것이다. ICT 분야에서 고숙련 노동자들의 이주는 긍정적인 효과를 가져올 수 있는데 이를 통해 최첨단 지식을 얻으며 해외 시장과의 연결이 유리해지기 때문이다.

선진국의 과학, 사업, 학술 분야 엘리트 중에 인도인들이 많은 현상은 인도의 자부심이었다. 인도 정부는 2001년 이래 '소프트 론(Soft Loan)'[15]을 통해 해외에 공부하러 가는 학생들의 경우 담보가 없어도 돈을 빌려 유학할 수 있게 했다. 이 같은 정책적인 추진력에 힘입어 인도는 미국에 대학원생을 가장 많이 보내는 국가가 됐다.

해외에 많은 이주자를 보낸 뒤 이들을 활용해 혜택을 얻었다는 점에서 인도는 중국과 비슷하지만, 구별되는 특징이 있다. 중국은 해외 이주자들을 통해 자본을 유입하고 국가의 경제 발전을 촉진하기 위해 이들의 발걸음을 되돌리는 데 집중했다. 인도 역시 해외 이주자들로부터 유치하는 투자와 이들로 인한 경제 성장에 관심을 뒀지만, 이주자들이 해외에 계속 머물더라도 크게 관여하지 않았다. 이는 이주자들이 소프트 파워와 전문성의 근원이라는 역할에 강조점을 뒀기 때문이다.

인도 출신 이주자들은 네트워크를 통해 기술을 전파하는 데 결정적인 역할을 했다. 1992년 인도 출신 기업가들과 네트워크 전문가들이 세운 'TIE(The Indus Entrepreneur)'는 그 대표적인 성공적인 사례로 꼽힌다. TIE는 인도의 '구루-시시야(Guru-Shishya, 스승-제자)' 관계를 사업에 적용했는데 구루 역할을 경험이 많은 기업가가 맡고 시시야 역할을 스타트업 관리자

---

15 비교적 대출 조건이 까다롭지 않은 차관을 의미한다.

가 맡는 방식이었다. TIE와 같은 조직과 네트워크는 인도와 미국의 산업 클러스터를 연결하는 한편 인도의 기업 운영이 더욱 발전할 수 있게 정부가 제도적인 개혁을 하도록 했다.

이주자들은 인도가 글로벌 IT 분야에서 두각을 나타내는 데 커다란 역할을 했다. 해외로 이주한 인도인은 역량을 개선했고 외국기업의 인도인 IT 전문가들에 대한 수요를 촉발했다. 수많은 인도인이 미국과 유럽으로 떠난 덕에 선진국 기업의 IT 부서에는 인도인 관리자들이 많이 생겨났다. 인도인들에게 일을 맡겨 문제를 해결하는 기업들이 많아졌다. 이후 Y2K[16] 문제가 생겼을 때도 기업들은 인도인 직원이 이 문제를 해결하도록 했다.

영국으로 떠난 인도인 의사들은 의료 분야에서 인도의 명성을 드높였다. 인도인 의사들이 영국에서 쌓은 긍정적인 이미지 때문에 인도의 의료 관광이 발달하게 됐다. 인도 관광부에 따르면 인도 의료 관광 시장 규모는 2004년 3억3,000만 달러에서 2010년 약 20억 달러로 늘었다. 의료 관광객은 2002년 15만 명에서 2009년 50만 명으로 늘어난 것으로 추산된다. 의료 관광객들은 인도의 유명지를 방문하고 전통 제품을 구매했기 때문에 부수적인 수익도 생겨났다.

해외에 있는 이주자들은 직접적인 투자를 통해 인도 경제에 기여하기도 했다. 영국, 미국, 중동에서 온 인도인 의사와 기업가들은 인도에 세계적인 수준의 기업 병원들(Corporate Hospitals)을 포함한 최고급 의료 시설을 짓는 것과 최신식 기기 및 기술을 얻는 것에 기여했다. 인도의 첫 기업 병원 체인이자 아시아에서 가장 큰 의료 시설 중 하나인 '아폴로 병원 그룹(Apollo

---

16 밀레니엄 버그로 컴퓨터가 2000년 이후의 연도를 제대로 인식하지 못하는 결함을 뜻한다.

Group of Hospitals)'은 미국에서 돌아온 인도인 의사 프라탑 레디(Pratap Reddy) 박사가 세웠다.

인도인 이주자들에 의해 설립된 사업 네트워크는 인도와 해외 파트너 사이에 자본 흐름을 촉진했고 해외 인도인들의 성공과 인도 경제의 성장은 국제적인 교역과 투자를 늘렸다. 마이크로소프트, IBM(International Business Machines), 인텔, 오라클(Oracle), 제너럴일렉트릭, 시스코(Cisco)와 같은 유명한 회사들은 인도에 R&D 센터를 설립했다. 이주자들은 해외 투자자들로부터 인도에 대한 투자를 유치하면서 자본을 유입시켰고, 벤처캐피털 분야의 발전에 기여했다. IT 전문가들은 해외에서 쌓은 지식, 전문성, 인맥을 활용해 인도에 직접 회사를 세우고 사업을 확장했다.

인도 정부는 해외 이주자들이 본국을 오가는 것을 촉진하기 위해 여행 및 거주에 편의를 제공했다. 인도는 2002년에 인도출신증(PIO, Person of Indian Origin card)을, 2005년에 인도해외거주민증(OCI, Overseas Citizen of India)을 제공하기 시작했다. 더 나아가 모디(Narendra Modi) 정부는 두 카드를 통합해 해외 이주자들이 인도를 오갈 수 있는 평생 비자로 삼도록 했다.

인도 내에서 인재를 육성하려는 움직임도 상당했다. 인도 정부는 '인도 과학교육및연구기관(Indian Institutes of Science Education and Research)'과 같은 시설을 만들어 교육에 투자했다. 그리고 이 기관은 연구 및 과학 교육을 국제적인 수준으로 끌어올리는 데 기여했다.

인도의 R&D 투자도 증가했다. 2008년 당시 인도 총리였던 만모한 싱(Manmohan Singh)은 과학, 교육, 연구의 발전을 위한 계획을 발표하면서 5개의 인도 과학 교육 및 연구기관, 8개의 기술 연구소, 7개의 경영 연구소, 30개의 대학을 만들겠다고 약속했다. 아울러 과학 분야를 공부하는 학생들에게 광범위한 장학금도 제공했다.

인도의 경제 성장률은 빠르게 높아지고 있다. 2008년 글로벌 경제 위기 직후 대부분의 국가가 경기 침체를 겪고 있을 때 인도의 GDP는 2009년에 9.1%, 2010년에 9.7%나 성장했다. 세계은행에 따르면 미국은 같은 기간인 2009년에 2.7%, 2010년에 2.9% 성장률에 그쳤다.

인도의 교육기관들도 무섭게 성장하고 있다. 인도공대(IIT, Indian Institute of Technology)는 웬만한 세계 유수의 대학보다 입학이 어려운데 지원자의 1% 미만만이 입학 허가를 받는다. 2014년 인도공대의 입학허가율은 0.7%였는데 이는 하버드대(5.8%)와 예일대(6.7%)보다 더 낮은 수치다. 인도공대가 크게 인기를 누리는 이유는 공학 학위를 받으면 비교적 높은 급여를 받을 수 있으며 해외에서 일할 수 있다는 잠재력 때문이다. 인도에서 인도공대 진학은 확실한 성공 수단으로 인식됐고, 많은 인도 가정의 교육 목표가 되곤 했다. 인도공대는 수많은 엔지니어뿐 아니라 기업가를 배출하며 국가 경제의 성장을 견인하고 있다.

아울러 인도의 경제가 성장하고 생활 및 근로 환경이 향상되면서 많은 인도 출신 이주자들이 본국으로 돌아가고 있다. 해외 선진국의 경제가 침체되고 실업률이 증가하는 것도 인도인들의 귀환을 촉진하고 있다. 인도 경제가 역동적으로 성장하고 있기 때문에 해외의 많은 인도인은 본국에 돌아가 연구, 경영을 통해 경제 성장에 기여하고 싶어 한다. 인도에서 과학 단지들과 같은 기술 클러스터가 생겨나는 한편 인텔이나 IBM 같은 글로벌 회사들이 인도에 최첨단 업무를 오프쇼링하면서 이주자들의 귀환은 가속화되고 있다.

IT 분야에서 세계적인 입지를 가진 인도 회사들이 생겨나는 것 역시 인재들의 귀환을 유인하고 있다. 인포시스(Infosys)나 TCS(Tata Consultancy Services), 위프로(Wipro)와 같은 인도 회사들은 점점 성장하며 브랜드를 쌓고 있다. 이들은 전 세계에 사무실을 세우고 미국 나스닥과 뉴욕 증권거래소에 회사를 상장하는 한편 해외기업을 인수하고 다국적 기업 못지않은 고용 조건을 제시하며 입지를 다지고 있다.

인도는 해외에 나가 있는 이주자들이 커리어를 쌓을 수 있는 기회를 제공했다. 생산 비용은 더 낮으면서 시장이 성장하고 있고 주요 선진국과 비즈니스 네트워크가 정립돼 있다는 것이다. 전문직에 종사하는 많은 인도인은 외국기업에서 일하는 기회 대신 인도 회사를 택했다. 그들은 인도에서 더 의미 있는 일을 할 수 있으며 더 빨리 관리자가 될 수 있다고 생각했다.

인도소프트웨어및서비스회사협회(The National Association of Software and Service Companies)에 따르면 해외에 정착했던 인도인 IT 전문가 약 2만5,000명이 2001~2004년 사이에 인도로 돌아왔다. 이들은 본국으로 돌아온 것으로 인해 급여가 30~40% 깎이더라도 이를 감당할 용의가 있었다.

한때 인도에서도 두뇌 유출로 인한 우려가 제기됐었다. 하지만 오늘날 인도는 인재들의 해외 이주로 인한 결과물을 누리고 있다. 만모한 싱은 2010년 "인도의 두뇌 유출 문제가 두뇌 유입의 기회로 변환됐다"며 다음과 같이 말했다.

"오늘날 우리는 전 세계 인도인 디아스포라로부터 소득과 투자 그리고 전문성이 역으로 흘러들어오는 혜택을 경험하고 있다."

게다가 인도를 떠나는 IT 인재들은 점차 줄어들고 있다. 〈이코노믹타임스(The Economic Times)〉의 2017년 1월 보도에 따르면 2016년에 인도공대 졸업생 약 1만 명 중 200명 미만만이 해외에서 일자리를 얻었는데 과거에 비하면 상당히 줄어든 수치였다. 많은 학생은 해외에서의 구인 제안을 거절하고 인도 내에서 일자리를 얻고 있다.

인도는 매년 1월 9일을 '프라바시 바라티야 디바스(Pravasi Bharatiya Divas)', 즉 해외 거주 인도인의 날로 지정했다. 해외에 있는 인도인 커뮤니티들이 인도의 발전에 기여하는 것을 기념하기 위한 날이다. 인도의 모디 총리는 2017년 1월 제14회 프라바시 바라티야 디바스 기념 행사에서 이렇게 말했다.

"해외에 거주하는 약 3,000만 명의 인도인들은 단순히 숫자적인 강점 때문에 가치있는 것이 아니라 인도와 그들이 거주하는 나라에 대한 기여로 인해 존경받고 있다. 인도인 디아스포라들은 인도 문화, 기풍, 가치에서 최고의 것을 나타내고 있다……. 해외에 있는 모든 인도인의 안전이 최고 우선순위다. 우리는 여권의 색깔이 아닌 혈연을 본다."

여전히 많은 인도인이 해외에서 공부하거나 일하고 있다. 인도에서 경제적으로 좋은 위치에 있음에도 불구하고 여전히 선진국으로 이주하려는 사람들도 많다. 급여 및 생활 환경의 차이는 단기간에 좁혀지지 않을 것이며 여전히 많은 사람은 이왕이면 자신의 기술을 고소득 국가에서 활용하기를 원할 것이다. 하지만 지속적인 경제 성장은 일자리 기회를 만들어 빠져나가는 이주를 억제할 뿐 아니라 순환하는 이주를 촉진하고 있다.

사우디아라비아, 시대의 흐름을 읽다

한때 다른 선진국에 비해 과학과 기술 분야에 뒤처져 있다고 평가받던 중동에도 인재 경쟁의 새로운 바람이 불고 있다. 석유 등 자원이 풍부한 나라들은 전 세계가 '지구 온난화' 등의 기후 변화에 직면하게 되면서 '석유의 시대'가 끝나가고 있음을 인지했다. 석유를 중심으로 한 경제는 거대한 수입을 가져다주지만, 그와 동시에 종종 정치적이고 경제적인 문제를 일으키기도 한다. 천연자원에 의존하는 나라에 자원은 국가 경제를 앞으로 나아가게 하는 부의 근원인 동시에 각종 골칫거리를 가져다주는 '저주'다. 석유만 바라본다면 미래가 어두워질 것은 자명한 일이다.

학교의 교육 수준은 뒤떨어져 있고 국가의 전반적인 기술력은 서양국가와 경쟁하기에 다양하지도 충분하지도 않다. 중국과 인도는 거대한 신흥시장을 토대로 기술 산업의 새로운 강자로 부상하고 있다. 국가가 장기적으로 번영하기 위해서는 과학 기술에 투자하고 인재를 키우는 게 필수적이었다.

사우디아라비아는 이 같은 시대의 흐름을 간파하고 인재 육성에 나선 대표적인 나라다. 사우디아라비아는 석유로 인해 풍부한 수입을 얻는 가운데에도 천연자원에만 의존하는 것은 바람직하지 않다고 판단했다. 석유 의존으로 인한 불안정성을 탈피하고 안정적인 경제로 나아가기 위해서는 '지식 경제'로의 전환이 절실했다. 2005년 사우디아라비아 정부는 경제 개혁을 위한 장기적인 계획을 발표하고 '지식 노동자, 지식 사회, 지식 기반 경제'라는 새로운 시대로 나아가기 위한 비전과 필요성을 강조했다. 당시 정부는 경제를 변화시켜 2006~2020년 사이 GDP를 두 배로 키우겠다는 야심 찬 목표를 세웠다.

　지식 경제라는 개념은 1960년대 경영학자 피터 드러커(Peter Drucker)를 통해 소개된 개념으로 육체적인 노동이나 유형의 자본이 아닌 지식과 정보라는 무형의 요소를 강조한다. 이것은 과거의 경제 시스템과 근본적으로 달라서 경제 패러다임의 변화를 가져올 수 있다. 주요 차이점은 시간과 공간의 제약을 덜 받으며 물리적인 노동력이나 물질적인 자본보다는 인적자본에 의해 주도된다는 것이다. 더 발전된 인적자본이 가장 큰 보상을 받는 지식 경제 사회에서 인적자본의 경쟁력을 키우는 것은 그 어느 때보다도 중시되고 있다.

　사우디아라비아는 인적자본의 경쟁력을 키우기 위해 교육에 대한 대대적인 투자에 나섰다. 여기에는 2005년에 공식적으로 즉위한 압둘라(Abdullah) 왕이 주도적인 역할을 했다. 압둘라 왕은 장기적인 비전을 가진 영리한 사람으로 보수적인 문화와 종교적인 관습으로 인한 제약에도 불구하고 국가의 성장을 위해서는 인적자본이 반드시 개발돼야 한다는 것을 이해하고 있었다.

　2005년 사우디아라비아 정부는 압둘라 왕의 주도로 10만 명이 넘는 사우디 학생들을 전 세계에 보내 유학을 지원하는 킹압둘라장학금 프로그램을 출범시켰는데 프로그램 초기에만 최소한 50억 달러의 비용이 들 것으로 추산됐다. 학생들은 미국, 영국, 호주, 뉴질랜드, 스위스, 프랑스, 독일 등으로 유학을 떠났고 최대 4년간 정부 장학금으로 학비와 생활비를 지원받았다. 2017년 2월 〈월드폴리틱스리뷰(World Politics Review)〉의 보도에 따르면 킹압둘라장학금 프로그램을 통해 14만 명이 넘는 학생들이 정부로부터 장학금을 지원받아 해외에서 공부했다.

압둘라 왕은 지식 기반 경제로의 전환을 촉진하기 위해 2009년 공립 연구대학인 킹압둘라과학기술대학(King Abdullah University of Science and Technology)을 설립했다. 이곳은 영어로 강의를 진행하며 대학원 교육과 연구에 집중했으며 생명과학, 공학, 컴퓨터 과학, 물리학 등에 대한 프로그램을 제공했다. 정부는 킹압둘라과학기술대학이 전 세계 의학, 약학, 컴퓨터, 과학 및 공학의 중심지가 되도록 100억 달러를 투자했으며 2020년까지 전 세계에서 교수 250명, 대학원생 2,000명을 유치하는 것을 목표로 했다. 연구자들은 서양 명문대 못지않은 임금과 함께 주거시설을 포함한 관대한 혜택을 받았다.

킹압둘라과학기술대학은 실제로 해외 인재들을 유치하는데 굉장히 효과적이었다. 킹압둘라과학기술대학 브라이언 모란(Brian Moran) 교수에 따르면 2013년 12월 졸업식에서 사우디아라비아 학생은 전체 학생의 37%였다. 외국인 학생이 약 2/3에 이른 것이다. 사우디아라비아는 공교육 강화에도 시동을 걸었다. 2009년 정부는 24억 달러 이상의 예산을 들여 '일반 교육 발전을 위한 킹 압둘라 프로젝트(King Abdullah Project for General Education Development)'를 지원했다. 이 프로젝트는 공립학교들을 추려서 선정한 후 미국의 매력적인 학교들처럼 우수한 교육을 제공하도록 지원하는 것이다. 커리큘럼은 과학과 수학 분야에서 탁월한 성과를 내는 데 중점을 뒀다. 과외 활동은 지식 경제 사회에 필요한 인재를 양성하기 위해 지적이고 창의적인 능력과 소통능력을 발달시키는 것에 초점을 뒀다.

교육 투자는 막대했다. 2010년 정부는 '제9차 5개년 계획'을 발표하고 지식 기반 사회를 만들겠다는 국가의 목표에 따라 정부 지출의 절반을 교육과 훈련을 포함한 인적자원 개발에 쓰겠다고 밝혔다. 이 계획은 연구 프로젝트에 대한 지원을 통해 과학 분야의 혁신을 권장하는 한편 연구 센터와 대학 기술 혁신 센터를 설립하는 것을 목표로 했다.

사우디아라비아가 인재 육성에 얼마나 투자했는지는 수치적으로도 나타난다. 제3차 경제계획이 이루어진 1980~1984년과 제9차 경제계획이 이루어진 2010~2014년을 비교해 보면 전체 정부 지출에서 인프라 예산이 차지하는 비중은 41%에서 14.7%로, 자원 개발에 지출하는 비중은 30.7%에서 15.7%로 줄었다. 반면, 인적자원 개발에 쓰는 지출은 18.4%에서 50.7%로 대폭 늘어났다.

하지만 인적자본의 경쟁력을 키우기 위해서는 투자를 늘리는 것만으로는 부족하다. 전문가들은 중동이 인재를 키우기 위해서는 여성의 활발한 사회 참여와 사상의 자유가 보장되어야 한다고 지적했다. 1999년 노벨화학상을 받은 아메드 즈웨일(Ahmed H. Zewail)은 2011년 톰슨 로이터(Thomson Reuters)의 간행물 '글로벌 연구 보고서 – 중동'에서 다음과 같이 말했다.

"나는 진보를 위해서는 세 가지 핵심적인 요소가 필요하다고 본다. 첫 번째는 문맹을 제거함으로써 인적자원을 개발하고, 여성들의 활발한 사회 참여를 보장하는 것이다. 두 번째는 사상의 자유를 허락하도록 국가 헌법을 개혁하고 관료제를 최소화하며 능력 중심의 시스템을 발전시키고 믿을 수 있고 집행력이 있는 법적인 규정을 만드는 것이다. 마지막으로 (진보에 대한) 자신감을 다시 얻는 가장 좋은 방법은 과학과 기술 분야에서 탁월한 센터들을 각 무슬림 국가에 만들어 (뭔가를) 할 수 있다는 것과 무슬림이 실제로 오늘날 세계화된 경제에서 경쟁한다는 것을 보여주는 것이다. 그리고 젊은이들에게 배움에 대한 열망을 주입해야 한다."

사우디아라비아의 여성 사회 참여율은 매우 낮은 수준이었다. 세계은행에 따르면 2004년 기준으로 전체 고용에서 여성의 사회 참여율은 15%로 추정됐다. 물론 여성의 사회 참여율이 실제 여성의 고용 상태를 그대로 반영하는 것은 아니다. 농사나 목축과 같은 전통적인 일은 포함하지 않은 수치이기 때문이다. 그럼에도 불구하고 역사적으로 사우디아라비아 여성들이 서양 선진국에 비해 사회 참여율이 낮고, 일자리나 교육에서 비교적 많이 소외돼 온 것은 사실이다. 사우디아라비아의 여성은 운전도 할 수 없고 공공장소에선 남성 동반자와 함께 있어야 했다. 대부분의 여성은 공공장소에서 몸매를 숨기기 위해 디자인 된 '아바야(Abaya)'라고 불리는 검정 가운을 입었고, 머리카락과 얼굴을 가리는 베일을 쓰고 얇은 틈새로 눈만 내놓았다.

사우디아라비아에서 남학생 교육은 교육부(Ministry of Education)의 감독을 받지만, 여학생의 교육은 2002년까지 종교지도국(Department of Religious Guidance)의 감독하에 있었다. 이는 여성을 좋은 아내이자 엄마로 만들고 교육이나 간호와 같이 그곳에서 '여성의 본성에 부합한다고 여겨지는' 일자리에 맞도록 준비시키기 위한 것이었다. 소녀들의 교육을 담당하는 소녀교육총국(The General Presidency for Girl's Education)은 교육부와 비슷한 혜택을 누리지 못했고 보수적인 종교 학자들의 영향을 받았다.

2002년 사우디아라비아의 여자초등학교에서 화재가 발생해 15명의 여아들이 사망하였는데 이 사건을 계기로 소녀교육총국과 교육부가 통합됐다. 화재를 목격한 언론은 종교경찰이 "아이들과 교사들이 히잡을 쓰지 않았을 수 있으므로 그들에게 접근하는 것은 죄악"이라며 소방관들이 학교에 들어가는 것을 막았다고 주장했다. 당시 사우디아라비아 언론뿐 아니라 외신도 이 이슈를 광범위하게 보도했다. 이 사건으로 종교경찰의 책임뿐 아니라 소녀교육총국에 대해서도 많은 의문이 제기됐다. 화재 전부터 소녀교육총국의 예산은 적어 많은 여학교가 낡고 안전하지 않은 건물을 빌려 사용하고 있다는 것에 대중의 불만이 있었다.

그런 점에서 킹압둘라과학기술대학은 매우 혁신적이었는데 이슬람 왕국에서 사회적으로 금기시되던 여러 가지 관습을 깼기 때문이다. 킹압둘라과학기술대학은 여성의 권리가 엄격하게 제한받는 중동에서 남녀공학으로 운영됐고 여성에게 특정한 드레스 코드를 강요하지도 않았다. 사우디아라비아 고등교육기관에서 남녀가 자유롭게 함께 섞일 수 있도록 처음으로 허용한 곳이 킹압둘라과학기술대학이었다. 다른 모든 사우디아라비아 대학에서는 남성과 여성이 분리돼 교육받았고 남성 교수는 화상 연결을 통해 여학생에게 강의했다.

킹압둘라과학기술대학은 여성에 차별적인 많은 법으로부터 자유로운 곳이기도 했다. 그곳에서 여성은 운전할 수 있었으며 많은 여성이 베일을 쓰지 않았다. 킹압둘라과학기술대학은 성직자들의 간섭으로부터 보호받는 국영 석유 회사인 '사우디 아람코(Saudi Aramco)'의 전례를 따랐다. 사우디아라비아에서 가장 큰 모순이라 불리는 부분을 조명한 것이었다. 이는 바로 왕족이 이슬람의 가치를 얼마나 찬양하는지와 상관없이 돈을 벌어야 하거나 혁신해야 할 때는 성직자들에게 조언을 구하지 않는 것이었다.

물론 이 같은 정책이 보수적인 이슬람 성직자들로부터 날카로운 비판을 받았고, 지속적인 긴장의 원인이 됐던 것은 사실이다. 대부분의 성직자는 왕의 결정을 존중해 침묵을 유지했다. 하지만 혹자는 남녀공학에선 성희롱이나 강간이 발생하거나 남녀가 서로에게 집적대 공부에 방해가 될 수 있고, 남편이 아내에게 질투를 느낄 수 있다는 비판을 제기했다. 그러나 압둘라 왕은 이 같은 지적을 무시했다. 그는 사우디아라비아가 지적인 성취에 있어서 심각하게 뒤처져 있으며 혁신을 통해 부를 창출하기보다 과도하게 석유에 의존하고 있다고 지적했다. 왕은 킹압둘라과학기술대학을 현대화의 상징으로 만들고 싶어 했다. 이처럼 여러 잡음에도 불구하고 혁신적인 시도는 계속됐다.

킹압둘라과학기술대학은 인재 육성을 위해 자율성에도 큰 강조점을 뒀다. 대학의 설립 이념엔 '연구할 자유를 육성하고 보호하는 것'에 헌신하는 것과 '연구자들에게 창의적이고 실험적일 수 있는 자유를 제공하는 것'이 포함돼 있었다. 킹압둘라과학기술대학 프로젝트는 교육부의 감독을 받지 않았다. 교육부는 이슬람 근본주의자들에 의해 제어되면서 종종 음악, 예술, 철학을 가르치는 것을 금지하곤 했다. 대학은 이 같은 금기로부터 자유로운 곳이었다.

물론 사우디아라비아가 인재 강국이 되기에는 갈 길이 멀다. 일각에서는 킹압둘라과학기술대학은 사우디아라비아에서 떨어져 고립된 인조적인 세계이며 대부분 외국 학생들로 구성된 집단으로 돈의 거품 속에서 공부하는 곳이라고 비판했다. 또 사우디아라비아가 석유를 통해 얻은 돈으로 과학과 기술 육성에 대한 계획을 세울 수 있을지는 모르지만, 극도로 보수적인 사회의 한계를 바꾸진 못할 것이라는 주장도 제기됐다. 킹압둘라과학기술대학이 개교할 당시인 2009년 9월 국제인권단체 '휴먼라이츠워치(Human Rights Watch)'의 중동 담당자 조 스토크(Joe Stork)는 〈로스앤젤레스타임스(Los Angeles Times)〉와의 인터뷰에서 이렇게 평가했다.

"이 대학이 억압의 바다에서 자유의 섬이 될지, 왕국의 다른 부분에 자유를 전파하는 것을 도울 수 있을지는 지켜봐야 한다."

사우디아라비아의 교육 시스템이 개혁되어야 한다는 지적도 제기됐다. 킹압둘라과학기술대학이 개교하던 해인 2009년 9월 로이터통신(Reuters)은 이름을 밝히지 않은 서양 외교관의 비판을 기사에 인용했다. 이 외교관은 "킹압둘라과학기술대학은 인상적이지만 출발점이 잘못됐다. 대학에 수십억 달러를 퍼붓는 대신 종교에 초점을 둔 초등학교를 개혁해야 한다"고 말했다.

국가가 인재 육성에 항상 관대하게 돈을 지출할 수 있는 것도 아니다. 사우디아라비아 정부는 2016년에 해외 유학생에게 지급하는 장학금을 세계 최고 100개 대학이나 각 분야 순위 50위에 드는 프로그램에서 공부하는 학생들에 제한해 지급하기로 했다. 정부는 당시 삭감 규모를 공개하진 않았지만, 새로운 조건을 도입한 이유에 대해 돈을 아끼기 위해서라고 밝혔다. 기존에는 유학 대상 학교에 제한이 거의 없었으며, 유학생의 약 90%가 이 기금으로 지원받았다.

사우디아라비아의 일자리가 한정된 것도 한계점이다. 높은 교육을 받은 사우디아라비아 학생들이 점점 본국으로 돌아오고 있지만, 직업적인 기회가 제한돼 있어 정부가 긴장감을 느끼고 있다. 물론 여성이 노동 시장과 사회에서 마주하는 실질적인 걸림돌도 한계점이다.

해외에서 돌아오는 수많은 졸업생은 사우디아라비아가 지식 경제라는 비전을 실현하는 데 결정적인 영향을 미칠 것이다. 특히 많은 사람이 장학금을 받아 해외에서 공부했다는 점에서 그렇다. 해외에서 돌아온 이주자들은 앞으로 경제적인 영역을 넘어서 사회 전반에 영향을 미칠 것이다. 이를 예고하는 일들은 이미 발생하고 있다. 2013년 유튜브에는 '노 우먼, 노 드라이브(No Woman, No Drive)'라는 제목의 영상이 게재됐는데 이것은 사우디아라비아에서 여성의 운전을 금지하는 가부장적인 태도를 풍자하는 영상이었다. 이 영상은 입소문을 타고 유튜브에서 1,400만 번이 넘게 조회됐다. 이 영상을 만든 사람은 킹압둘라장학금으로 컬럼비아대학에서 공부하면서 영감을 얻었다고 한다.

해외에서 돌아온 인재들은 사우디아라비아에서 경제적인 변화 못지않게 사회적인 변화의 촉매제가 될 것이다. 이에 대한 정부의 제어가 쉽지 않을 수도 있다. 정부가 막대한 돈을 들여 교육시킨 자국 인재들과 해외에서 온 인재들은 사우디아라비아의 경제뿐 아니라 문화와 사회 전반에 또 다른 지형 변화를 일으킬 것이다.

싱가포르, 근로 인프라의 우위

인재 유출이 각 국가에 미치는 영향에 대한 양적 근거는 충분치 않다. 경제 이론들과 사례들은 두뇌 유입·출로 인해 얻을 수 있는 혜택을 제시하고 있지만, 이것이 모든 나라에 적용될 수 있을지는 확실치 않다. 일각에서는 중국과 인도가 경험하는 고숙련 이주자로 인한 혜택은 규모가 훨씬 작은 나라에는 적합하지 않을 수 있다고 지적한다. 실제로 이주와 관련된 문헌에서는 귀환의 효과가 국가의 규모에 따라 다르다는 것을 시사한다. 인재 유출로 인해 커다란 혜택을 누린다는 평가를 받는 중국과 인도의 인구는 10억 명이 넘는다. 따라서 인재가 많이 유출돼도 전체 인구에서 차지하는 비중은 매우 적은 수준에 그친다.

개발도상국이 직면한 중요한 과제는 규모가 작은 나라들이 인재 경쟁에서 우위를 점하는 방법을 찾는 것이다. 작은 나라들은 인구가 적기 때문에 고숙련 노동자들이 다른 나라들과 같은 규모로 빠져나가더라도 이들이 전체 인구에서 차지하는 비중은 매우 높아 인재 유출로 인한 타격도 크게된다.

물론 고숙련 노동자들이 적절히 빠져나가는 것이 오히려 긍정적인 결과를 가져올 수 있다는 주장도 있다. 프레더릭 독퀴에르(Frédéric Docquier)는 연구(2006)에서 원주민 고숙련 노동자의 5~10%가량이 해외로 이주한다면 이들을 내보내는 국가와 받아들이는 국가 모두에 혜택이 될 수 있다고 주장했다. 하지만 불행히도 아프리카 사하라 이남 지역과 중앙아메리카와 같이 가난한 지역은 이주자들이 해외로 떠나는 비율이 이런 '최적의' 기준을 넘어선다.

두뇌 유출로 인해 가장 큰 타격을 입는 국가는 저개발국 중에서도 규모가 작은 국가들이다. 특히 규모가 작은 나라들은 선진국들과 지리적으로, 언어적으로 근접해 인재들이 더 많은 이주 동기를 얻는 경향이 있다. 카리브 해에 위치한 국가의 사람들이 미국으로, 태평양 섬에 위치한 국가의 사람들이 호주 및 뉴질랜드로 많이 이주하는 현상을 보면 알 수 있다.

그런데 인구 규모가 작은 국가라고 해서 모두 인재 경쟁에서 패배하는 것은 아니다. 작은 국가라도 잘 짜여진 정책을 편다면 얼마든지 인재 유입으로 인한 혜택을 볼 수 있다. 싱가포르가 그 대표적인 사례다. 자원 빈국인 싱가포르는 1965년 정치적으로 독립한 뒤 경제 개방, 효율성, 인적자원 개발을 강조하는 정책을 통해 견고한 경제 성장을 이룩했다.

　싱가포르는 여러 지표를 통해 인재 강국임이 입증됐다. 2016년 HSBC
의 설문조사에서 국외 거주자들이 살기 가장 좋은 곳으로 싱가포르가 꼽
혔다. HSBC는 출신국을 떠나 190개 국가에서 사는 사람들 2만7,000명을
상대로 설문조사를 했는데 싱가포르에 있는 국외 거주자의 3분의 2는 그곳
으로 이주한 뒤 전반적으로 삶의 질이 향상됐다고 답했다. 또 이들의 60%
이상은 본국보다 싱가포르에서 돈을 더 많이 벌고 저축한다고 말했다.

　싱가포르는 이주자들과 그 후손에 의해 세워진 나라로 중국과 인도 등
주변 나라가 인구 성장에 영향을 끼쳤다. 이러한 역사적인 배경이 다민족,
다종교, 다언어 사회이자 상대적으로 제노포비아(Xenophobia)[17] 발생 사례가
적은 나라가 된 요소로 꼽힌다. 싱가포르에서는 4개의 공식 언어(영어, 중국
어, 말레이어, 타밀어)가 사용되지만 정부, 사업, 고등교육에서는 일반적으로 영
어가 사용된다. 이는 싱가포르가 국제화의 첨단에 머물 수 있도록 하고 있
다. 경제적으로는 외국인의 사업이나 투자에 대해 법적으로 차별적인 대
우를 하지 않고 사회적으로는 정치 지도자들이 조화의 중요성을 강조하고
있다.

　싱가포르는 외국인에 대한 차별이 비교적 적은 나라지만, 국가가 외국인
노동자들의 유입을 철저하게 관리해 온 나라이기도 하다. 1965년 정치적
인 독립 이후 자국 내 실업률이 높아지자 싱가포르 정부는 외국인 저숙련
노동자들의 유입을 엄격하게 제재했다. 경제가 완전고용에 도달한 1970년

---

17 낯선 것, 이방인을 의미하는 단어인 'Xeno'와 싫어한다는 뜻의 단어인 'Phobia'가 합성된 말
　　로서 '이방인에 대한 혐오 현상'을 나타낸다.

대 초반 전에는 싱가포르에 유입되는 외국인 노동자들이 매우 적었다.

외국인 노동자들이 많이 유입되기 시작한 것은 1970년대부터다. 경제가 성장하면서 노동력이 부족해지자 정부는 1970년대 중반부터 저숙련 노동자 유입에 대한 제한을 완화했다. 이때부터 필리핀, 태국, 인도네시아, 인도, 방글라데시, 스리랑카와 같은 개발도상국에서 저숙련 노동자들이 유입돼 제조업, 건설, 가사 서비스 등의 분야에서 일하기 시작했다. 그리고 싱가포르에 다국적 기업들이 증가하면서 외국인 고숙련 노동자들도 늘어갔다. 1979년 경제 구조조정을 시작하면서 싱가포르 정부는 외국인 고숙련 노동자들을 유치하기 위한 탐색을 강화했다.

싱가포르의 외국인 환영 정책은 1998년 '인재 21 계획(Manpower 21 Plan)'을 통해 한층 더 뚜렷해졌다. 당시 싱가포르 정부는 "싱가포르가 인재 시장을 최대화하기 위해서는 모든 싱가포르인이 '지식 노동자들'이 될 수 있게 하는 국가적인 계획이 있어야 한다"며 이 같은 계획을 발표했다. 이것은 싱가포르가 국가 경쟁력 강화에 기여하는 노동력을 갖추기 위해서 취해야 하는 전략과 프로그램에 대한 청사진이었다.

싱가포르에서는 공공기관과 민간 분야가 인재 유치에 대한 정보와 지혜를 공유하며 협력했다. 싱가포르 정부는 '콘택트 싱가포르(Contact Singapore)'라는 기관을 세워 외국인 인재를 유치했다. 콘택트 싱가포르는 호주, 중국, 유럽, 인도, 북미에 사무실을 두고 외국인과 해외 이주자들에게 싱가포르의 일자리와 삶에 대한 정보를 제공했다. 또 싱가포르에 있는 일자리를 찾는 사람들과 고숙련 노동자들을 찾는 싱가포르 고용주들이 연결되도록 도왔다. 콘택트 싱가포르는 고숙련 외국인들을 싱가포르에 유치하는 일을 도울 뿐 아니라 해외에서 공부하거나 일하는 숙련된 싱가포르인들이 본국에 돌아오도록 유도했다.

2000년 싱가포르의 외국인 노동자 수는 61만2,000명으로 60만 명을 넘어섰고 전체 노동력의 29%에 이르렀다. 2001년 9.11사태와 중증급성호흡기증후군(SARS)이 발생한 이후인 2003년엔 60만 명으로 감소했으나 선진국에 비교하면 외국인 노동자에 대한 의존은 여전히 높은 편이었다. 2003~2004년에 싱가포르의 실업률은 증가했지만, 싱가포르 경제에서 외국인들이 수행하는 필요불가결한 역할에 대한 정부의 시각은 바뀌지 않았다.

싱가포르에서 외국인 노동자들이 차지하는 입지는 통계에서도 명확히 드러난다. 외국인 노동자들은 1970년대 후반부터 늘기 시작했는데 1980년엔 전체 노동력 110만 명 중 8만 명(약 7%)에 달했다. 1990년엔 전체 노동력의 19%인 24만8,000명으로, 2000년엔 전체 노동력의 29%인 61만2,000명으로 늘었다. 2010년엔 싱가포르 노동력 중 3명 중 1명 꼴인 34.7%가 외국인이었다. 이 비율은 브루나이를 제외하고는 아시아에서 가장 높은 수준이었다.

싱가포르의 외국인 노동자 정책에서 인재 유치는 핵심적인 부분이다. 해당 정책은 싱가포르의 경제적·사회적·정치적인 목적을 위해 진화해 왔다. 기본적인 틀은 저숙련 노동자에게는 제한적인 정책을, 고숙련 노동자에게는 자유로운 정책을 취하는 것이다.

싱가포르의 외국인 노동자 체류 자격에는 여러 가지 타입이 있는데 각각 다른 요건과 혜택을 갖고 있다. 싱가포르 정부는 사업을 목적으로 방문하는 사람들에겐 광범위하게 비자를 면제해주고 있지만, 근로 목적으로 방문하는 사람들에겐 크게 세 가지 타입의 비자를 제공하고 있다. 전문 및 고숙련 노동자들에겐 고용 패스(Employment Pass)를, 저숙련 노동자들에겐 근로 허가(Work Permit)를, 중간 수준의 기술을 가진 사람들에겐 에스 패스(S Pass)를 지급한다.

싱가포르는 저숙련 노동자들의 이주를 규제하기 위해 여러 가지 가격 및 비(非)가격 메커니즘을 개발했다. 저숙련 외국인 노동자들은 근로 허가를 받지만, 부양가족을 데려올 순 없다. 고용주들은 이들을 채용할 때 특정 나라 출신을 특정 분야에 한해 채용할 수 있고 채용 가능한 비율도 제한돼 있다. 저숙련 외국인 노동자를 채용할 때는 근로 분야와 기술에 따라 추가 부담금도 내야 하는데 이것은 고용주들이 이들을 훈련해 역량을 향상하도록 하기 위해서다.

이에 반해 자국에서 찾을 수 없는 기술을 지닌 외국인의 유입과 관련된 제도는 훨씬 관대하다. 싱가포르 고용주는 외국인 인재를 채용할 때 '인재부(Ministry of Manpower)'가 정한 자격, 기술, 최저 연봉에 대한 기준을 충족하면 된다. 고숙련 및 전문 노동자들에 대한 고용 패스는 오랜 기간 유효할 수 있으며 갱신할 수 있다.

싱가포르는 외국인 노동자들에 대한 체류 자격을 끊임없이 진화시켰다. 2003년엔 '엔트리 패스(Entre Pass)' 제도를 도입했는데 이것은 싱가포르에서 벤처기업을 설립하려는 기업가들과 혁신가들의 유입을 촉진하기 위한 것이었다. 기존의 고용 패스 제도하에서는 기업가들과 혁신가들이 기준을 통과하지 못할지 모른다는 것을 반영한 것이었다.

싱가포르는 우수한 노동자뿐 아니라 우수한 학생들을 유치하기 위해서 다양한 정책을 시행했다. 2002년 싱가포르는 '글로벌 스쿨하우스(Global

Schoolhouse)' 전략을 출범하고 2015년까지 15만 명의 학생들을 유치하겠다는 목표를 세웠다. 외국인 학생들은 싱가포르 현지 학생들보다 더 많은 돈을 내지만, 이 계획의 목표는 그들로부터 돈을 벌기 위한 것이 아니었다. 싱가포르는 그들 중 재능있는 사람을 탐색하고 발굴해 가장 명석한 사람들에게는 관대한 장학금을 줬으며 학위를 마친 뒤 싱가포르에 머물며 일하는 사람들에게는 등록금을 삭감해 줬다.

싱가포르가 전 세계의 인재를 유치할 수 있었던 요소는 여러 가지다. 이중 가장 결정적인 요소는 확고한 리더십과 정책이라 할 수 있다. 외국인들과 외국회사들은 싱가포르의 이런 헌신에 대해 의심의 여지가 없다고들 말한다. 싱가포르 지도자들은 경제가 안 좋을 때도 "고용주들이 설령 외국인을 고용하기 이전에 싱가포르인을 해고해야 하더라도 그들의 최선의 이해에 따라 행동하도록 허용돼야 한다"고 강조하곤 했다. 정책 집행이 빠르고 명확하다는 것도 장점이다. 고용 패스 지원에 대한 원칙은 분명하고 명백하며 지원서는 수일 안에 빠르게 처리된다.

외국인 고숙련 노동자들에 대한 싱가포르 행정 당국의 처리 방식은 여러 언론을 통해 소개되고 있다. 2004년 12월 〈비즈니스타임스(Business Times)〉에 실린 인터뷰 내용 중 일부다.

"베인앤드컴퍼니(Bain&Company)가 고용 패스를 신청했을 때 한 번도 거절당한 적이 없었다. 이것은 우리에게 굉장히 중요한데 이곳 우리 사무실, 고객들, 지국 간에 사람들이 꽤 자유롭게 이동하기 때문이다. 물론 우리 회사와 직원들은 상당한 소득세를 지불하고 지역사회에 다른 방법으로 기여한다."

싱가포르의 세금 정책도 인재 유치에 도움이 되고 있다. 싱가포르의 법인세 최고세율은 1986년엔 40%에 달했지만 2010년 이후 17%로 유지되고 있다. 이것은 2015년 기준으로 미국(35%), 중국(25%), 일본(23.9%), 한국(22%), 영국(20%) 등 주요 선진국보다 낮은 수치였다.

정부와 사업 관계에서 쓰는 주요 언어가 영어라는 것도 인재 유치의 중요한 성공 요소다. 영어는 높은 수준의 교육을 받은 사람들 사이에서 제1, 제2의 언어로 통한다. 영어가 공식 언어인 미국이나 호주 같은 나라들은 인재 유치에 있어서 독일이나 일본보다 훨씬 성공적인 결과를 만들었다. 물론 이런 까닭에 싱가포르인들 역시 영어권 국가로 떠나기 쉽고, 많은 인재가 해외로 이주하고 있는 것도 사실이다. 하지만 이에 대해 리셴룽(李顯龍) 싱가포르 총리는 이렇게 말했다.

"싱가포르는 글로벌 커뮤니티의 일부이며, 우리는 그것을 인정한다. 전 세계 곳곳에서 싱가포르인들을 원하고 그들이 많은 도시와 연구 센터에 흩어지는 것은 전혀 나쁜 일이 아니다. 그들은 경험을 얻을 수 있고 세계가 어떤지 배울 수 있으며 아이디어를 채택할 수 있다. 그리고 아마도 언젠가는 돌아올 것이다."

물론 해외로 나간 싱가포르인들이 과연 얼마나 돌아올지는 미지수이며 싱가포르 정부가 인재들이 영구적으로 떠날지도 모른다는 점을 우려하는 것도 사실이다. 그래도 중요한 사실은 싱가포르가 외국인들에게 막강한 매력을 지닌 곳으로 인재를 끌어모으고 있다는 것이다. 싱가포르는 외국인들이 수입을 최대화할 수 있을 뿐 아니라 빠르게 적응하고 편하게 가족을 키울 수 있는 곳으로 꼽힌다. 아이들을 키우기에 안전하고 안정된 곳으로 꼽히는 것도 큰 장점이다.

물론 싱가포르에서도 외국인과 자국민 노동력을 완전히 똑같이 대하는 것은 아니다. 싱가포르 정부는 2013년 9월 싱가포르에 있는 회사들이 채용 과정에서 원주민들에게 우선권을 주도록 하는 정책을 도입했는데 예외적인 경우를 제외하고는 원주민들에게 2주간 구직 기회를 광고한 뒤 해외 노동자들에게 구직 기회를 주는 것이었다. 이는 싱가포르에서 사업하는 다국적 기업들에게 많은 어려움을 준다는 평가를 받았다. 싱가포르는 같은 해 외국인 고용에 대한 부담금을 올리는 한편 서비스, 제조, 건설 등의 분야의 회사들이 고용할 수 있는 현지 노동자당 외국인 노동자의 비율을 낮추는 등 외국인 노동자 고용을 어렵게 했다.

많은 국가가 외국인 노동자들을 유치하고 있지만, 싱가포르만큼 외국인 노동력에 대한 의존도가 높은 곳은 많지 않다. 2012년 기준으로 싱가포르 노동력에서 외국인 노동자들이 차지하는 비중은 37%에 달했다. 그해 6월을 기준으로 싱가포르의 실업률은 아시아에서 가장 낮은 2.1%였다. 그럼에도 불구하고 일부 원주민들은 외국인 노동자들로 인해 자신들이 기회를 잃는다고 생각했고 이것은 정부의 책임이라는 논란으로 번졌다. 2013년 정부는 외국인 노동자들이 고용 패스를 발급받기 위한 급여 기준을 10% 올리게 됐다.

이 같은 우여곡절에도 불구하고 변치 않는 사실은 싱가포르가 전 세계적으로 외국인 인재 유치의 강국이라는 것이다. 2017년 4월 프랑스 경영대학원 인시아드가 발표한 '글로벌 인재 경쟁력 지수(Global Talent Competitiveness Index)'에서 스위스에 이어 싱가포르가 2위를 차지했다. 이 지수는 국가가 인재를 유치하고 성장시키고 보유하는 능력과 글로벌 지식 및 기술 역량을 개발하는 능력을 평가한다. 인시아드의 보고서는 싱가포르가 자국이 추구하는 경제 및 사회 변화를 주도하기 위해 사회 시스템을 디자인한 것을 주요 특징으로 꼽았다. 정부 부처들이 국가 발전에 필요한 인재의 중요성과 관련된 사안에 있어서만큼은 똘똘 뭉치는 것도 눈에 띄는 현상으로 언급했다. 싱가포르에서는 노동부, 교육부, 인재부 등을 망라한 모든 부처가 인재를 유치하고 발전시키고 보유하는 것에 초점을 두고 있었다.

싱가포르에서는 강력한 인재 시장을 바탕으로 새로 설립되는 사업체의 수가 꾸준히 늘고 있다. 현지 스타트업 수는 2003년 2만 2,000개에서 2015년 4만 8,000개로 두 배가 됐다. 싱가포르는 인재 유치를 위해 끊임없이 정책을 내놓고 있다. 싱가포르 정부는 2017년 3월 '스타트업SG'이라는 브랜드 하에 스타트업을 위한 통합적인 지원 계획을 수립한다고 발표했다. 기업가 정신을 갖춘 인재를 두고 글로벌 경쟁이 심화하고 있는 만큼 일관된 브랜드 정체성을 통해 전 세계 인재를 유치하기 위한 것이다. 정부는 스타트업에 공동으로 투자하는 금액을 늘리는 한편 엔트리 패스를 얻기 위한 요건을 완화하고 체류 기간을 늘리겠다고 밝혔다.

싱가포르는 국가 규모는 작지만 근로 환경과 정책적인 주도로 인재 유치에 발군의 입지를 다진 몇 안 되는 국가 중 하나다. 싱가포르의 사례는 근로 인프라와 문화적인 포용성, 용의주도한 정책이 인재 경쟁에서 어떻게 시너지를 낼 수 있는지 보여주고 있다.

"나는 우리가 하는 일 중 사람을 채용하고 개발하는 것보다
더 중요한 것은 없다고 확신한다.
최후의 날에 당신은 전략이 아닌, 사람을 믿을 것이다."

전 제너럴일렉트릭 최고운영책임자
로렌스 보시디 Lawrence Bossidy

4장

글로벌
인재를
얻는 기업

고용주의 평판, 브랜드

글로벌 노동 시장에서 인재를 직접적으로 끌어당기는 주체는 어쩌면 '국가'가 아니라 '기업'일지도 모른다. 이주는 글로벌 기업의 활동과 밀접히 연결돼 있는데 세계를 무대로 활동하는 기업들은 높은 기술력과 창의력을 갖춘 인재들을 유치하기 위해 치열하게 경쟁하고 있다.

오늘날 기업들은 각 기업과 직무에 걸맞은 사람들을 확보하고 보유하는 '인재 관리'에 많이 투자하고 있다. 사업의 성공이 노동력의 질에 달려있다는 것을 알기 때문이다. 알파벳의 회장 에릭 슈미트는 2014년 "어떤 것도 고용의 질보다 중요하지 않다"고 말한 바 있다. 글로벌 인재 확보 경쟁이 격화되면서 기업들은 근로자를 고객만큼이나 중요하게 생각하고 있다.

기업이 인재를 유치하는 메커니즘은 국가가 인재를 유치하는 메커니즘과 비슷하다. 우선 인재를 끌어모으려면 인재들이 오고 싶을 정도로 매력적인 곳이 돼야 한다. 다만 국가의 브랜드는 비교적 널리 알려져 있고 변하기 어렵지만, 기업의 브랜드는 잘 알려지지 않은 경우가 많을뿐더러 변하기도 쉽다. 오늘날은 ICT가 발달하면서 기업의 브랜드를 알리기가 점점 쉬워지고 있으며 이로 인해 브랜드 전략이 인재 경쟁의 승패에 많은 영향을 미치고 있다.

기업 브랜드는 조직의 평판을 의미한다. 이것은 단순히 이익이나 자산 규모를 넘어서 건강한 조직 문화와 같은 무형의 요소를 포함한 개념이다. 고용주들은 잠재적인 지원자들을 유인하기 위해 유·무형의 요소를 망라하는 자사의 매력을 어필할 필요가 있다.

과거엔 산업계의 거인으로 불리는 주요 대기업들이 인재를 얻는 브랜드로 작용했다. 미국에서는 한때 대문자 회사명을 가진 IBM이나 제너럴일렉트릭(GE)이 브랜드로 작용하며 가장 재능있는 대학 졸업생들을 채용했다. 하지만 2000년대 이후 기술력을 갖춘 신생 기업들이 무섭게 성장하면서 전통적인 대기업들의 브랜드는 예전 같지 않게 됐다. 2017년 2월 미국 경제 전문지 〈포천(Fortune)〉은 이 같은 현상에 대해 "밀레니엄 세대들은 이런 구세대 기업을 엄마의 청바지와 비슷하게 본다"고 비유했다. 이어 "트리플 A(Amazon, Alphabet, Apple)가 지배하는 지금 시대에 그들(전통적인 대기업들)은 패배자로 보인다"고 평가했다. 이것이야말로 역사가 오래된 대기업들이 '브랜딩'에 많은 투자를 하는 이유이며, 고객의 마음을 얻기 위해 노력하는 것처럼 구직자들에게 자신들을 적극적으로 알리고 나서는 이유다. 2015년 실제로 제너럴일렉트릭은 자사의 젊은 직원이 등장하는 TV 캠페인을 통해 왜 젊은 기술 전문가들이 제너럴일렉트릭이라는 '디지털 산업 거인'에 한 번 더 눈길을 줘야 하는지를 설명했다.

역사가 길고 실적이 탄탄한 기업이라도 브랜드 파워가 약하면 인재 확보전에서 패배할 수밖에 없다. 미국의 생활용품 제조업체 킴벌리클라크 (Kimberly-Clark)는 1870년대에 설립된 장수 기업임에도 불구하고 인재를 채용하는 데 어려움을 겪었다. 많은 구직자는 킴벌리클라크가 전통적인 제조업체라고 인식했으며 그곳의 채용 사실을 모르는 경우도 빈번했다. 킴벌리클라크는 2016년 자사의 근로자들과 입사 지원자들을 '독창적으로 생각하는 사람들(Original Thinkers)'로 묘사한 브랜딩 캠페인을 출범했는데 이 회사의 인사 담당자는 2016년 12월 인적자원 분야 전문매체인 SHRM(Society for Human Resource Management)과의 인터뷰에서 이와 관련해 다음과 같이 말했다.

"우리의 어려움은 항상 최고의 인재들을 얻는 것이다. 고용 시장은 빡빡한데 우리는 제일 알짜 개발자들과 엔지니어들을 두고 맨해튼과 실리콘밸리에 있는 스타트업들과 경쟁하고 있다."

고용주도 인재를 선택하지만, 인재도 고용주를 선택한다. 최고의 인재들에게 선택받기 위해 글로벌 기업들은 경쟁적으로 브랜드 가치를 높이며 시장에서 평판을 다듬는다. 인재를 유치하기 위해 매력적인 커리어 기회를 알리는 것 역시 소비자에게 제품 광고를 하는 것만큼이나 중요한 일이다. 오늘날 인재들에게 기업 브랜드를 알리는 중심적인 수단은 디지털 기술이라 할 수 있다. 인터넷을 통해 채용 정보를 얻는 지원자들이 점차 늘고 있기 때문이다. 글로벌 기업들은 소셜네트워크 서비스, 비디오, 웹사이트 등을 적극적으로 활용해 회사 브랜드를 관리하고 있다. 이를 통해 자기 기업만의 특별한 점과 매력 포인트를 효과적으로 알릴 수 있기 때문이다.

트위터(Twitter)가 2012년 공개한 '트위터에서 미래는 당신이다(At Twitter,

The Future is You)!'라는 제목의 동영상에서는 트위터에서 일하는 엔지니어를 포함해 다양한 부서의 근로자들이 등장해 '기회', '역동적인 업무 공간', '인생의 친구'와 같은 문구를 내세우며 회사를 홍보하고 있다. 한 근로자는 "트위터에서 일하는 것은 단순히 달콤한 일자리뿐 아니라 삶의 방식이다. 나와 함께 일하자"고 권유했다. 또 다른 근로자는 "당신은 트위터의 작은 팀에서 일하며 수천만 명의 이용자들에게 영향을 미치는 프로젝트를 담당할 수 있다"고 소개했다. 스타벅스(Starbucks)는 2012년 공개한 동영상에서 인턴으로 시작해 전일제 근로자로 일하고 있는 직원들의 인터뷰를 소개했다. 직원들은 하나같이 "스타벅스에서 환상적인 기회들을 얻었다", "이곳은 내가 전일제로 돌아오고 싶은 곳이었다"고 입을 모으며 자신들의 업무를 설명했다. 펩시코(PepsiCo)는 2014년 '왜 펩시코에서 일하는가(Why Work at PepsiCo)'라는 제목의 동영상을 공개했다. 동영상에서는 전 세계 곳곳의 사람들이 이 회사의 제품을 섭취하는 장면, 생산 공정, 경영자들의 인터뷰를 보여주면서 이곳이 얼마나 대단한 회사인지 강조했다.

브랜드 호감도는 기업의 사회적인 기여를 통해 향상되기도 한다. 요즘 젊은 인재들은 단순히 돈을 벌거나 명성을 얻는 것보다 '차이를 만드는 것(Making a Difference)'에 더욱 주목한다. 자신이 하는 일의 의미를 느끼고 공적인 사명을 인식할 때 더욱 열정을 느낀다는 것이다. 따라서 사회적인 책임을 실천하는 모습이 구직자들에게 브랜드로 작용할 수 있다.

기업의 사회적 책임은 회사의 강령(Mission Statement)과도 밀접하게 관련돼 있다. 아웃도어 업체 파타고니아(Patagonia)는 강령을 통해 환경 보전에 대한 헌신을 강조하며 "우리는 시간, 서비스, 판매수익의 최소한 1%를 전 세계 수백 개의 풀뿌리 환경단체에 기부하고 있다"고 밝혔다. 또 "상점에 불을 켜는 것부터 셔츠를 염색하는 것까지 우리가 사업 활동을 하는 가운데 부산물을 통해 오염을 만든다는 것을 알고 있다. 따라서 우리는 꾸준히 이러한 해로움을 줄이려고 하고 있으며 많은 옷에 재활용한 폴리에스터를 사용하고 살충제를 많이 사용한 면보다는 유기농 면을 사용한다"고 설명했다.

신발회사 탐스(TOMS)는 사회적 책임을 실천하며 전 세계에 브랜드를 알린 대표적인 기업이다. 탐스는 소비자들이 신발 한 켤레를 구매할 때마다 형편이 어려운 아이에게 새 신발 한 켤레를 지급하는 '원 포 원(One for One)' 기부를 내세우고 있다. 이 회사는 2006년 설립된 뒤 전 세계 6,000만 명이 넘는 아이들에게 신발을 전달했다. 사회적인 책임을 다하는 일명 '착한 신발'이라는 인식이 널리 퍼지면서 소비자들에게 열광적인 반응을 얻고 있다.

제약업계에서도 사회에 대한 헌신을 강조하는 기업을 자주 볼 수 있다. 그 헌신은 잠재적인 지원자들 사이에서 회사의 매력도를 높이고 근로자들에게 영감을 줄 수 있다. 글락소스미스클라인(GlaxoSmithKline)은 가난한 사람들에게 할인된 가격을 제시하면서 이를 고용 브랜드와 평판을 높이는 데 활용했다. 최고경영자인 장-피에르 가르니에(Jean-Pierre Garnier)는 자선활동의 중요성과 관련해 다음과 같이 말했다.

"글락소스미스클라인은 많은 자선사업을 실시하고 있다. 우리는 질병을 박멸하는 것과 같이 특정한 목표에 많은 돈을 지출한다. 우리 과학자들은 종종 굉장히 이상적인데 모험처럼 이를 따른다. 이것은 사람들이 회사들을 선택해야 할 때 차이점이 될 수 있다. 그들은 경제적인 상황과 관계없이 우리가 가장 많은 사람에게 약을 제공하려 노력한다는 것 때문에 우리를 선택할 것이다."

사실 기업의 브랜드에 대해 일관된 해법을 내리기는 쉽지 않다. 사람들은 각자의 가치관이나 관심사에 따라 중요시하는 요소가 다르다. 누군가에게는 명성이나 처우가, 누군가에게는 창의적인 업무 환경이, 누군가에게는 사회적인 의미가 중요할 수 있다. 하지만 분명한 것은 이 모든 것이 모여서 글로벌 기업의 브랜드를 형성하며 브랜드 평판이 부정적인 기업은 인재 경쟁에서도 패배한다는 것이다. 전 세계 곳곳의 정보가 투명하게 전달되고 공유되는 시대에 브랜드 전략은 기업에게 있어 글로벌 인재를 얻기 위한 필수적인 요소가 되고 있다.

특급 인재엔 특급 투자를

사업에서 투자하지 않고 새로운 성장 동력을 얻는 것은 불가능에 가깝다. 인재 역시 마찬가지다. 재능있는 인재들을 얻고 보유하기 위해서는 인재들에 대한 투자가 필수적이다. 어떤 인사 전문가들은 기술 산업에 있어서 눈앞의 시장 점유율보다 고숙련 노동자를 확보하는 능력이 더욱 중요하다고 지적한다. 이들이 회사에 어마어마한 수익을 가져다주기 때문이다. 실제로 미국 실리콘밸리에서는 재능있는 엔지니어들이 모여 소위 '잭팟'을 터뜨리는 경우가 자주 발생하고 있다. 13명의 직원 중 절반만 개발자인 작은 회사에서 만든 인스타그램(Instagram)은 단순한 사진 공유 앱이었는데 2012년 페이스북에 10억 달러에 팔리게 됐다. 왓츠앱(WhatsApp)은 32명의 엔지니어가 만든 모바일 메신저로 2014년 페이스북에 190억 달러에 팔리며 더욱 떠들썩한 화제가 됐다.

오늘날 인재들이 회사 경영에서 얼마나 중요한 비중을 차지하는지는 제너럴일렉트릭 최고운영책임자를 지낸 로렌스 보시디(Lawrence Bossidy)의 발언을 통해 확인할 수 있다.

"나는 우리가 하는 일 중 사람을 채용하고 개발하는 것보다 더 중요한 것은 없다고 확신한다. 최후의 날에 당신은 전략이 아닌, 사람을 믿을 것이다."

미국의 거대 기술회사들은 임직원 스카웃을 전문적인 스포츠로 여기기도 한다. 기술회사에서 인재들은 회사의 운명을 좌우하는 핵심 요소로 작용한다. 따라서 회사들은 마치 스포츠 경기를 하듯 이들을 두고 경쟁한다.

오랜 기간 인재들 사이에서는 "당신이 그들(경쟁기업들)을 이길 수 없다면 그들에 합류하라"는 격언이 통용됐다. 오늘날 이것은 "당신이 최고의 기술회사에서 일하고 싶다면, 그들의 가장 큰 경쟁자와 근로계약을 맺어라"는 격언으로 대체되고 있다. 기업들의 인재 확보전이 치열해지며 경쟁사의 인재를 빼가는 현상이 두드러지고 있기 때문이다.

채용 회사 탤런트풀(Talentful)은 미국에서 가장 큰 기술 기업 15곳이 경쟁사의 인재를 얼마나 많이 영입하는지 조사했다. 이를 보면 인재 빼가기 현상이 명확히 드러나는데 2016년 11월을 기준으로 각 회사 근로자들의 이력을 조사한 결과는 다음과 같다.

· 구글: 직원 1만2,798명이 다른 주요 기술회사에서 왔는데 이중 1/3에 가까운 4,151명은 과거 마이크로소프트에서 일한 경험이 있다.
· 마이크로소프트: 과거 구글에서 일하던 직원 896명을 채용했다.
· 애플: 과거 마이크로소프트에서 일하던 직원 1,334명을 채용했다.

· IBM: 과거 델에서 일하던 직원 1,753명을 채용했다.
· 아마존: 이베이(eBay)에 152명을 뺏기고 218명을 데려오는 방식으로 직원을 교환했다.

인재 경쟁이 격화되는 것은 인재를 채용하는 것이 단순히 사람 한 명을 데려오는 것 이상을 뜻하기 때문이다. 사람을 채용하는 것은 그 사람의 네트워크까지 가지고 오는 것이다. 누군가가 회사를 옮기면 그 주변 사람도 함께 이직하는 경우가 많다. 사람들은 익숙한 동료들과 일하고 싶어 하기 때문에 동료들까지 유인해 이직하는 것이다.

그렇다면 기업들의 인재 경쟁에서 가장 우위를 점하고 있는 곳은 어디일까? 전문적인 네트워킹 서비스를 제공하는 링크드인(LinkedIn)은 2016년 인재를 가장 잘 유치하고 보유하는 미국 회사들을 분석해 발표했다. 상위 10곳 중 8곳은 미국 실리콘밸리와 밀접한 베이 지역(Bay Area)에 있었다. 구글이 1위를 차지했고 세일즈포스(Salesforce), 페이스북, 애플, 아마존, 우버(Uber), 마이크로소프트, 테슬라(Tesla), 트위터 그리고 에어비앤비(Airbnb)가 그 뒤를 이었다. 링크드인은 구직자, 회사 사이트에 대한 클릭 수, 새로운 근로자들의 근로 기간 등에 대해 수십억 명의 패턴을 분석해 이 같은 '최고 유치자(Top Attractors)' 리스트를 만들었다.

실리콘밸리 회사들은 최고의 인재들을 유치하기 위해 막대한 금액을 지출하고 있다. 영국 〈이코노미스트〉의 2016년 11월 보도에 따르면 실리콘밸리에서는 업무를 갓 시작한 엔지니어들도 연 12만 달러를 버는 것이 어렵지 않은데 이것은 같은 연령대의 사람들이 뉴욕 월스트리트에서 벌 수 있는 것보다 많은 액수였다. 애플, 구글, 페이스북과 같이 커다란 회사들에서 일하는 기술적인 지식을 갖춘 중견 간부들은 주식을 포함해 수백만 달러를 챙길 수 있다. 〈이코노미스트〉는 "한 스타트업의 간부는 연봉 50만 달러 미만을 받으며 일할 유능한 최고운영책임자를 찾을 수가 없다고 불평했다"고 전하기도 했다.

실리콘밸리의 수많은 회사는 최고의 엔지니어들을 붙잡기 위해 파격적인 조건을 제시하고 있다. 2014년 9월 미국 언론 씨넷(CNET)의 보도에 따르면 게임 관련 스타트업 '위비(Weeby)'는 엔지니어들에게 시세보다 훨씬 높은 25만 달러의 평균 연봉에 더해 회사 지분을 제공하고 있다. 물론 실리콘밸리 기업들이 거액의 연봉을 지급하는 것은 그 지역에 산업이 발달해 집값을 포함한 생활물가가 워낙 비싸기 때문이기도 하다. 하지만 수많은 글로벌 기업은 값비싼 생활물가를 감안한 높은 연봉을 지급하면서라도 인재를 유치하기 위해 경쟁하고 있다. 기술력을 가진 인재들이 회사의 성장과 발전에 얼마나 많이 공헌하는지 인식하고 있기 때문이다.

기술회사의 고숙련 노동자 중에서도 특히 엔지니어들은 비슷한 연차의 다른 직업군에 비해 파격적인 대우를 받는 경우가 많다. 법률가들이나 의사들은 지식과 숙련도가 뛰어나도 하루에 상대할 수 있는 인원이 제한적이고 엄청난 수익성을 가져다줄 돌파구를 만들긴 어렵다. 반면, 독보적인 기술 전문성을 갖춘 사람들은 매력적이고 수익성이 높은 제품을 만들어내 회사가 급속도로 성장하도록 기여할 여지가 많다. 때문에 기술회사들은 최고의 엔지니어들에게 높은 급여를 지급하기 위해 경쟁하고 그 경쟁으로 인해 급여가 더욱 상승하고 있다.

글로벌 기업들은 인재를 확보하기 위해 다양한 당근을 내놓으며 '사람에 대한 투자'에 나서고 있다. 2017년 4월 영국 〈파이낸셜타임스(Financial Times)〉의 보도에 따르면 중국 소셜미디어그룹 텐센트는 임직원들이 집을 구매할 수 있도록 무이자 대출을 지원하고 있었다. 텐센트는 부동산 시세가 비싼 베이징, 선전, 상하이, 광저우(廣州)에 집을 구할 때는 50만 위안(7만 2,600달러)까지, 중국의 다른 도시에서 집을 구할 때는 25만 위안까지 지원했다. 알리바바는 더 나아가 항저우에 있는 자체 캠퍼스에 아파트 380곳을 지은 뒤 추첨을 통해 임직원들이 시세의 약 3분의 2밖에 안 되는 가격에 살 수 있게 했다.

인재들에게 주식 형태로 보상하기는 곳도 있다. 2015년 알파벳은 주식을 통해 약 53억 달러를 지급했는데 이것은 총 수익의 5분의 1에 맞먹는 수치였다. 전일제로 일하는 직원 한 명으로 따지면 평균 8만5,000달러의 보상을 주는 셈이었다. 이것은 초창기 실리콘밸리 기업들의 관습에서 유래했는데 많은 스타트업은 직원들에게 당장 금전적인 보상을 많이 지급하는 것에 한계가 있으므로 추후 가치가 오를 회사 주식을 지급하는 방식으로 보상하곤 했다. 이 방식은 오늘날 최고 인재들을 붙잡는 전략적인 방안이 되고 있다. 많은 회사는 우수한 엔지니어들에게 상당한 지분을 주면 회사가 성공했을 때 지분이 '황금알을 낳는 오리'로 돌아올 수 있기 때문에 이것이 오랜 기간 인재를 보유할 수 있는 길이라고 여기고 있다.

글로벌 기업들은 근로자들이 일터를 매력적으로 느낄 수밖에 없게끔 다양한 비금전적인 혜택도 제공하고 있다. 구글은 이 분야에 가장 주목을 받는 기업 중 한 곳이다. 구글은 근로자들에게 무료로 식사를 제공하며, 여기에는 인도 음식부터 과일 스무디까지 다양한 식음료가 있다. 심지어 근로자들이 시간을 아낄 수 있도록 잔심부름 서비스도 제공한다. 근로자들이 일터에 개를 데려올 수 있도록 허용하며, 무료 피트니스 클래스와 기술 강연을 선보일 뿐 아니라 열심히 일한 사람들에게는 무료 마사지도 제공한다. 근로자가 사망할 때는 그 가족들까지 보살펴주는데 사망한 근로자의 배우자에게 기존 급여의 50%를 10년간 제공하는 것에 덧붙여 아이 한 명당 매달 1,000달러를 제공한다.

실리콘밸리의 스타트업 아사나(Asana)는 직원들이 일터에 가구를 설치할 때 1만 달러를 지원하는데 그것을 어떻게 쓸지는 직원들의 자유다. 일어서서 일하는 책상, 창틀 아래의 식물, 매우 편한 의자, 값비싼 컴퓨터 등 무엇이든 사서 일할 때 쓸 수 있도록 한다.

에어비앤비는 직원들이 전 세계를 돌아다니며 머물 수 있도록 지원한다. 그밖에 멋진 장소나 이벤트에 가거나 유급 봉사활동을 하는 것을 지원할 뿐 아니라 음식과 스낵 등을 무료로 제공한다.

인재들에게 장기간의 휴가나 유연한 근무시간을 제공하는 것도 비금전적인 혜택의 일환이다. 캐나다 토론토에 기반을 둔 비디오 소프트웨어 스타트업 '키라 탤런트(Kira Talent)'에서는 모든 근로자가 1년에 최소한 5주간의 휴가를 쓸 수 있도록 하고 있다. 이에 더해 의료 지출에 대한 혜택, 유연한 근무 환경, 개인적인 학습 예산을 제공하고 커리어 개발 계획을 지원한다. 기업은 에너지가 넘치고 발전에 대한 열망이 있으며 기업가 정신을 갖춘 근로자들을 원하며, 이러한 인재들을 최대한 오래 두고 싶어하기 때문에 이처럼 여러 복지를 제공한다.

휴가비를 제공하는 기업도 적지 않다. 똑똑한 회사들은 근로자들이 재충전 시간을 가질 때, 원하는 시간에 쉴 수 있는 자유를 가질 때 일터에 돌아와 더욱 창의적이고 생산적으로 일한다는 사실을 알고 있다. 미국 경제전문지 〈포브스〉의 2016년 5월 보도에 따르면 에버노트(Evernote)는 근로자들에게 휴가비를 1,000달러씩 지급하고, 풀콘택트(FullContact)는 7,500달러를 지급한다. 근로자들이 쉬는 것을 주저할 수 있으므로 이 금액을 받기 위해서는 돈이 실제로 휴가에 쓰였다는 것을 보여주는 영수증을 지출해야 한다.

그러나 특급 인재들에게 주어지는 특급 보상은 여러 여파를 낳고 있다. 가장 큰 문제는 재정적인 여력이 충분치 않은 스타트업들이 인재 경쟁에서 밀리기 쉽다는 것이다. 작은 스타트업들은 비교적 큰 기업이나 잘나가는 스타트업들이 인재들의 몸값을 올려놓아 더욱 인재를 구하기 어려워졌다고 토로한다. 이것은 스타트업들이 초기에 확보해야 할 투자금을 더욱 올리게 한다. 그러나 어떡하겠는가? 그것이 현실이다. 인재 경쟁 시대에 인재에 대한 투자야말로 핵심적인 요소가 되고 있으며, 과감하고 현명한 투자를 통해 제대로 된 인재를 얻는 기업들이 성공하게 될 것이다.

문화적 코드의 힘

글로벌 기업이 인재를 확보하기 위해 필요한 우선적인 요건은 무엇일까? 인재를 유인하고 유치하는 데 앞서 선행해야 할 것은 인재를 보는 혜안을 갖는 것이다. 여기서 '누가 인재이고, 인재가 아니냐'에는 명확한 정답이 없다. 각 기업에서 생각하는 인재가 제각기 다르기 때문이다. 이런 까닭에 '문화적인 코드'가 중요한 요소로 부상하고 있다. 문화적인 코드는 인종, 성별, 출신지와 같은 외형적인 배경이 아닌 비전, 지향점, 가치와 같은 내면의 가치관과 우선순위를 의미하는 것이다. 각 기업의 인재상에는 이 같은 요소가 반영된다.

과거 회사들은 근로자를 채용하는 과정에 있어 학업적인 수준이나 일자리와 관련된 기술에 초점을 뒀다. 하지만 최근 글로벌 기업들은 이 같은 관행을 탈피해 회사의 전략적인 목표와 결을 같이 하는 강력한 문화를 형성했으며 이를 인적자원 관리와 결합하고 있다.

영국 케임브리지대학, 네덜란드 에라스무스(Erasmus) · 틸부르그(Tilburg) 대학, 미국 코넬(Cornell)대학, 프랑스 경영대학원 인시아드가 산요(Sanyo)의 후원을 받아 만든 보고서(2006)를 보면 문화적인 코드가 얼마나 중요한 요소인지 확인할 수 있다. 보고서는 글로벌 인적자원 관리의 우수 사례와 핵심 테마를 모은 것으로 "높은 성과를 내는 회사들은 모든 인사 관련 과정에 그들의 핵심적인 가치를 통합하고 있다는 것을 발견했다"고 기술했다. 인재를 유치하고 고용하고 개발하고 성과를 관리하는 데 있어서 각 회사의 핵심적인 가치가 중요한 역할을 한다는 것이다. 보고서 샘플에 등장한 탁월한 회사들은 '적합한 사람을 적합한 장소에' 배치하는 것과 관련해 핵심적인 선택 기준으로 '문화적 부합(Cultural Fit)'을 포함했다. 이런 기업들은 회사의 문화와 맞는지를 결정하기 위해 지원자들의 성격과 가치관을 평가하려 한다. 기업들은 학벌이나 기술과 같은 형식적인 자격은 업무 성과에 있어서 정확한 예측치가 될 수 없으며 기술은 개인적인 태도나 가치보다는 훈련하거나 바꾸기 쉽다고 생각한다.

상당수의 글로벌 기업은 문화적으로 부합하는 인재를 찾기 위해 다채로운 채용 과정을 두고 있다. 기업의 사명을 실현하기 위해 같은 지향점을 지닌 사람들과 일하길 원하기 때문이다. 이런 회사들은 가치에 중심을 두고 인터뷰를 하는 경우가 많은데 개인의 태도가 조직의 가치에 부합하는지 파악하는 것이 필수적이기 때문이다. 이런 까닭에 오늘날 글로벌 기업들은 단순히 업무 경험을 넘어서 가치관, 팀워크, 문제 해결 능력 등 다양한 요소를 중시하고 있다.

글로벌 가구 회사 이케아(IKEA)는 기술이나 경험보다 가치와 문화적 부합에 큰 중점을 둔 기준을 통해 채용을 진행한다. 지원자 인터뷰에 활용되는 표준 질문지는 이들의 가치와 신념을 탐색한다. 회사 내부에서도 임직원들이 더 높은 직위에 지원할 때 개인적인 가치 및 공유되는 가치와 관련해 평가를 다시 받는다. 이렇게 가치에 의해 주도되는 인사 시스템의 목표는 이케아의 독특한 문화를 유지 · 강화하고 핵심적인 가치를 보존하는 것이다.

전일본공수(All Nippon Airways)도 대학 학위나 학문적 성공이라는 좁은 기준을 떠나 광범위한 인터뷰를 거쳐 인재를 채용하고 있다. 일례로 2005년 졸업생 신규 채용에는 약 8,000명이 지원했으며 그중 3,300명이 첫 번째 인터뷰 절차를 거쳤다. 여기서 걸러진 500명은 다시 인터뷰를 통해 각자의 목표를 충분히 설명하며 평가받았고 여기서 걸러진 120명은 재차 개별 인터뷰를 통해 각자의 태도와 가치를 평가받았다. 최종 70명은 심층 인터뷰를 거쳤으며 이 중 40명이 선택됐다. 수많은 인터뷰를 거치는 과정은 전일본공수가 학문적인 성취보다는 지원자들의 성격과 가치에 더 집중하려 하는 열망을 증명하고 있다.

그렇다면 기업들은 어떤 인터뷰 과정을 통해 문화적 부합성을 평가하는가? 인터뷰 질문은 기업마다 다를 것이다. 하지만 비슷한 유형의 질문은 있을 것이다. 아래는 전략 커뮤니케이션 컨설턴트 낸시 에버하트(Nancy Eberhardt)가 '문화적 부합을 결정하는 6개의 인터뷰 질문'이라는 제목으로 2016년 10월 미국 〈더비즈니스저널(The Business Journals)〉에 실은 기사다. 에버하트는 면접자가 어떤 사람인지 이야기하도록 촉진해야 한다며 다음과 같은 질문을 제시했다.

1. 당신이 가장 자랑스러워하는 업무 성과는 무엇이고, 그 이유는 무엇인가?
2. 지금 되돌아보면 당신이 다르게 했을 업무 상황을 이야기해 달라.
3. 팀이나 동료와 관련해 당신이 가장 가치 있게 여기는 것은 무엇인가?
4. 만약 당신의 가까운 친구나 가족이 당신에 대해 2개의 긍정적인 요소와 2개의 개선해야 할 요소를 이야기한다면 그들은 무엇이라 말할 것인가?
5. 만약 돈이 목표가 아니라면 당신은 인생에서 무슨 일을 할 것인가?
6. 당신의 버킷 리스트에 있는 것 중 일부를 알려 달라.

이 같은 질문을 하는 목적은 무엇이 자신에게 동기와 영감을 주는지 솔직하게 이야기하도록 하기 위해서다. 이를 통해 소통능력, 피드백에 대한 수용성, 더 나아지고 싶은 욕망, 자기 인식, 열정 등을 포함해 채용 결정에 큰 영향을 주는 특성들을 엿볼 수 있다.

기업은 나름의 가치와 문화가 있어야 이에 적합한 인재를 확보할 수 있다. 실제로 많은 글로벌 기업들은 각자의 핵심 가치와 문화를 가지고 있다. 이것은 기업의 규모가 거대하고 조직이 전 세계에 흩어져 있을수록 문화와 가치로 결속되지 않으면 구성원들을 관리하고 통합하기 어렵기 때문이기도 하다. 글로벌 기업은 문화적인 메시지를 강화해 근로자들의 행동을 조직의 전략적인 목표에 부합하게 할 수 있다.

IBM은 문화적으로 '클라이언트 서비스, 혁신, 개인적인 책임감'에 집중하고 있다. 2003년 IBM은 회사 인트라넷을 통해 수많은 근로자가 참여한 가운데 '밸류스잼(ValuesJam)'이라고 불리는 포럼을 열어 회사의 핵심 가치에 대해 3일 동안 토론을 벌였다. 당시 최고경영자였던 샘 팔미사노(Sam Palmisano)는 이와 관련해 다음과 같이 설명했다.

"우리가 크고 다양해질수록 강력한 가치의 시스템이 필요하다. 그것은 노동자들에게 동기를 부여하며 그들이 협력하도록 한다. 100만 명의 약 3분의 1에 이르는 근로자들이 170개국에 있는 클라이언트를 응대하고 있다. 조직 구조나 경영 지시를 통해 이를 최적화할 수 있는 방법이 없고 당신은 그들이 적합한 방식으로 적합한 결정을 내리는 것을 보장하면서 그들의 역량을 강화해야 한다."

글로벌 기업에 문화가 중요한 것은 문화와 혁신이 뗄레야 뗄 수 없는 밀접한 관계이기 때문이다. 구글은 조직 문화를 통해 근로자들의 혁신을 촉진하고 있다. 구글은 '혁신의 문화 만들기(Creating a Culture of Innovation)'라는 보고서(2014)를 통해 다음과 같은 8가지 혁신의 원칙을 갖고 있다고 밝혔다.

1. 10배를 생각하라(Think 10x): 진정한 혁신은 당신이 무언가를 10%보

다 10배 향상했을 때 발생한다.

2. 출시하라, 그리고 계속 들어라(Launch, then keep listening): 각 제품을 출시한 뒤 사용자들의 피드백을 계속 주의 깊게 들으며, 우리가 들은 것을 통해 제품을 개선한다.

3. 할 수 있는 한 모든 것을 공유하라(Share everything you can): 협력은 정보를 개방적으로 공유할 때 발생한다. 따라서 구글은 회사로서 근로 자들에게 가능한 한 많은 것을 공유한다.

4. 제대로 된 사람을 채용하라(Hire the right people): 구글은 첫 채용부 터 큰 문제를 해결하고 세계를 위해 위대한 일을 하고자 하는 사람들 을 유치하기 위해 굉장히 노력해 왔다. 내일 이러한 사람들을 계속 유 치하기 위해 오늘 제대로 된 사람을 채용하는 게 중요하다.

5. '70/20/10 모델'을 이용하라(Use the 70/20/10 model): '우리 프로젝 트의 70%는 우리의 핵심적인 사업에 전념한다', '우리 프로젝트의 20%는 우리의 핵심적인 사업과 연관돼 있다', '우리 프로젝트의 10% 는 우리의 핵심적인 사업과 무관하다'는 것이다. 이것은 '만약에'와 '틀을 벗어난' 생각을 촉진한다.

6. 모든 곳에서 아이디어를 찾아라(Look for ideas everywhere): 구글은 훌 륭한 아이디어가 모든 곳에서 발견될 수 있다고 믿으며, 모든 곳에서 그것을 찾는다.

7. 의견이 아닌 데이터를 활용하라(Use data, not opinions): 데이터는 대 부분 의견을 이긴다. 따라서 구글에서는 선택의 큰 부분이 데이터다. 데이터에 의존하는 것은 인적 교류 및 관리 관행의 특정한 역동성을 이해하는 것을 도와주고 더 똑똑한 선택을 할 수 있게 한다.

8. 경쟁이 아니라 사용자들에 집중하라(Focus on users, not the competition): 구글은 사용자들에게 집중하면 다른 모든 것은 따라올 것이라고 믿는다.

물론 회사가 지향하는 가치나 문화와 부합하는 인재를 뽑았다고 해서 조직이 저절로 잘 굴러가는 것은 아니다. 탁월한 기업들은 핵심적인 가치와 조직 문화를 보존하기 위해 구성원들을 대상으로 다양한 '사회화' 메커니즘을 적용하고 있다. 직원들은 회사에 합류하면 교육, 코칭, 훈련 및 개발 프로그램을 통해 조직에서 효과적으로 수용되는 구성원이 되기 위해 기대되는 행동을 학습하게 된다. 많은 기업은 이 같은 사회화 과정을 위해 자체 교육기관인 기업대학(Corporate University)이나 아카데미, 러닝캠퍼스(Learning Campus) 등을 운영해 왔다.

1990년대 알카텔(Alcatel), 노바티스(Novartis), 프록터&갬블(Procter&Gamble), 루프트한자(Lufthansa)와 같은 회사들은 기업대학을 세웠다. 이것은 기업 문화를 강화하고 영속시키는 한편 조직의 미래 전략을 주도하고 변화를 실행하기 위한 것이었다. 루프트한자에서는 '루프트한자 경영대학(Lufthansa School of Business)'을 만들었는데 이것은 높은 성과를 내는 문화를 발전시키고 근로자가 더욱 통합되도록 하기 위한 것이었다. 이 같은 사회화 메커니즘은 대상이 이미 회사와 부합하는 태도, 믿음, 가치를 가지고 있는 구성원일 때 더욱 효과적이다.

오늘날 기업들이 가진 가치와 지향점, 이를 토대로 한 문화는 인재들을 확보하는 기준이 될 뿐 아니라 인재를 유인하고 결속시키고 보유하는 매개체가 되고 있다. 글로벌 인재 유치를 고민하는 기업에게 문화적 부합은 지속적인 고민거리와 화두가 될 것이다.

획일적 시대의 종말

많은 글로벌 기업이 '문화적 부합'이라는 개념을 채용 웹사이트에 반영하고 임직원 인터뷰 과정에 적용하고 있다. 이것은 기업이 인재를 끌어당길 수 있는 경쟁력으로도 인식되지만, 동시에 '부족적' 의미로 변질되곤 한다. 기업들이 '우리처럼 생각하고, 우리처럼 일하고, 우리처럼 사는 사람들'만 채용하게 된다는 것이다. 어떤 조직에서는 채용 관리자가 자신이 규정한 이상적인 지원자의 모습에 부합하지 않는 사람을 거절하기 위해 '문화적 부합'을 무기로 활용한다는 지적도 제기됐다.

즉 인터뷰어(Interviewer)가 제시하는 '문화적 부합'은 무의식적인 편견을 내포할 수 있다. 대부분의 인터뷰어는 자신과 같은 사람들을 채용하고 싶어 하고, 자신과 다른 사람들을 깎아내리는 경향이 있기 때문이다. 이는 자칫하면 균질적인 문화를 권장해 다양성을 저해할 수 있다는 평가를 받고 있다. 그런 이유로 페이스북은 인터뷰어가 지원자에 대해 피드백할 때 '문화적 부합'이라는 용어를 사용할 수 없도록 했다. 채용 과정에서 무의식적인 편견을 적극적으로 찾아내고 제거해 더욱 포용적인 채용 절차를 만들기 위한 노력의 일환이었다. 페이스북은 5개의 핵심적인 가치에 초점을 두고 인터뷰를 진행하도록 정비했고, 무의식적인 편견을 관리하는 훈련 프로그램을 개발했다.

오늘날 여러 기업은 문화적 부합을 둘러싼 비판을 인식하고 다양성을 끌어올리기 위해 노력하고 있다. 글로벌 환경에서는 다양한 인재를 확보하는 것이 점점 중요해지고 있기 때문이다. 세계가 하나로 연결되고 있는 만큼 글로벌 기업은 현지화한 제품을 만들어 적절한 판매 전략을 구사하며 해외 소비자들에게 내놓아야 한다. 이는 어떤 기업도 단독으로 굴러갈 수 없으며 소비자, 공급자, 투자자, 근로자들이 세계 곳곳에서 연결돼 있기 때문이다.

사회의 구조적인 변화를 감안한다면, 글로벌 기업이 다양한 근로자들을 보유하는 것은 불가피한 일이기도 하다. 의료기술이 발달해 평균 수명이 길어지고 건강 수준이 향상되면서 근로자들은 일터에 더욱 오래 머물게 됐다. 과거보다 노동 시장에 더욱 다양한 세대가 존재하고 있다. 게다가 점점 더 많은 여성이 경제 활동에 참여하고 있고 국제 이주가 활성화되면서 더욱 커다란 규모의 이주자들이 출신국과는 다른 곳에서 일하고 있다.

전 세계 노동자는 나이, 성별, 국적 등 인구학적인 요소뿐 아니라 생활 스타일이나 가치관 측면에서도 다양해지고 있다. 많은 근로자가 자기 계발, 여가, 가족과의 시간 등을 점점 중시하고 있다. 직장이나 직업을 자주 바꾸는 사람도 많다. 업무 방식도 다양해지고 있다. 많은 사람이 전일제가 아닌 파트타임(Part Time)으로 일하고 있고 재택근무를 통해 원거리에서 일하기도 한다. 근로 생활 주기 역시 변하고 있다. '교육 - 근로 - 은퇴'라는 일직선의 패턴이 아닌 '교육 · 일 · 여가'가 인생 전체에서 흩뿌려지고 있다. 따라서 근로자들을 일반화하기가 어려워지고 있다. 이런 트렌드는 정형화된 커리어 경로나 인센티브에 도전을 야기하고 있다.

다양성은 글로벌 기업 인사담당자들에게 점점 주목받는 화두로 떠오르고 있다. 비즈니스 전문 소셜네트워크 서비스 '링크드인'이 전 세계 35개국 기업의 인사담당자 3,973명을 설문조사한 '글로벌 채용 트렌드 2017'에 따르면 "향후 몇 년간 채용 산업을 규정할 최고의 트렌드는 무엇이냐"는 질문에 가장 많은 응답을 차지한 답변은 '더 다양한 지원자들을 채용한다(37%)'였다.

글로벌 인재들도 다양성과 포용성을 중시하고 있다. 글로벌 정치 환경이 다양성과 포용성에 대한 감수성을 더욱 높이고 있기 때문이다. 국수주의, 테러리즘에 대한 두려움은 여론에 자주 등장한다. 다양성은 공정성, 인권, 사회 정의와 연결돼 근로자들 사이에서 더욱 가치 있게 여겨지고 있다. 이들에게 포용성은 단순히 팀을 다양하게 구성하는것 뿐 아니라 모든 사람의 의견을 청취하고 존중하는 것을 뜻한다. 따라서 일터에서 다양성과 포용성을 중시할수록 근로자들의 업무 만족도가 올라가고 긍정적인 태도와 행동을 유도할 수 있다. 특히 기업을 둘러싼 환경과 기업 구성원들이 다양한 기업일수록 근로자들은 다양성을 기업 문화의 필수 요소로 생각한다. 그리고 이것이야말로 회사가 자신들의 목소리를 어떻게 듣는지 알려주는 요소라고 생각한다. 이러한 인식이 증대될수록 다양성과 포용성은 인재 유치와 회사의 브랜드에 중요한 요소로 작용하고 있다.

다양성과 포용성은 단순히 '동등한 고용 기회'나 '차별 철폐 조치'를 넘어서는 것이다. 동등한 고용 기회는 채용, 승진, 임금과 같은 고용 관련 결정이 인종, 피부색, 종교, 성별, 출신국과 같이 법적으로 보호받는 특성과 관계없이 결정된다는 것을 뜻한다. 차별 철폐 조치는 인종이나 성별 등의 차별을 적극 시정하도록 조치하는 것이다. 이 두 가지는 모두 법적으로 보호받는 특성에 집중하고 있지만, 기업의 다양성과 포용은 법적으로 보호받는 특성의 범위를 넘어서 더 넓고 큰 개인적인 차이를 포함한 개념이다.

글로벌 기업이 다양성에 주목하는 것은 단순히 인재나 사업 환경의 범위가 넓어져서만은 아니다. 다양성은 사업상 필수적일 뿐 아니라 높은 성과를 내기에도 유리하다. 우선 최고의 인재를 얻기 위해서는 가능한 한 넓은 인재 시장에 접근하는 것이 중요한데 인재 시장이 커질수록 그 구성원들은 다양해진다. 따라서 최고의 인재를 채용하기 위해서는 가능한 한 다양한 범위의 배경과 가치관을 지닌 사람들을 포용하는 수밖에 없다.

게다가 글로벌 환경에서 다양한 노동력을 확보한다면, 넓은 범위의 소비자를 효과적으로 다룰 수 있게 된다. 인재들의 구성이 다양할수록 시장, 소비자 수요 변화에 빠르게 부응하며 소비자들과 강력한 유대감을 형성해 시장 점유율을 높이는 데 유리해진다. 반대로 말하자면 노동력의 다양성이 떨어질수록 시장 점유율 역시 떨어질 가능성이 크다. 이것이 많은 회사의 최고경영자가 자신이 응대하는 고객만큼이나 다양한 근로자를 채용하려고 노력하는 이유다.

조직이 인구학적으로 다양해질수록 창의력과 혁신성이 높아지고 그룹의 문제 해결 능력이 향상돼 전반적으로 경쟁력이 높아진다는 분석도 있다. 어려운 문제를 해결하는 과정에서 다양한 의견에 서로 도전하면서 문제 해결 능력이 향상된다는 것이다. 다양한 사람이 모인 조직은 의견이 불일치하거나 서로 반박하는 경향이 있다. 하지만 의견의 불일치가 없다면 깊은 질문이나 돌파구를 발견하기 어렵다. 다양성이 부족하면 논쟁하는 문화를 조성하기 어렵고 유망하고 창의적인 아이디어를 얻어낼 가능성도 줄어든다. 게다가 다양성과 포용성이 갖추어져야 구성원들이 의견을 자유롭게 피력하며 혁신적인 성과를 내기 쉽다.

다양하고 포용적인 조직이 비교적 좋은 성과를 낸다는 분석은 심심찮게 볼 수 있다. 맥킨지앤드컴퍼니(McKinsey&Company)는 보고서(2015)에서 영국, 캐나다, 라틴아메리카, 미국에 있는 회사 366곳을 대상으로 다양성과 회사의 재정 성과를 연구했다. 그 결과 성별, 인종, 민족이 더 다양한 관리자들을 갖춘 회사들은 그렇지 않은 회사들보다 더 나은 재정적인 성과를 낸다는 사실을 알 수 있었다.

물론 다양성이 사업적으로 긍정적인 효과를 낸다는 가정은 아직까지 '아마도'에 가깝다. 노동력을 다양화하는 것 자체가 긍정적인 결과를 낳진 않기 때문이다. 사실 다양성의 증가가 꼭 인재 시장을 증가시키는 것은 아니다. 나이, 성별, 인종, 장애와 같은 인구학적인 다양성과 업무와 연관된 지식, 기술, 능력, 경험 등이 비례하진 않는다. 다양성이 증가한다고 해서 조직에 대한 헌신과 업무에 대한 동기가 향상되거나 조직 내의 충돌이 줄어드는 것도 아니다. 다양성은 오히려 그 반대의 효과를 낳을 수도 있다. 근로자들은 자신과 상이한 사람들과 일할 때 조직에 더 적게 헌신하고 더 적게 만족하며 더 많은 차별을 인식하는 등 부정적인 태도를 보일 수 있다. 조직의 다양성이 증가하는 게 반드시 더 높은 성과로 이어지진 않는다는 지적도 있다. 인종, 성별, 나이, 경력이 다양한 조직일수록 소통과 유대감이 낮을뿐더러 이직률이 높다는 연구 결과도 있다.

이런 점들로 인해 연구자들은 다양성을 '양날의 칼'로 보게 됐다. 다양성이 어떤 업무적인 성과를 높일 수 있더라도 유대감을 감소시킨다는 것이다. 따라서 다양성으로 인한 결과는 다양하며 구성원의 균질성이나 성과와의 관계는 일반화할 수 없다고 보는 게 일반적이다.

다양성과 관련된 고찰은 다양성이 주는 혜택이 상황에 따라 다르다는 것을 시사한다. 산업 및 조직 심리학에서 '모든 상황에 적용되는 단순한 원칙'은 없다. 다양성도 '한 가지 공식'만 있을 수는 없다. 조직의 성공 가능성은 문화, 전략, 환경, 구성원, 직무 등 상황적인 요소에 많은 영향을 받는다. 일반적으로 다양성은 다양한 환경을 가지고 있는 '다문화 조직'과 '성장 지향적 조직'에서 효과적인 것으로 인식된다.

궁극적으로 글로벌 기업에 중요한 것은 다양성 그 자체를 맹신하는 것보다 다양성을 효과적으로 활용하고 관리하는 것이다. 다양성은 어떻게 관리되는지에 따라 그 효과가 달라진다. 다양성으로 인한 성공은 그것이 어떻게 규정되느냐에 따라 다르게 평가받는데 다양성은 '극복해야 할 위협'보다는 '도전과 기회'로 인식될 때 더욱 성공적으로 작용한다. 조직이 전하는 메시지와 행동은 다양성에 대한 강력한 지지를 동반할 때 효과적이다. 다양성이라는 메시지를 받는 사람들이 그것을 어떻게 인식하고 받아들이는지 고려해야 한다는 것이다.

다양성을 효과적으로 활용하고 관리하기 위해서는 몇 가지 요소들이 필요하다. 우선 관리자들이 다양성에 대한 필요성과 책임감을 느껴야 한다. 어느 조직에서나 특정 사안에 대해 성공적인 성과를 내기 위해서는 관리자들의 관심과 헌신이 필수적이다. 다양성 역시 마찬가지다. 다양성에 있어서 조직적인 장애물은 종종 구조적이고 미묘하게 깊이 뿌리박혀 있다. 따라서 최고 결정자를 포함한 관리자급의 리더십이 필요하다.

각 조직의 상황에 맞게 다양성과 관련된 전략을 수립하는 것도 중요하다. 기업에 대한 평가를 통해 그곳의 문화 · 사업 · 인사 이슈를 분석하고 다양성을 통해 혜택을 얻을 수 있는 분야를 파악해야 한다. 실제로 미국 매니지먼트 업체인 세일즈포스는 근로자 1만7,000명을 분석해 성별 임금 차이를 규명했고, 그 격차를 줄이기 위해 약 300만 달러를 지출했다. 월마트(Walmart)는 자신들이 진출한 나라의 특성을 이해하기 위해 나라별 수요를 반영해 다양성과 포용성 계획을 만들었다. 일반적으로 더 큰 유연성, 창의성, 혁신을 요구하는 분야들이 다양한 노동력을 통해 더 많은 혜택을 얻을 수 있다는 사실이 입증되고 있다. 이런 분야에서는 사업 성과와 연결해 잘 정제된 다양성 전략을 개발하고 설계하는 것이 효과적이다.

다양성을 확보한 뒤에도 끊임없이 이것을 발전시켜야 한다. 다양한 근로자들이 다양한 기술과 관점을 갖고 채용되었을 때 그들이 가진 기술과 관점이 실제 업무에 활용되도록 해야 한다는 것이다. 이것은 팀 전체의 소통과 시너지를 끌어올려 다양성으로 인한 잠재적인 혜택을 더욱 극대화할 수 있다. 일례로 코카콜라는 미국에서 새로 고용하는 사람들의 38%가 유색인종임을 보장할 뿐 아니라 소수자 배경을 지닌 직원 개인의 발전과 조직 잔류를 지원하기 위해 멘토링 프로그램을 도입했다.

다양성에 관련된 지표를 관리하는 것도 중요하다. 지표는 어떤 사안에 대한 조직의 관심을 나타내는 것이며 그에 대한 진보를 확인하고 문제를 해결할 수 있도록 한다. 다양성으로 인한 혜택은 하루아침에 발생하지 않는 만큼 지표가 향상되는 데에는 오랜 시간이 걸릴 것이다. 지표를 통해 오랜 기간 관심을 가지고 향상을 확인하는 것은 조직이 다양성을 일시적인 유행이나 패션으로 치부하지 않고 먼 미래를 내다보며 지속적으로 관리한다는 것을 의미한다. 일례로 P&G(The Procter&Gamble Company)는 최고 책임자들이 받는 보상의 10%는 다양성에 관한 성과를 평가해 반영했고 회사의 최고 관리자들에 대한 스톡옵션 보상도 다양성과 관련된 결과를 반영했다. 영국 로이즈뱅킹그룹(Lloyd's Banking Group)은 2020년까지 선임 역할의 40%는 여성이 채우도록 한다는 목표를 세웠다. 그 덕에 외부에서 고용한 선임 관리자 중 여성의 비율은 2014년 17%에서 2015년 31%로 상승했고, 같은 기간 간부로 승진한 여성의 비율도 26%에서 33%로 올라갔다.

오늘날 글로벌 기업에 있어서 다양성은 선택이 아닌 필수적인 요소가 되고 있다. 성공하는 글로벌 기업은 다양성이 주는 장점을 적극적으로 활용해 인재를 확보하고 새로운 시장을 개척하며 성공의 자양분으로 삼고 있다.

자율성의 마법

인재 경쟁 시대에는 강력한 '인재 중심적' 접근법이 필요하다. 인재들을 유치한 뒤, 이들이 역량을 가장 잘 펼치게 하기 위해서는 어떻게 해야 할지를 고민해야 한다. 여기서 염두에 둘 점은 인재들은 스스로 최고가 되고자 하는 열망과 동기를 가진 사람들이라는 것이다. 압박하지 않아도 잘하고자 하는 의지가 있어 섣불리 옥죄었다가는 오히려 부작용이 나타날 수 있다. 수많은 증거는 인재에게 최대한 자율성을 보장할 때 가장 좋은 성과를 낸다는 것을 보여준다. 이 같은 현상은 과학과 기술 분야에서 두드러진다.

그렇다면 어떻게 최대한의 자율성을 보장하는가? 오늘날 과학 분야에서는 '연구 주제'가 아닌 '연구자'에 초점을 맞춰 지원하는 것이 연구 자율성을 보장하기에 용이하다고 평가받는다. 전통적인 연구기금 지원 방식은 미리 규정된 프로젝트나 프로그램을 지원하는 것이었다. 이는 연구 주제를 한정해 둔 것이므로 향후 변수가 생겼을 때 유연성을 발휘하거나 창의적인 발견을 하기 어렵다는 평가를 받았다. 이것이 과학 분야에서 기금 지원을 할 때 특정 주제가 아닌 연구자 개인, 즉 '인재'에 초점을 둬야 하는 이유다. 왕립학회는 2010년 '과학의 세기(The Scientific Century)'라는 보고서에서 다음과 같이 말했다.

"연구 투자의 효과를 최대화하기 위해서는 탁월한 과학자들이 호기심을 추구할 기회를 가져야 한다. 전 세계의 연구기금 제공자들은 이것을 더 많이 인식하게 됐고 자금 지원의 기준을 프로젝트에서 사람으로 옮기고 있다. 보조금과 연구비 기금 지원을 사람에게 집중하는 것은 창의적이고 세계적인 수준의 과학을 생산하고, 커리어의 유연성을 제공하며, 영국 등에서 온 최고의 과학자들이 과학(분야)에 머물도록 촉진한다. 연구기금에 대한 전통적인 접근은 사전에 규정된 프로젝트, 프로그램, 연구소를 지원하는 것이었다. 하지만 연구의 혜택은 종종 우연히 발생하고 보조금 제안서에서 예상된 것들과 일치하지 않을 수 있다. 과학자들에게는 새로운 기회와 그들의 연구에서 발생하는 질문들을 활용하기 위해 유연성이 필요하다. 이것이야말로 왕립학회가 최소한의 관료주의로 탁월한 개인들에게 장기간의 보조금을 제공하는 이유다."

실제로 몇몇 연구들은 인재 중심의 지원 시스템이 프로젝트 중심의 지원 시스템보다 큰 성과를 낸다는 점을 입증했다. 피에르 아주레이(Pierre Azoulay)는 과학적인 탐구에 시스템이 미치는 영향을 연구(2009)했다. 아주레이팀은 미국 국립보건원(National Institute of Health)과 비영리 의학연구기관인 하워드휴스의학연구소(HHMI, Howard Hughes Medical Institute)로부터 각기 다른 메커니즘을 통해 지원받는 생명과학 연구자들의 커리어를 비교했다.

국립보건원은 미국 바이오 의학에 있어서 가장 큰 공공기금 지원기관으로 꼽힌다. 많은 생명과학 연구자는 국립보건원 보조금에 의존했는데 가장 일반적인 형태의 보조금은 3~5년 가량 지원받은 뒤 갱신해야 했다. 국립보건원은 특정 프로젝트에 기금을 지원했으며 기금 지원 심사자들은 위험 부담을 피하기로 악명높았다. 이들은 종종 기금 지원을 결정하기 전에 연구와 관련한 제법 큰 예비 증거를 요구했다. 이 때문에 연구자들은 종종 지원서를 수차례에 걸쳐 다시 제출하면서 연구 시간을 빼앗겼다. 연구 분야의 제약은 연구자들이 탐험적인 연구보다는 기존 연구결과에 기반을 둔 비교적 안전한 길을 추구하도록 했다. 국립보건원의 보조금은 일반적으로 3년만 지속됐는데 연구에 실패했을 경우 갱신이 어려웠다. 이는 보조금 지원 프로젝트가 명확하게 규정된 '상품'을 목표로 했기 때문이다.

반면, 하워드휴스의학연구소는 초기 실패를 인내하고 장기적인 성공에 보상하며 연구를 수행하는 사람들에게 커다란 '실험의 자유'를 제공했다. 하워드휴스의학연구소는 '바이오 연구의 가장 중요한 분야에서 지식의 경계를 넓히는 것'으로 목표를 규정했다. 이곳의 연구 프로그램의 신조는 다음과 같다.

"연구자들이 위험을 감수하고 증명되지 않은 길을 탐구하고 알려지지 않은 것을 포용한다. 설령 그것이 불확실성 혹은 실패할 기회를 의미하더라도 말이다."

하워드휴스의학연구소는 프로젝트가 아닌 연구자를 지원했는데 이것은 연구자가 설령 결실을 보지 못하더라도 빠르게 노력과 자원을 재분배할 수 있도록 했다. 연구 주제에 대해 속박받지 않는 '자율성'은 혁신을 만들어 내는 데 큰 장점으로 작용했다. 연구자들은 초기 5년을 지원받았고 계약이 종료될 때는 2년의 단계적인 지원금 삭감 기간을 거쳤다. 이것은 연구자들이 지원을 계속 받으며 다른 연구 지원책을 찾아볼 수 있게 했다.

위의 두 지원 시스템은 어떤 결과를 낳았을까? 아주레이 팀의 연구에서는 하워드휴스의학연구소로부터 지원받는 연구자들이 국립보건원으로부터 기금 지원을 받는 비슷한 집단에 비해 더 영향력이 있는 연구물을 더 빨리 낸다는 것을 발견했다.

오늘날 글로벌 기술기업들은 하워드휴스의학연구소 프로그램이 과학자들에게 '연구의 자율성'을 보장하듯이 인재들에게 '업무의 자율성'을 보장하고 있다. 넷플릭스(Netflix)에서는 일반적으로 회사에 있는 '지출 한도'와 '감사(監査)'에 대한 정책이 없다. 넷플릭스의 유일한 정책은 "넷플릭스의 최대 이익에 따라 행동해라"이다. 이 회사는 근로자들이 최고의 판단을 한다고 간주하고, 그들이 방해받지 않는다면 더욱 생산적으로 일할 수 있다고 가정하고 있다. 여기에 내포된 논리는 근로자들에게 다음과 같이 말한다.

"우리는 당신이 급여를 축내기 위해 이곳에 있지 않다고 가정한다. 그리고 우리는 인적자원이 시간을 낭비하고 불필요한 에너지를 소모하는 과정을 두지 않을 것이다."

이외에도 넷플릭스는 자율성을 중시하는 회사로 인정받는데 2004년부터 근로자들이 원하는 만큼 휴가를 쓸 수 있도록 했다. 근로자들은 언제 일터에 나오고 쉴지, 일거리를 완수하는 데 얼마나 많은 시간을 투입할지 스스로 결정할 권한을 가지고 있다. 이 방식은 효율적으로 작동하고 있다고 평가받는데 자율성과 유연성이 책임감의 부족을 의미하진 않기 때문이다. 넷플릭스 근로자들이 무제한 휴가를 쓸 수 있는 것은 누구도 그들의 시간을 추적하지 않기 때문이다. 리더들은 사람들이 어떻게 일을 해내는지 세부적인 것까지 간섭하는 대신, 성과를 내는 데 중요한 것에만 집중한다. 넷플릭스는 직원들에게 더 많은 자율성을 주는 것이 더욱 책임 있는 문화를 만들어 낸다는 것을 발견했고 근로자들은 답답한 규칙으로부터 방해받지 않으면서 업무에 더욱 집중하고 생산적으로 일할 수 있게 됐다. 이 같은 방식이 가능한 것은 인재들에게는 자율성을 주는 게 더욱 효율적이기 때문이다. 조직적인 장애물이나 시간을 낭비하는 과정이 없다면 사람들은 한층 더 생산적으로 시간을 쓸 수 있다.

과거 산업화 시대의 근로자들은 오전 9시에서 오후 6시까지 생산 라인에 서 있었다. 이러한 상황에서는 시간에 따라 급여를 지불하는 게 합리적이었다. 하지만 기술이 발전하면서 이 같은 공식은 깨졌다. 사람들은 장소에 상관없이 일을 해야 할 때 일을 한다. '근무 외 시간'이 흐릿해지는 것이다. 근로자들은 각자의 성과를 평가받고 보상받는다. 시간에 따라 보상을 받는 산업화 시대의 구습에 집착하면 업무 시간이 끝났을 때, 근로자들은 일에 대한 동기를 크게 잃을 수 있다. 따라서 기업들은 실제로 일이 수행되는 방식을 반영해 운영방식을 바꾸고 있다.

어떤 회사들은 근로자들이 자유를 남용할 것이라며 엄격한 휴가 제도를 옹호한다. 하지만 실제로 인재들에게 무제한 휴가 제도를 시행해 본 기업들은 그 반대 결과를 발견했다. 자유는 그들에게 주인의식과 책임감을 주었고, 심지어 많은 사람은 휴가를 쓰지 않기도 했다.

글로벌 인재 경쟁 시대에는 인재들의 업무 공식을 알아야 한다. 여기서 핵심은 단순히 '감사 제도를 두느냐, 마느냐'나 '무제한 휴가를 허락하느냐, 마느냐'가 아니다. 기업들은 탁월한 역량과 성취에 대한 열망을 갖춘 인재들이 언제 가장 생산적인 결과를 내고 높은 업무 만족도를 느끼며 조직에 머무는지를 파악해야 한다. 이와 관련하여 많은 경험적인 결과들은 인재들에게 자율성이 보장될 때 더 우수한 성과와 창의성이 발현된다는 점을 보여주고 있다.

실수와 실패, 도박 정신

사실 '인재 경쟁' 프레임은 어딘가에 존재하는 인재를 확보하는 것에만 초점을 두고 있다. 인재 경쟁은 정해진 인재를 누가 더 많이 데려가느냐에 따라 승패를 가르기 때문에 그 인재를 어떻게 관리하고 키워내는지는 주목하지 않는다. 이 때문에 인재 경쟁 프레임은 몇 가지 잘못된 가정을 근거로 한다. 개인의 능력은 고정된 불변의 요소라는 것, 사람 중에는 더 좋은 사람과 더 나쁜 사람이 있다는 것, 사람들은 능력과 역량에 따라 분류될 수 있다는 것 그리고 조직의 성과는 개인이 낸 성과들의 단순한 집합이라는 것이다. 이것은 조직의 시스템이나 맥락보다 개인이 무엇을 하느냐에 더 초점을 둔 관점이라 할 수 있다.

물론 톱 10%와 같은 최고의 인재들이 나머지 근로자들보다 더 많은 성과를 낸다는 문헌적인 증거들이 있으므로 '인재'라는 범주의 분류를 부정할 순 없다. 하지만 재능이 고정돼 있다는 추정은 위험하다. 문화적이고 구조적인 요소 역시 사람들의 능력과 성과에 상당한 영향을 미치기 때문이다.

스스로 우월한 지적 능력을 가지고 태어났다고 믿는 사람들은 시간이 지날수록 덜 배우는 경향이 있다. 그들은 자신에게 도전하기보다는 똑똑하게 보이는 것에 초점을 맞추고 새로운 것을 배우거나 기술을 향상하는 데 노력을 쏟지 않는다. 설령 무언가를 배운다고 하더라도 그것을 즐기지 않는다. 자신들이 타고난 능력이 고정돼 있다고 믿기 때문이다. 반면, 지적인 능력이 유동적이라고 믿는 사람들은 당장은 잘 모르거나 못하는 것도 배우려고 하기 때문에 점점 똑똑해진다. 이 때문에 "위대한 시스템은 위대한 사람들보다 더욱 중요하다"는 말이 공감을 얻고 있다. 사람들의 성과는 업무 시스템과 동료들의 지원 등 근무 환경으로부터 큰 영향을 받기 때문이다.

　실제로 기업에서는 조직의 성공과 경쟁력에 있어서 인재를 확보하는 것 못지않게 인재의 재능 계발도 중요한 역할을 한다. A급 인재를 영입해 C급 인재로 전락시키는 조직이 있는가 하면, A급 인재를 영입해 A+급 인재로 길러내는 조직도 있다. 어느 조직이건 경쟁 우위에 머물기 위해서는 적합한 인재를 적합한 장소에 배치할 뿐 아니라 적절한 인재 관리 전략을 구사해야 한다. 인재 관리야말로 기업들이 마주한 가장 큰 도전이자 경쟁력의 원천이 되고 있다.

　여기서 우리는 의문에 마주한다. 사람들은 어떤 근무 환경에서 자신의 재능을 가장 잘 발전시키고 훌륭한 성과를 내는가? 물론 여러 가지 요소가 있겠지만, 인류의 위대한 진보를 이끌어낸 과학적인 성과에서 몇 가지 힌트를 얻을 수 있다. 과학적인 발견과 성취는 실패에 관대하고 도전을 권유하는 문화, 일종의 '도박 정신'의 토양에서 꽃 피웠다.

노벨의학상 수상자인 마리오 카페키(Mario Capecchi)의 사례는 이를 여실히 보여준다. 1980년 유타대학교(University of Utah)의 과학자이던 카페키는 국립보건원에 보조금을 신청했다. 보조금 지원서는 세 개의 프로젝트를 담고 있었다. 국립보건원 전문 심사자들은 첫 번째와 두 번째 프로젝트를 좋아했는데 이것은 카페키의 과거 연구에 기반을 둔 것이었다. 하지만 포유류의 세포에 초점을 둔 유전자를 개발하겠다고 제안한 세 번째 프로젝트에는 모두 부정적이었다. 심사자들은 세 번째 연구의 성공 가능성을 낮게 봤고, 그것이 추구할 만하지 않다고 평가했다. 국립보건원은 이런 평가에도 불구하고 보조금을 지급했지만, 카페키가 세 번째 프로젝트를 포기할 것을 강력히 권유했다. 카페키는 이런 명확한 조언에도 불구하고 세 번째 프로젝트에 모든 노력을 쏟기로 했는데 시간이 흐른 뒤인 2008년 그는 당시를 다음과 같이 회상했다.

　　"이것은 큰 도박이었다. 만약 내가 지정된 시간 내에 그것을 강력하게 뒷받침할만한 데이터를 얻는 데 실패했다면, 국립보건원의 지원은 갑작스럽게 끝났을 것이다."

　　다행히 카페키 팀은 4년 안에 세 번째 프로젝트의 연구와 관련된 강력한 근거를 얻어냈고, 1984년 보조금이 갱신됐다. 그러자 평가자들은 이 갱신에 대해 다음과 같이 말했다.

　　"우리는 당신이 우리의 조언을 따르지 않은 것이 기쁩니다."

　　카페키의 이야기는 여기서 끝나지 않는다. 그는 올리버 스미시스(Oliver Smithies), 마틴 에반스(Martin Evans)와 함께 특정 유전자가 결여된 쥐를 만드는 기술을 개발해 2007년 9월 스미시스, 에반스와 공동으로 노벨의학상을 수상했다. 이 쥐는 과학자들이 포유류의 수많은 역할에 대해 배울 수 있도록 했고 인간에 대한 잠재적인 치료법을 시험해 볼 수 있는 실험 모델이었다.

이 같은 사례는 때로는 불가능하다고 보여지는 것도 시도하도록 용인하고 권유하는 것이 창의성을 꽃 피운다는 점을 보여준다. 과학자들이 "안전하게 일하라"는 조언에 주춤하지 않고 과감한 연구 과제를 추구했을 때 끝내 그 아이디어가 승리하는 것을 볼 수 있다.

사실 과학적인 창의성은 경제 성장의 엔진으로 작용하고 있지만, 우리는 그것이 어떻게 성취되는지에 대해 놀라우리만치 알지 못한다. 그렇기에 많은 기업은 기존에 존재하던 지식을 누적하고 교류하거나 재결합하는 안정적인 방법을 권장한다. 하지만 어떤 분야는 더욱 도전적인 아이디어 속에서 꽃 피며 새롭고 실험되지 않은 접근법을 요구하고 있다. 양쪽 방식의 혁신은 모두 가치 있지만, 우리는 무엇이 진정한 혁신을 이끄는지는 확신할수 없다. 분명한 것은 인류가 누리는 풍요와 혁신의 토양이 됐던 어떤 성과들은 실패, 모험, 도전을 권장하지 않았더라면 절대 성취되지 못했으리라는 것이다.

혁신은 실험적인 문화 없이는 존재할 수 없다. 단순히 다른 회사의 아이디어를 베끼는 식의 생각은 기업이 앞으로 나아가지 못하게 한다. 실패, 실수, 사고는 근로자들이 배우고 성장하는 데 중요한 역할을 한다. 하지만 실수를 처벌하고 위험을 꺼리는 분위기라면 근로자는 새로운 무언가를 시도하는 것에 불안함을 느끼게 된다. 이 때문에 최고의 회사들은 실패를 권장하고 '틀에서 벗어난' 생각을 포용하며, 근로자의 실수를 허용하고 그로 인해 무슨 일이 벌어질지 인내하며 관찰한다. 근로자가 무엇을 만들고 그것이 소비자들의 만족을 끌어올리는지와 상관없이 노동력은 지식과 경험, 창의성과 혁신의 보고(寶庫)다. 만약 그들이 숨 막혀 하거나 실수를 두려워한다면 조직은 이들로부터 혜택을 얻지 못할 것이다. 회사가 실패, 실수로 인해 오는 모든 혜택을 권장할 때 회사는 더 큰 배움터가 될 수 있다.

근로자가 실패를 권유하는 회사로 느끼게 하기 위해서는 이에 부합하는 조직 관리가 선행돼야 한다. 실패를 권유·권장하는 문화를 만드는 데 중요한 점은 '어떻게 실패를 축하할지'를 가르치는 것이다. 조직의 리더들은 단순히 좋은 해결책을 제시할 때뿐 아니라 사람들이 새로운 것을 시도할 때도 환영해야 한다. 근로자들이 다른 부서와 채널을 넘나들며 아이디어를 내놓고 소통하는 것이 자유로워야 한다. 기업 내부의 투명성은 실패를 숨기려는 경향을 줄여준다. 모두가 아이디어와 실패를 공유하는 것에 대한 거부감이 사라진다면, 전례는 별것이 아닌 게 되고 모든 근로자는 서로의 성공과 실패로부터 많은 것을 배울 수 있다.

글로벌 기업들은 실패를 관용하는 것을 넘어서 권장하고 있다. 일례로 아마존에서는 스마트폰을 개발해 판매했던 것이 가장 큰 실패로 꼽히는데 아마존 창립자 제프 베조스(Jeff Bezos)는 회사가 더 많은, 심지어 더 큰 실패를 경험하길 바란다고 했다. 2016년 10월 그는 시애틀 비행박물관(Museum of Flight)에서 열린 행사에서 다음과 같이 밝혔다.

"우리 회사의 크기가 커질수록 실패의 크기도 성장해야 한다. 우리는 더 큰 실패를 해야 한다……. 아마존이 더 큰 실패를 하지 않는다면 이것은 장기적으로는 나쁜 신호다."

모든 기업의 성공과 성장에는 실패가 숨어있다고 해도 과언이 아니다. 처음부터 올바른 판단과 성공만 하는 리더는 없다. 기업이 실수, 실패, 도박 정신을 얼마나 환영하는지는 인재들이 더 도약할 수 있는 발판을 가지고 있는지 가늠하는 잣대가 되고 있다.

가능성과 성장 기회

인재들은 단순히 돈만 보고 일하지 않는다. 그들은 자신이 하는 일에서 의미를 찾고 싶어 하며, 그 일을 수행함으로 인해 더 발전하고 성장하고 싶어 한다. 이것은 근로자들에게 물질적인 혜택 못지않게 미래에 대한 전망과 비전을 주는 것이 중요하다는 점을 시사한다. 높은 급여, 무료 식사, 개인 편의 서비스 등은 제공하면 좋은 것이지만, '게임 체인저(Game Changer)'는 될 수 없다. 많은 인재는 '세상을 바꿀 가능성'과 '성장 기회'에 이끌리고 있다.

링크드인의 '글로벌 채용 트렌드 2017'에 따르면 "현재 당신이 일하고 있는 회사의 일자리 제안을 수락하도록 영향을 준 요인은 무엇이냐"는 질문(중복 응답)에 '더 나은 보상과 혜택(45%)' 못지않게 '커리어 발전에 대한 기회(44%)', '도전적인 업무(44%)'가 많은 비중을 차지했다. 보고서는 "지원자들이 일자리 제안에 대해 답변을 해야 할 때 당신의 회사가 '커리어 발전에 어떤 영향을 줄 것이며 그 직업이 얼마나 재정적으로나 지적으로 자극을 줄 것이냐'가 결정적인 요소다"라고 분석했다.

과거에는 주요 대기업이 인재들을 많이 채용했다. 하지만 오늘날 인재들에게 기업 규모는 점점 중요성을 잃고 있다. 높은 성과를 내는 조직들은 10년, 20년 전과는 다른 방식으로 움직이고 있으며, 산업화 시대와는 성장 방식이 달라졌다. 비대하고 관료주의적이며 권위적인 조직은 빠르게 경쟁력을 잃고 있다. 최고의 인재들은 아무리 유명하더라도 경쟁력 없이 구태를 답습한 조직에서 일하려 하지 않는다. 성장 가능성이 작기 때문이다.

불확실성과 파괴적인 혁신이 화두로 떠오른 시대엔 거대한 조직보다 작은 조직이 주목을 받기도 한다. 빠르게 움직이며 시대 변화에 신속하게 적응하는 조직이 더욱 발전하기 때문이다. 작은 기업들은 효율성과 민첩함을 무기로 인재 경쟁에서 대기업들을 이길 수 있다. 작은 기업일수록 계급 구조가 제한돼 있거나 전혀 없는 경우가 많은데 이것은 관료주의적인 계층, 복잡한 보고 체계, 느린 의사결정 과정에 신물이 난 인재들에게 매력적인 요소가 되고 있다.

실제로 산업계에서는 빠르게 성장하는 민첩한 작은 기업들이 큰 기업들의 인재를 빼내가는 일이 심심찮게 벌어지고 있다. 미국 실리콘밸리에서는 급속도로 사업을 확장해 나가는 유니콘(Unicorn)[18]들이 깜짝 놀랄만한 급여와 관대한 주식 패키지를 제공하며 거대기업들로부터 최고의 인재들을 스카웃하고 있다. 수많은 글로벌 인재들에게 선망을 받는 기업인 구글도 맵핑(Mapping)과 같은 중요한 기술에 관해 전문지식을 갖춘 엔지니어들을 유니콘들에게 빼앗겼다. 가장 큰 유니콘으로 꼽히는 우버는 2014~2015년 즈음 자체 지도 연구를 강화하기 위해 구글의 맵핑 부서 인재들을 약탈하다시피 채 갔다.

유니콘들은 다른 회사에 있는 작은 팀 전체를 스카웃하기도 한다. 숫자로 보면 큰 회사 중 미미한 부분에 불과하다. 하지만 고숙련 엔지니어들이

---

18 기업 가치가 10억 달러 이상인 스타트업을 이르는 용어다. 스타트업이 많지만 크게 성공하는 경우가 드물기 때문에 상상 속의 동물인 유니콘에 빗댄 것이다.

회사의 성장에 핵심적인 역할을 하는 만큼 이들을 빼앗기는 것은 치명적인 결과를 초래할 수 있다.

유니콘들이 거대기업으로부터 인재들 데려오는 방식을 보면 글로벌 기업들의 인재 경쟁 성공법을 엿볼 수 있다. 유니콘들은 인재들에게 자신들이 '로켓선'과 같이 빠르게 성장하고 있어 성공 길목에 있다고 홍보한다. 유니콘이 상장하거나 매각될 경우 주식 가치는 엄청난 이득으로 돌아오게 되는데 유니콘들은 주식을 관대하게 제공하면서 인재들을 끌어모은다. 이것은 이미 기업 공개를 진행한 거대기업이 갖기 어려운 매력이다.

오늘날 수많은 인재가 유니콘을 비롯한 신생 기업과 작은 기업으로 향하는 것은 이들에게 중요한 것은 '과거의 명성'이 아닌 '앞으로의 발전과 성장'이기 때문이다. 당장은 기업이 작더라도 성장 잠재력이 있고, 자신이 생각하는 방식으로 전 세계에 영향을 줄 수 있다면 인재들은 그곳으로 향한다. 최첨단 기술, 빠른 실행력, 높은 성장성은 인재들에게 무척 매력적인 요소다.

일례로 우버는 근로시간이 길고 일과 가정의 균형을 맞추기 어려운 곳이라는 평판이 자자한데도 불구하고 구글, 페이스북, 트위터를 떠나 그곳으로 향하는 명석한 인재들이 적지 않았다. 2017년 2월 CNN은 "근로자들은 우버가 무시무시한 속도로 진을 빼놓는다는 것을 인정하지만, 동시에 우버가 독특한 기회들을 제공한다고 말한다"고 보도했다. 그 기회들은 로켓선과 같은 성장, 현실의 문제를 풀 기회, 빠르게 성장하는 분야에서 급진적인 해결책으로 실험을 할 자유를 주는 문화였다. 우버 인사 분석 책임자 닐 나라야니(Neal Narayani)는 CNN과의 인터뷰에서 "당신은 이곳에서 일하려면 약간의 아드레날린 중독자가 돼야 한다"고 말했다.

우버는 한때 기업가였던 사람들도 활발하게 고용했다. 페이스북에서 2년간 일한 뒤 우버에 합류한 에드 베이커(Ed Baker)는 데이팅 웹사이트 두 곳을 설립한 전력이 있는데 한 곳은 2011년 페이스북에 비공개 가격으로 인수된 곳이었다. 그는 CNN과의 인터뷰에서 다음과 같이 말했다.

"우버는 기업가들이 기업가가 될 수 있는 장소이기 때문에 매력을 느꼈다. 오늘날 우버는 몇 년 전의 페이스북 같다. 이곳은 빠르게 성장하기 때문에 작고 무질서하지만, 앞으로 갈 길이 매우 많다. 당신은 불확실성에 편안함을 느낄 수 있어야 한다."

이 같은 사례들은 오늘날 인재를 얻고자 하는 기업들이 염두에 둬야 하는 점을 명확히 보여주고 있다. 미래 사회를 바꾸고 세상에 변화를 주고자 하는 인재들은 '과거의 명성'이나 '예전의 성과'에 크게 연연하지 않는다. 그들은 빠르게 성장할 수 있는 잠재력과 기회에 매료되고, 그 발전 과정에 동참하고 싶어 한다. 인재를 얻고 싶어 하는 기업들은 그간의 성과를 홍보하는 것을 넘어서 인재들에게 어떤 비전과 청사진을 제시할 수 있을지를 고민해야 한다.

주변인을 관리하라

채용 후 아무 관리를 받지 않아도 자발적으로 그곳에 얽매여 평생 헌신적으로 일하는 인재는 없다. 인재들은 수많은 회사가 원하는 기술과 역량을 갖춘 사람들이다. 그리고 전 세계 기업들은 이들을 확보하기 위해 무한 경쟁을 벌이고 있다. 인재 경쟁이 '한 방'일 수 없는 이유는 이들을 제대로 관리하지 않으면 방심하는 순간 다른 기업이 인재를 채 갈 수 있기 때문이다. 인재를 영입한 뒤 관리하지 못한다면 이들은 떠나고 말 것이다. 인재 보유 전략을 형편없이 짜는 기업은 애써 확보한 인재가 순식간에 유출되는 것을 목격할 것이다.

어떤 기업들은 인재들이 유출되더라도 그곳에 오려고 하는 다른 인재들이 줄 서 있기 때문에 인재 보유 전략에 투자하는 것을 꺼린다. 하지만 최고의 성과를 내는 사람들을 오래도록 보유하는 것은 여러 가지 측면에서 기업에 필수 조건이라 할 수 있다. 가장 큰 이유는 기존 인재를 떠나보내고 새로운 인재를 영입하는 것은 비용이 많이 든다는 것이다. 근로자가 이직하면 기존 인재에 투자한 비용을 잃게 될뿐더러 새로운 인재를 영입해 훈련하고 적응시키는 데에도 시간과 비용을 들여야 한다.

오늘날 인재들은 평생 직장에 얽매이지도 않고, 회사에 대한 충성심을 업무의 동기로 삼지도 않는다. 그들은 특정 고용주를 영구적인 고용주로 인식하지 않으며 일자리에서 일자리로, 조직에서 조직으로 옮겨 다닌다. 그들에게 중요한 것은 조직이나 회사에 대한 충성심이 아니다. 인재들은 의미 있는 일을 할 수 있고 자신의 역량을 발전시킬 수 있는 곳을 끊임없이 탐색한다.

이 같은 트렌드는 경제적인 불확실성에 의해 더욱 강화되고 있다. 기업들은 전 세계의 근로자들을 채용하고 있고, 근로자들과 '평생고용계약'을 맺지 않는다. 명망 있는 기업에서 일한다는 것은 평생 직장의 안정적인 고용상태나 예측 가능한 삶의 질을 보장하지 않는다. 인재들이 고용주를 평생 의지할 수 없다면, 왜 그들이 고용주를 위해 평생 한곳에 머물러 있어야 하는가? 인재들이 조직을 떠나고 직업을 바꾸는 것은 놀라운 일이 아니다.

글로벌 기업들은 사업 전략을 짜는 것처럼 인재들을 잃지 않기 위해 신중하고 포괄적으로 인적자원 전략을 짜야 한다. 인재 확보와 계발, 보유 전략은 인사 전문가들에게 점점 중요해질 것이다. 회사가 새로운 사업 모델을 도입하거나 새로운 시장에 진출하려고 할수록 회사 성장의 핵심 동력인 인재 관리는 성공에 중요한 요소가 될 것이다.

그렇다면 회사가 인재를 보유하기 위해서는 어떻게 해야 할까? 전문가들이 제시하는 인재 보유 전략은 대체로 다음과 같다. '제대로 된 사람을 뽑고, 성장 기회를 제공하며, 훌륭한 인적자원과 함께 일하게 하라.'

글로벌 IT 기업 오라클은 2012년 보고서에서 조직이 최고의 재능을 가진 사람들을 보유하기 위해 도입할 수 있는 핵심적인 실천사항으로 '일선 관리자의 관리 능력을 향상할 것'을 포함시켰다. 일단 고용되고 나면 인재 보유를 위한 책임의 주요 부분은 관리자에게 넘어가며, 근로자를 지시하고 안내하며 평가하는 것은 관리자의 몫이기 때문이다.

인간은 사회적인 동물이다. 근로자들이 회사를 위해서 일하는 것 같지만, 사실 회사라는 것은 개별 인간에게는 무형의 조직체에 불과하다. 근로자들은 사람들을 향해, 명확하게는 주로 상사를 향해 일한다. 따라서 만약 조직이 인재를 잃었다면 당사자에게 그들이 자신들의 관리자를 어떻게 느꼈는지를 물어보는 게 중요하다. 리더십 컨설턴트 로베르타 친스키 마투슨(Roberta Chinsky Matuson)은 이와 관련해 다음과 같이 말했다.

"우리는 사람들이 회사를 떠나는 게 아니라 상사를 떠난다는 것을 안다. 만약 당신이 인재들이 머무르길 원한다면 (상사로서) 당신의 매력을 높이기 위해 무엇이든 해야 할 것이다."

　오늘날 글로벌 기업은 제대로 된 관리자를 두는 일을 매우 중시하고 있다. 관리자야말로 직원들의 성장과 업무 의욕에 직접적인 영향을 미치기 때문이다. 리더가 어떤 사안에 의지를 갖고 무엇을 어떻게 추진하느냐에 따라 조직의 성과와 효율은 극명하게 달라진다. 게다가 일선 관리자부터 최고경영자까지, 상사들은 인재들이 함께 일하는 사람의 '질'을 의미한다. 따라서 누군가를 관리자로 앉히기 전에 높은 기준을 세우고 철저하게 검증해야 한다. 리더는 직원들의 업무에 대한 만족도뿐 아니라 생산성에도 막대한 영향을 미친다. 매력적인 리더가 무엇을 하라고 말하면 직원들은 그 일을 한다. 그와 함께 일하는 직원들은 어쩌면 그 리더를 따라 일자리나 직업을 바꿀지도 모른다.

　그렇다면 어떤 리더가 제대로 된 리더인가? "무능한 리더는 닦달하고 유능한 리더는 영감을 준다"는 이야기가 있다. 근로자들은 영감을 받을 때 훨씬 더 생산적으로 일하며 더 높은 목표를 향해 나아갈 동력을 얻는다. 훌륭한 리더는 비전, 목표를 가지며 사내 정치에 따라 태도를 바꾸지도 않는다. 그들은 직원들을 진실하고 정직하게 대하며 자신의 실수나 단점을 공유하는 것을 두려워하지 않기 때문에 본인이 모르는 것을 솔직하게 인정한다.

　리더십은 기본적으로 서비스 사업에 가깝다. 서비스는 희생과 함께 온다. 매력적인 리더들은 자신보다 직원을 우선시하고 직원들이 성과를 낼 수 있도록 조언을 아끼지 않는다. 어떤 사람들은 타고난 리더십이 있을지도 모른다. 하지만 대개 리더십은 배워서 체득할 수 있다. 이것은 마치 건강 관리 프로그램과도 같다. 건강해지려면 운동을 통해 체력을 키워야 하듯이, 좋은 리더가 되고 싶다면 훈련을 위해 리더십을 키워야 한다. 글로벌 기업들은 리더십이 있는 사람을 발견하고 임직원들이 리더십을 키우게한다.

과거 평생직장 시대에는 직원들의 퇴사율과 이직률이 지금보다 낮았으며 정년까지 근무하고 퇴직하는 게 보편적이었다. 당시엔 형편없는 관리자도 살아남을 수 있었다. 하지만 이런 시대는 갔다. 전 세계 시장이 통합되면서 인재들에게 무한한 일자리 기회가 열리고 있다. 형편없는 리더십으로 인재 유출을 야기하는 관리자들이 설 곳은 점점 좁아지고 있다.

인재들을 보유하는 데 있어서 관리자 못지않게 중요한 사람은 동료다. 매사에 열정과 긍정적인 에너지를 갖고 탁월하게 일을 추진해 나가는 동료들에게 둘러싸인 인재는 높은 성취감을 느끼며 빠르게 성과를 낸다. 반면, 매사에 부정적이고 무책임하며 업무 의욕이 없는 사람들 사이에 둘러싸인 인재들은 조직을 떠나거나, 조직에 머물더라도 성과를 못 낼 가능성이 크다.

알파벳 회장 에릭 슈미트와 구글 수석부사장을 지낸 조나단 로젠버그(Jonathan Rosenberg)는 저서 《구글은 어떻게 일하는가(How Google Works, 2014)》와 관련한 토크콘서트에서 이 같은 개념에 대해 '악한(Knave)들을 내쫓고 디바(Diva, 인재)[19]들을 위해 싸워라'는 문구로 설명했다.

이들의 설명에 따르면 악한들은 거짓말하며 속이고 빼앗고 다른 사람의 업무 성과를 가로채며 '부엌에 커피를 쏟고 치우지 않는' 무책임한 사람들이다. 디바는 모든 것이 탁월한 방법으로 이뤄져야 한다고 믿는 명석한 사

---

19 최고의 여가수를 의미하는 영어 단어지만 여기서는 최고의 인재를 의미하는 단어로 쓰였다.

람들로, 종종 함께 일하기 힘들지만 굉장한 비전을 갖고 있으며 세계가 어디로 흘러가고 있는지와 자신들이 무엇을 하고 있는지에 대해 누구보다도 나은 개념을 가지고 있는 사람들이다. 이들이야말로 문화를 앞으로 나아가게 하고 근로자들이 더 열심히 일할 동력을 제공하며, 산업계에서 종종 유명세를 얻는 인물들이다.

기술력이 중요한 기업에서는 일반적으로 서너 명의 직원들이 작게 팀을 이뤄서 일한다. 따라서 악한이나 디바의 존재가 동료들에게 막대한 영향을 미친다. 그렇기에 팀에 악한을 들이는 것은 치명적이다. 로젠버그는 "악한의 밀집도가 일정 수준에 도달하면 누구도 그곳에서 일하려고 하지 않는다"고 말했다. 아울러 디바는 종종 함께 일하기 어려워 팀에서 내몰릴 수 있다. 슈미트는 애플 창업자 스티브 잡스를 그 예로 들며 "이런 사람(디바)들이 미친 영향을 보면 우리는 분명히 그들을 필요로 한다. 절대 그들을 몰아내지 마라"고 강조했다.

글로벌 기업들이 유치하는 인재들은 '디바'다. 디바가 많은 조직은 더 많은 성과를 내고 더 좋은 문화를 갖추며 더 많은 인재를 유치할 것이다. 반면, 디바들이 적고 사기와 의욕을 꺾는 사람들이 많은 조직은 인재를 유치하기도 어렵지만, 설령 유치하더라도 금세 그들을 잃고 말 것이다. 인재 확보와 보유 능력이 높은 조직은 더 많은 인재를 확보하고 그렇지 않은 조직은 '인재 빈곤'에 시달리는 '인재의 양극화' 현상은 더욱 심화할 것이다. 그리고 '인재 부자' 기업은 승승장구하고 그렇지 않은 기업은 도태될 것이다. 수많은 인재가 국경을 넘어 이동하는 현상은 기업들이 인재 경쟁력을 갖추기 위해 더 많이 고민을 해야한다는 사실을 시사하고 있다.

인재 이동의
메커니즘을
알아야 하는 이유

글로벌 인재 이동의 메커니즘은 그것이 발생하는 조직의 규모와 관계 없이 유사하다. 인재 이동을 둘러싼 현상이 기업에서 발생하든 국가에서 발생하든 비슷한 특징을 띠고 있기 때문이다. 후진적이고 발전이 정체된 회사를 예로 들어보자. 그곳은 후진적인 시스템과 문화를 갖추고 있고 높은 기술과 전문성을 지닌 직원들에게 제대로 된 보상을 하지 않으며 구성원들이 성장할 기회도 적다. 인재들은 굳이 형편없는 처우와 암울한 전망을 감내하며 일할 이유가 없으므로 여건이 되는 대로 조직을 떠날 것이다. 이들은 다른 기업에서도 열렬하게 원하는 실력을 갖춘 사람들이며, 최고의 삶을 누리며 행복을 추구할 권리를 갖고 있다. 인재들이 자신의 역량에 대해 가장 높은 보상을 받을 수 있는 곳으로 떠나는 것은 놀라운 일이 아니다.

이를 일차적으로 해석한다면 조직에 손해를 끼치는 '두뇌 유출'로만 보일 것이다. 핵심인력들이 조직을 떠나가면 회사가 성장하고 발전할 가능성이 더욱 낮아지기 때문이다. 회사는 떠난 사람들의 자리를 메울 새로운 인력을 채용할 수 있겠지만, 최고 수준의 인재들을 얻는 속도보다 잃는 속도가 빠르게 되면 궁극적으로 인재 경쟁력을 잃게 된다. 게다가 우수 직원들이 회사를 나가면 '퇴사 러시'가 문화적으로 전파된다. 참신한 아이디어와 의욕을 갖춘 인재들이 하나둘 떠나가고 적당히 조직에 붙어 안주하려는 사람들이 남을 때 남은 인재들도 하나둘씩 조직을 떠나게 된다.

대부분의 기업은 인재 관리에 상당히 많이 투자하고 있다. 회사들은 직원들을 뽑고 교육하는 데 심혈을 기울이며 채용과 인사관리에 적지 않은 비용을 지출한다. 인재들이 떠나는 것은 회사가 그동안 지출한 비용을 잃는 것과 동시에 이들을 대체할 인력을 뽑기 위해 재차 같은 비용을 지출하며 이중의 비용 부담을 진다는 것을 의미한다. 그렇기에 어떤 이들은 회사를 떠나는 인재들을 이기적이고 의리 없는 사람들로 여기고 비난할지도 모른다.

그런데 두뇌 유출은 '두뇌 유입'이라는 개념과 밀접하게 연관돼 있다. 높은 기술을 갖춘 인재들을 받아들이는 기업은 이들이 가진 재능을 손쉽게 얻고 이들의 출신 기업은 그동안 인적자원에 투자한 것을 잃으며 손해를 본다는 것이다. 이것은 인재들의 이동 현상을 파이가 정해진 제로섬 게임으로 보는 것인데 실제 현실은 이 같은 가정이 잘못됐다는 것을 보여주고 있다.

후진적이고 발전이 정체된 회사에서는 인재들이 잠재력을 계발하거나 재능을 발휘할 여건이 빈약한 경우가 많다. 그 회사에 머물면 인재들은 스스로 발전에 투자한 것을 회수하기 어렵고, 참신한 아이디어를 갖고 있더라도 실현하기 어렵다. 반면, 더 발전한 회사로 이동하면 자신이 가진 잠재력과 재능을 더욱 효과적으로 발휘할 수 있다. 전체 산업적인 관점에서 보면 인재들의 이동은 누군가의 역량을 더욱 성공적으로 재분배한 것이 된다.

그럼에도 불구하고 누군가는 인재들의 이직을 부정적으로만 볼 수 있다. 그렇다면 이직의 가능성이 없는 회사가 바람직한지 생각해 보자. 사람들은 더 나은 삶을 살 가능성 때문에 스스로의 발전과 성장에 투자한다. 더 나은 환경으로 이동할 가능성이 없다면 직원들은 굳이 자기 계발과 기술 향상에 투자할 이유가 없어진다. 이것은 현실에 안주하고 머무는 사람들을 양산해 인재들의 퇴보를 촉진한다. 반면, 더 나은 곳으로 이동할 가능성이 있을 때 사람들은 뭔가를 배우고 발전하는 데 기꺼이 투자하며, 이로 인해 인재시장이 커지게 된다.

두뇌 유출이 인재를 잃는 기업에 부정적인 영향을 끼친다는 것은 이론(異論)의 여지가 없다. 그렇다면 누군가는 '채찍(규제)'이나 '당근(인센티브)'으로 이직을 막을 수 있다고 생각할지도 모른다. 실제로 많은 기업은 채찍과 당근을 적절히 결합한 인재 이탈 방지책을 고안해내고 있다. 직원들을 대상으로 한 연수 프로그램이 대표적인 예다. 많은 기업은 직원들에게 연수 기회를 주고 학비와 생활비를 포함한 연수비를 지원하며 이를 일종의 복지혜택으로 내세운다. 그와 동시에 연수 후 일정 기간 이내에 퇴사하면 연수비를 반환하도록 하며 이직을 방지하려 한다.

인재들에게 내놓는 채찍과 당근이 인재 이탈의 속도를 늦출 수는 있을 것이다. 하지만 그것이 궁극적인 해결책은 될 수 없다. 인재들은 이동으로 인한 보상이 그 과정에서 마주하는 비용보다 클 때 이직을 선택한다. 어디 서든 커다란 보상을 얻을 수 있는, 최고 수준의 인재들에게 채찍과 당근은 효과를 내지 못할 것이다. 직원들을 가둬 놓으려는 과도한 규제는 오히려 인재들을 짜증 나게 할 수 있고, 갑갑한 조직을 떠나고 싶게 할 수 있다.

인재 유출을 고민하는 기업들은 인재들이 왜 떠나는지 면밀하게 분석해야 한다. 인재들은 낮은 보상 때문에 이직을 택할 수도 있지만, 단순히 돈을 조금 더 벌거나 덜 버는 문제 때문에 이직하진 않는다. 형편없는 근로 환경, 허술한 인사 제도, 후진적인 근로 문화, 저조한 발전 가능성 등도 이직에 영향을 미친다. 많은 인재는 단순히 돈을 벌기 위해 노동하는 것이 아니라 그 이상의 만족감과 의미를 느끼고 싶어 한다.

인재 유출을 막기는 쉽지 않다. 어떤 기업은 근로자들에게 성장 기회를 제공하기 위해 자기 계발비를 지원하고 사내 교육과 직무 훈련을 강화한다. 하지만 이를 통해 인재들의 역량이 강화될수록 그들은 더 많은 유혹에 휩싸여 회사를 떠날 수 있다. 개발도상국에서 경제 발전과 제도 개선이 충분히 진행되지 않는 한 인재들이 떠날 수밖에 없는 것처럼, 회사도 지속적으로 성장하고 선진적인 문화와 뚜렷한 비전을 갖춰야 한다. 그렇지 않은 한 인재들은 계속 떠날 수밖에 없다.

인재 유출이 어느 국가에서나 발생하듯이 근로자들의 이직 역시 어느 기업에서나 발생하고 있다. 인재들이 많이 이탈하지 않도록 하는 것도 중요하지만, 글로벌 무한경쟁 시대에 인재들의 이동을 자연스러운 현상으로 받아들이고 효과적으로 활용하는 것 역시 중요할 것이다.

개발도상국을 떠났던 인재들은 본국의 경제가 발전하자 그곳에 돌아가 전문성과 지식을 전파하고 산업을 일으키고 있다. 마찬가지로 한때 회사를 떠났던 사람들도 회사가 성장하고 그곳에서 새로운 기회가 열리고 있다면 언제든지 다시 돌아갈 수 있으며, 외부에서 쌓은 전문성과 지식을 활용해 조직에 기여할 수 있다. '귀환 인재들'은 외부에서 온 직원들보다는 회사와 조직에 대한 이해도가 높아 그동안 쌓은 역량을 더욱 효과적으로 활용할 수 있다.

인재들이 설령 회사에 돌아오지 않고 외부에 머문다고 하더라도 그들은 긍정적인 시너지를 낼 수 있다. 이직자들은 기존 회사 직원들과 네트워크를 맺고 있어 회사에 새로운 정보, 지식, 기술을 직·간접적으로 전할 수 있다. 회사가 새로운 사업을 개척하거나 외부로부터 투자를 받고 낯선 시장에 진출할 때 이직자들을 통해 도움을 얻을 수도 있다.

인재 이동은 끊임없이 누군가를 '뺏고, 뺏기고, 활용하는' 것을 반복하는 경기와도 같다. 이 경기에는 영원한 승자도, 영원한 패자도 없다. 과거 인재들을 끌어모았던 많은 기업은 이제는 일터로서 매력을 잃고 있고 불과 10년 전에는 존재하지도 않던 기업은 인재 경쟁의 강자로 부상하며 빠르게 우수 인력을 흡수하고 있다. 조직이든 기업이든 국가든 인재 이동의 메커니즘을 간파하고 정확히 진단하며 제대로 된 해법을 내놓는 곳일수록 더 많은 인재를 확보할 것이다. 그리고 궁극적으로 인재 경쟁의 승자가 번영할 것이다.

참고문헌

<논문 및 연구물>

A. A. Mohamoud, 2005, Reversing the Brain Drain in Africa: Harnessing the Intellectual Capital of the Diaspora for Knowledge Development in Africa, pp. 7~10.

Ahmed Tritad, 2008, The Brain Drain Between Knowledge Based Economies: The European Human Capital Outflow to the US, CEPII, Working Paper No 2008-08, pp. 4~43.

Akhenaten Benjamin Siankam Tankwanchi, Çağlar Özden, Sten H. Vermund, 2013, Physician Emigration from Sub-Saharan Africa to the United States: Analysis of the 2011 AMA Physician Masterfile, PLOS Medicine, Volume 10, Issue 9, pp. 1~28.

Alejandra Cox Edwards, Manuelita Ureta, 2003, International Migration, Remittances, and Schooling: Evidence from El Salvador, Journal of Development Economics 72, pp. 429~430.

Alejandro Portes, 1997, Globalization from Below: The Rise of Transnational Communities, pp. 9~11.

Amanie Hamdan, 2005, Women and education in Saudi Arabia: Challenges and achievements, International Education Journal, pp. 42~61.

Amelie F. Constant, Elena D'Agosto, 2008, Where Do Brainy Italians Go?, IZA Discussion Paper Series, No. 3325, pp. 3~20.

Amson Sibanda, 2004, Who Drops Out of School in South Africa? The Influence of Individual and Household Characteristics, pp. 107~113.

Amy Hagopian, Anthony Ofosu, Adesegun Fatusi, Richard Biritwum, Ama Essel, L. Gary Hart, Carolyn Watts, 2005, The flight of physicians from West Africa: Views of African physicians and implications for policy, Social Science&Medicine, pp. 1750~1760.

Amy Hagopian, Matthew J Thompson, Meredith Fordyce, Karin E Johnson, L

Gary Hart, 2004, The Migration of Physicians from sub-Saharan Africa to the United States of America: measures of the Africa brain drain, Human Resources for Health, pp. 4~5.

AnnaLee Saxenian, 2003, Brain Circulation and Capitalist Dynamics: The Silicon Valley-Hsinchu-Shanghai Triangle, Cornell University, Department of Sociology, The Center for Economy and Society Working Paper Series Paper #8, pp. 3~37.

AnnaLee Saxenian, 2001, Taiwan's Hsinchu Region: Imitator and Partner for Silicon Valley, Stanford Institute for Economic Policy Research Discussion Paper No. 00-44, pp. 2~37.

Anupam Chander, 2001, Diaspora Bonds, N.Y.U. Law Review, pp. 1005~1099.

Armando J. Garcia Pires, 2015, Brain Drain and Brain Waste, Journal of Economic Development, Vol. 40, No. 1, pp. 1~29.

Ashok Deo Bardhan, Cynthia A. Kroll, 2003, The New Wave of Outsourcing, University of California, Berkeley, Fisher Center for Real Estate and Urban Economics, Research Report, pp. 1~12.

Ayelet Shachar, 2006, The Race for Talent: Highly Skilled Migrants and Competitive Immigration Regimes, pp. 148~206.

Barry R. Chiswick, 1978, The Effect of Americanization on the Earnings of Foreign-born Men, Journal of Political Economy, Vol. 86, No. 5, pp. 897~920.

Binod Khadria, 2002, Skilled Labour Migration from Developing Countries: Study on India, International Labor Office Geneva International Migration Program, International Migration Papers, pp. 4~51.

B. Lindsay Lowell, 2001, Policy Responses to the International Mobility of Skilled Labour, International Labour Office Geneva, International Migration Papers 45, pp. 1~21.

B. Linsay Lowell and Allan Findlay, 2001, Migration of Highly Skilled Persons From Developing Countries: Impact and Policy Responses, International Labour Office Geneva, International Migration Papers 44, pp. 1~31.

Brian Balmer, Matthew Godwin, Jane Gregory, 2009, The Royal Society and the 'Brain Drain': Natural Scientists Meet Social Science, Notes&Records of The royal

Society, pp. 339~353.

Brian J. Fifarek, 2008, Offshoring Technology Innovation: A Case Study of Rare-earth Technology, pp. 2~32.

Bruno Marchal, Guy Kegels, 2003, Health workforce imbalances in times of globalization: brain drain or professional mobility?, pp.S89~S99.

Christiane Wiskow, 2011, International Migration of Health Personnel Challenges and Opportunities for North and West African Countries, European University Institute, Robert Schuman Centre for Advanced Studies, CARIM Research Reports, pp. 4~33.

Christoph Kurowski, Kaspar Wyss, Salim Abdulla, N'Diekhor Yémadji and Anne Mills, 2003, Human Resources for Health: Requirements and Availability in the Context of

Scaling-Up Priority Interventions in Low-Income Countries, Case Studies from Tanzania and Chad, pp. 16.

Cong Cao, Richard P. Suttmeier, Denis Fred Simon, 2006, China's 15-year Science and Technology Plan, American Insitute of Physics, Physics Today, pp. 38.

Daniel Gros, Felix Roth, 2012, The Europe 2020 Strategy: Can It Maintain the EU's Competitiveness in the World?, Centre for European Policy Studies, pp. 1~31.

David Khoudour-Castéras, 2009, Neither Migration Nor Development: The Contradictions of French Co-development Policy, pp. 1~17.

David McKenzie, Hillel Rapoport, 2006, Can Migration Reduce Educational Attainment? Evidence from Mexico, World Bank Policy Research Working Paper 3952, pp. 1~27.

Demetrios G. Papademetriou, Madeleine Sumption, 2013 Attracting and Selecting from the Global Talent Pool – Policy challenges, migration policy institute, pp. 3~15.

Dean Yang, 2005, International Migration, Human Capital, and Entrepreneurship: Evidence from Philippine Migrant' Exchange Rate Shocks, pp. 1~2.

Delanyo Dovlo, Frank Nyonator, 2003, Migration by Graduates of the University of Ghana Medical School: A Preliminary Rapid Appraisal, pp. 1~10.

Devesh Kapur, 2001, Diasporas and Technology Transfer, Journal of Human Development, Vol. 2, No. 2, pp. 270~284.

Dhananjayan Sriskandarajah, 2005, Migration and Development: A New Research and Policy Agenda, World Economics, Vol. 6, No. 2, pp. 1~6.

Dumont J, Lafortune G, 2016, International Migration of Doctors and Nurses to OECD Countries: Recent Trends and Policy Implications, World Health Organization, Policy Brief, pp. 3~23.

Elisabetta Lodigiani, 2009, Diaspora Externalities as a Cornerstone of the New Brain Drain Literature, Centro Studi Luca D'agliano, Development Studies Working Papers, pp. 1~39.

Ernesto Lopez-Cordova, 2006, Globalization, Migration and Development: The Role of Mexican Migrant Remittances, INTAL-ITD Working Paper 20, pp. 1~23.

Evans Jadotte, 2012, Brain Drain, Brain Circulation and Diaspora Networks in Haiti, UNCTAD The Least Developed Countries Report 2012: Harnessing Remittances and Diaspora Knowledge to Build Productive Capacities, Background Paper No. 1, pp. 1~34.

Frédéric Docquier, 2006, Brain Drain and Inequality Across Nations, IZA Discussion Paper No. 2440, pp. 2~9.

Frédéric Docquier, Hillel Rapoport, 2007, Skilled Migration: The Perspective of Developing Countries, IZA Discussion Paper Series No. 2873, pp. 4.

Frédéric Docquier and Hillel Rapoport, 2011, Globalization, Brain Drain and Development, IZA discussion Paper Series, No. 5560, pp. 37~52.

George Graen, Miriam Grace, 2015, New Talent Strategy: Attract, Process, Educate, Empower, Engage and Retain the Best, SHRM-SIOP Science of HR White Paper Series, pp. 3~23.

George J. Borjas, Bernt Bratsberg, 1996, Who Leaves? The Outmigration of the Foreign-Born, The President and Fellows of Harvard College and the Massachusetts Institute of Technology, pp. 165~175.

Giulia Laganà, 2007, Co-development: 'win-win'solution for all or burden-shifting opportunity for the developed world?, pp. 1~22.

Giulio M. Gallarotti, Isam Yahia Al Filali, 2013, Smart Development: Saudi Arabia's Quest for a Knowledge Economy, pp. 1~25.

Hamed Ghoddusi and Baran Siyahhan, 2010, Migration Options for Skilled Labor and Optimal Investment in Human Capital, pp. 23

Irena Omelaniuk, 2005, Gender, Poverty Reduction and Migration, pp. 3.

Jean-Paul Azam, Flore Gubert, 2005, Migrant Remittances and Economic Development in Africa: A Review of Evidence, pp. 7~20.

Jeffrey Mervis, 2009, The Big Gamble in the Saudi Desert, Science, Vol. 326, pp. 354~357.

Jérôme Vandenbussche, Philippe Aghion, Costas Meghir, 2004, Growth, Distance to Frontier and Composition of Human Capital, The Institute for Fiscal Studies, pp. 39~40.

John Boulet, Carole Bede, Danette Mckinley, John Norcini, 2007, An Overview of the World's Medical Schools, pp. 20.

John Gibson, David Mckenzie, 2011, Eight Questions about Brain Drain, Centre for Research and Analysis of Migration Discussion Paper Series, pp. 2~20.

John Gibson, David Mckenzie, 2010, The Economic Consequences of "Brain Drain"of the Best and Brightest: Microeconomic Evidence from Five Countries, pp. 1~34.

John Mortensen, 2008, South Africa's Medical Brain Drain: Myths, Facts, and What (Not) To Do, Danish Institute for International Studies Working Paper No. 2008/18, pp. 9~16.

John Salt, 1997, International Movements of the Highly Skilled, OECD, pp. 3~29.

Judith Bueno de Mesquita, Matt Gordon, 2005, The International Migration of Health Workers: A Human Rights Analysis, pp. 5~38.

Kwadwo Mensah, Maureen Mackintosh, Leroi Henry, 2005, The 'Skills Drain'of Health Professionals from the Developing World: a Framework for Policy Formulation, Challenging Barriers to Health, pp. 14~27.

Margarita E. Perrin, Amy Hagopian, Anne Sales, B. Huang, 2007, Nurse Migration and its Implications for Philippine Hospitals, pp. 219~225.

Nick Clark, 2014, The Global Talent Agenda: Attracting&Integrating High-Performing Candidates, World Education Services, pp. 3~5.

Louka T. Katseli, Robert E.B. Lucas, Theodora Xenogiani, 2006, Effects of Migration on Sending Countries: What Do We Know?, OECD Development Centre, Working Paper No. 250, pp. 25~59.

Lucie Cerna, 2010, Policies and Practices of Highly Skilled Migration in Times of the Economic Crisis, International Labour Office, International Migration Papers No. 99, pp. 1~21.

Manon Domingues Dos Santos, Fabien Postel-Vinay, 2001, Migration as a Source of Growth: The Perspective of a Developing Country, pp. 1~15.

Mari Kangasniemi, L. Alan Winters, Simon Commander, 2004, Is Medical Brain Drain Beneficial? Evidence from Overseas Doctors in the UK, pp. 3~32.

Maurice Kugler, 2005, Migrant Remittances, Human Capital Formation and Job Creation Externalities in Colombia, pp. 1~30.

Michael Clemens, 2011, Economics and Emigration: Trillion-Dollar Bills on the Sidewalk?, Center for Global Development Working Paper 264, pp. 1~9.

Michael A. Clemens, 2014, A Case Against Taxes and Quotas on High-Skill Emigration, Center for Global Development, Working Paper 363, pp.1~36.

Michael A. Clemens, Claudio E. Montenegro, Lant Pritchett, 2008, The Place Premium: Wage Differences for Identical Workers across the US Border, pp. 1~41.

Michael A. Clemens, Gunilla Pettersson, 2007, New Data on African Health Professionals Abroad, Center for Global Development, Working Paper Number 95, pp. 3~7.

Michel Beine, Frédéric Docquier and Hillel Rapoport, 2008, Brain Drain and Human Capital Formation in Developing Countries: Winners and Losers, Blackwell Publishing, The Economic Journal 118, pp. 631~652.

Michel Beine, Frédéric Docquier, Maurice Schiff, 2008, Brain Drain and its Determinants: A Major Issue for Small States, IZA Discussion Paper Series No. 3398, pp. 2~13.

Michele E. A. Jayne, Robert L. Dipboye, 2004, Leveraging Diversity to Improve

Business Performance: Research Findings and Recommendations for Organizations, pp. 409~422.

Michael G. Finn, 2007, Stay Rates of Foreign Doctorate Recipients from U.S. Universities, 2005, pp. 1~13.

Michael G. Finn, 2014, Stay Rates of Foreign Doctorate Recipients from U.S. Universities, 2011, pp. 1~13.

Mihir A. Desai, Devesh Kapur, John McHale, Keith Rogers, 2009, The Fiscal Impact of High-Skilled Emigration: Flows of Indians to the U.S., Journal of Development Economics, pp. 32~43.

Mohammad Reza Iravani, 2011, Brain Drain Problem: A Review, International Journal of Business and Social Science, Vol. 2, No. 15, pp. 284~289.

Muzaffar Chishti, Stephen Yale-Loehr, 2016, The Immigration Act of 1990: Unfinished Business a Quarter-Century Later, Migration Policy Institute, Issue Brief, pp. 1~15.

Natalia Buga, Jean-Baptiste Meyer, 2012, Indian Human Resources Mobility: Brain Drain versus Bran Gain, CARIM-India Research Report, pp. 1~16

Nazmul Chaudhury, Jeffrey Hammer, Michael Kremer, Karthik Muralidharan, F. Halsey Rogers, 2005, Missing in Action: Teacher and Health Worker Absence in Developing Countries, pp. 2~33.

Nicole Hildebrandt, David J. McKenzie, 2005, The Effects of Migration on Child Health in Mexico, pp. 1~19.

Nicola Piper, 2005, Gender and Migration, Global Commission on International Migration, pp. 1~46.

Nora Albu, 2011, Research and Development Spending in the EU: 2020 Growth Strategy in Perspective, pp. 3~28.

Oded Stark and Chengze, Simon Fan, 2007, Losses and Gains to Developing Countries From the Migration of Educated Workers: An Overview of Recent Research, and New Reflections, CPPS Working Paper Series No. 193, pp. 3~10.

Olena Ivus and Alireza Naghavi, 2014, Migration, Technology Diffusion and Institutional Development at the Origin, pp. 1~27.

Philippe Aghion, Mathias Dewatripont, Jeremy C. Stein, 2005, Academic Freedom, Private-sector Focus, and the Process of Innovation, National Bureau of Economic Research, Working Paper 11542, pp. 1~2.

Pierre Azoulay, Joshua S. Graff Zivin, Gustavo Manso, 2009, Incentives and Creativity: Evidence From the Academic Life Sciences, National Bureau of Economic Research Working Paper 15466, pp. 1~29.

Riccardo Faini, 2007, Remittances and the Brain Drain: Do More Skilled Migrants Remit More?, The World Bank Economic Review, Vol. 21, No. 2, pp. 177~189.

Richard B. Freeman, 2006, Does Globalization of the Scientific/Engineering Workforce Threaten U.S. Economic Leadership?, The MIT Press, Innovation Policy and the Economy Volume 6, pp. 124~150.

Richard H. Adams. Jr., 1991, The Effects of International Remittances on Poverty, Inequality, and Development in Rural Egypt, International Food Policy Research Institute, pp. 9~78.

Richard H. Adams, Jr., John Page, 2003, International Migration, Remittances and Poverty in Developing Countries, World Bank Policy Research Working Paper 3179, pp. 1~22.

Richard H. Adams, Jr., Alfredo Cuecuecha, 2010, Remittances, Household Expenditure and Investment in Guatemala, World Development, pp. 13~14.

Rachel M. Friedberg, 2000, You Can't Take it with You? Immigrant Assimilation and the Portability of Human Capital, Journal of Labor Economics, Vol. 18, No. 2, pp. 221~247.

Ronald Labonte, Corinne Packer, Nathan Klassen, Arminee Kazanjian, Lars Apland, Justina Adalikwu, Jonathan Crush, Tom McIntosh, Ted Schrecker, Joelle Walker, David Zakus, 2006, The Brain Drain of Health Professionals From Sub-Saharan Africa to Canada, Southern African Migration Project, Southern African Migration Project, African Migration&Development Series No. 2, pp. 2~6.

Rosalind S. Hunter, Andrew J. Oswald, Bruce G. Charlton, 2009, The Elite Brain Drain, IZA Discussion Paper Series No. 4005, pp. 1~17.

Rosemary Murray, David Harding, Timothy Angus, Rebecca Gillespie and Harsimran Arora, 2012, Emigration from the UK Second Edition, Home Office, Research Report 68, pp. 12~16.

Schon Beechler, Ian C. Woodward, 2009, The Global "War for Talent", Journal of International Management, pp. 273~280.

Serge Coulombe and Jean-François Tremblay, 2009, Education, Productivity and Economic Growth: A Selective Review of the Evidence, International Productivity Monitor, No. 18, pp. 14~23.

Simon Commander, Mari Kangasniemi, L. Alan Winters, 2004, The Brain Drain: Curse of Boon? A Survey of the Literature, University of Chicago Press, Challenges to Globalization: Analyzing the Economics, pp. 235~269.

Simon Commander, Rupa Chanda, Mari Kangasniemi, L. Alan Winters, 2004, Must Skilled Migration Be a Brain Drain? Evidence from the Indian Software Industry, IZA DP No. 1422, pp. 1~21.

Siow Yue Chia, 2011, Foreign Labor in Singapore: Rationale, Policies, Impacts, and Issues, Philippine Journal of Development, pp. 105~133.

Speranta Dumitru, 2012, Skilled Migration: Who Should Pay for What?, Diversities, Vol. 14, No. 1, pp. 9~21.

Stephan Humpert, 2013, The Immigrant-native Pay Gap in Germany, MPRA Paper No. 50413, pp. 1~8.

Stephen Turner, 2001, Livelihoods in Lesotho, pp. 25~50.

Suhas L. Ketkar, Dilip Ratha, 2010, Diaspora Bonds: Tapping the Diaspora During Difficult Times, Journal of International Commerce, Economics and Policy, Vol. 1, No. 2, pp. 251~262.

Sylvia Schwaag Serger, Magnus Breidne, 2007, China's Fifteen-Year Plan for Science and Technology: An Assessment, Asia Policy, No. 4, pp. 136~163.

Tatiana Wah, 2013, Engaging the Haitian Diaspora: Emigrant Skills and Resources are Needed for Serious Growth and Development, Not Just Charity, Cairo Review, pp. 56~69.

Theo Sparreboom, Pete Sparreboom-burger, 1996, Migrant worker remittances in Lesotho: A review of the Deferred Pay Scheme, Enterprise and Cooperative Development Department International Labour Office Geneva, Working paper No. 16, pp. 3~9.

Tikki Pang, Mary Ann Lansang, Andy Haines, 2002, Brain Drain and Health Professionals: A Global Problem Needs Global Solutions, BMJ Volum 324, pp. 499~500.

Vaira Vike-Freiberga, Lord (David) Sainsbury, Yves Mény, Fiorella Kostoris Padoa Schioppa, Lars-Hendrik Röller, Elias Zerhouni, 2009, Towards a world class Frontier Research Organisation: Review of the European Research Council's Structures and Mechanisms, pp. 3~17.

William Kandel, 2003, The Impact of U.S. Migration on Mexican Children's Educational Attainment, CICRED, pp. 305~320.

Yoko Niimi, Caglar Ozden, Maurice Schiff, 2008, Remittances and the Brain Drain: Skilled Migrants Do Remit Less, IZA Discussion Paper Series No. 3393, pp. 1~17.

〈간행물〉

African Development Bank, 2012, Diaspora Bonds: Some Lessons for African Countries, Africa Economic Brief, Vol. 3, Issue. 13.

Aspen Institute Italia, 2012, Brain Drain, Brain Exchange And Brain Circulation: The Case of Italy Viewed From a Global Perspective.

Cambridge University, Erasmus/Tilburg University, Cornell University, INSEAD, 2006, Best Practice and Key Themes in Global Human Resource Management: Project Report

Deloitte University Press, 2017, Rewriting the rules for the digital age: 2017 Deloitte Global Human Capital Trends.

European Centre for the Development of Vocational Training, 2010, Skills Supply and Demand in Europe.

European Commission, 2010, Commission Staff Working Document: Lisbon Strategy Evaluation Document.

European Commission, 2003, Third European Report on Science&Technology Indicators.

Global Regulatory Cooperation Project, Global Intellectual Property Center, APCO worldwide, 2010, China's Drive for 'Indigenous Innovation': A Web of Industrial Policies.

Google for Work, 2014, Creating a Culture of Innovation.

INSEAD, Adecco, HCLI, 2015, The Global Talent Competitiveness Index 2015-16.

INSEAD, Adecco, HCLI, 2016, The Global Talent Competitiveness Index 2017.

HM Treasury, 2006, Science and Innovation Investment Framework 2004-2014: Next Steps.

International Labour Office, 2010, A Skilled Workforce for Strong, Sustainable and Balanced Growth.

International Labour Office Geneva, International Institute for Labour Studies, 2006, Competing for Global Talent.

International Organization for Migration, 2004, Migration for Development in Africa: Mobilizing the African Diasporas for the Development of Africa.

International Organization for Migration, 2012, MIDA Ghana Health project.

KNOMAD, 2016, Understanding Women and Migration: A Literature Review.

Linked in Talent Solutions, 2016, Global Recruiting Trends 2017.

Mckinsey&Company, 2015, Diversity Matters.

McKinsey Global Institute, 2011, Urban World: Mapping the Economic Power of Cities.

Migration Policy Institute, New American Economy Research Fund, World Education Services, 2016, Untapped Talent: The Cost of Brain Waste Among Highly Skilled Immigrants in the United States.

National Science Board, 2016, Science&Engineering Indicators.

OECD, 2009, Promoting Pro-Poor Growth: Employment.

Oxford Economics, 2012, Global Talent 2021.

Oracle, 2012, Talent Retention: Six Technology-Enabled Best Practices.

Plzen, 2013, Integrated Talent Management: Challenge and Future for Organizations in Visegrad Countries.

PriceWaterhouseCoopers, 2008, Compete&Collaborate: What is Success in a Connected World?

Physicians for Human Rights, 2004, An Action Plan to Prevent Brain Drain: Building Equitable Health Systems in Africa: A Report by Physicians for Human Rights.

Policy Exchange, 2014, Silicon Cities: Supporting the development of tech clusters outside London and the South East of England.

The World Bank, 2011, Diaspora for Development in Africa.

The World Bank, Palgrave Macmillan, 2006, International Migration, Remittances, and the Brain Drain.

The World Bank, 2007, The Status&Progress of Women in the Middle East&North America.

The National Academies, 2007, Rising Above the Gathering Storm: Energizing and Employing America for a Brighter Economic Future.

The Royal Society, 2010, The Scientific Century: securing our future prosperity.

The Royal Society, 2003, Keeping science open: the effects of Intellectual property policy on the conduct of science.

Thomson Reuters, 2009, Global Research Report: China.

Thomson Reuters, 2009, Global Research Report: India.

Thomson Reuters, 2009, Global Research Report: Brazil.

Thomson Reuters, 2010, Global Research Report: Russia.

Thomson Reuters, 2011, Global Research Report: Middle East.

United Nations, 2006, Compendium of Recommendations on International Migration and Development: The United Nations Development Agenda and the Global Commission on International Migration Compared.

United Nations, 2006, International Migration and Development: Report of the Secretary-General.

United Nations, 2016, International Migration Report 2015.

United Nations, 2015, The Millennium Development Goals Report 2015.

United Nations, 1976, United Nations Treaty Series.

United Nations, 2015, Universal Declaration of Human Rights.

United Nations, 2015, World Population Prospects The 2015 Revision.

United Nations, 2008, World Population Prospects The 2008 Revision.

United Nations Development Programme, 2005, Investing in Development: A Practical Plan to Achieve the Millennium Development Goals.

United Nations Secretariat, Department of Economic and Social Affairs, 2006, International Migration and the Achievement of MDGs in Africa.

United States Agency for International Development and Bureau for Africa, Office of Sustainable Development, 2003, The Health Sector Human Resource Crisis in Africa: An Issues Paper.

United States Government Accountability Office, 2011, H-1B Visa Program Reforms Are Needed to Minimize the Risks and Costs of Current Program.

World Bank, 2007, Research Digest, Vol. 1, No. 4.

World Bank Group, 2016, Migration and Remittances Factbook 2016 Third Edition.

World Bank Group, KNOMAD, 2016, Migration and Remittances: Recent Developments and Outlook, Migration and Development Brief 26.

World Economic Forum, 2011, Global Talent Risk- Seven Responses.

World Health Organization, 2005, Bulletin of the World Health Organization, Efforts under way to stem 'brain drain'of doctors and nurses.

World Health Organization, 2005, Health and the Millennium Development Goals.

World Health Organization, 2006, The World Health Report 2006.

World Health Organization, 2009, Increasing Access to Health Workers in Remote and Rural Areas Through Improved Retention.

World Health Organization, 2010, The WHO Global Code of Practice on the International Recruitment of Health Personnel.

World Health Organization, 2016, World Health Statistics 2016.

〈언론 기사〉

Abdi Latif Dahir, "African scientists are fostering a new R&D culture to reverse the continent's brain drain," Quartz Africa, November 28, 2016.

Abdi Latif Dahir, "Kenya's refusal to agree to the demands of striking doctors is making the country sick", Quartz Africa, January 26, 2017.

Abhishek Agarwal, "Employer branding is key to winning the game of talent", The Hindu, June 8, 2017.

Adam Minter, "Why China Can't Lure Tech Talent", Bloomberg, December 13, 2016.

Alex Wood, "Silicon Roundabout may one day rival Silicon Valley", The Telegraph, March 6, 2015.

Alexandra Sandels, "SAUDI ARABIA: Will new university bring freedoms?", Los Angeles Times, September 24, 2009.

Alice Yan, "Retaking the test: can China's universities secure 'world-class'status at third attempt in two decades?", South China Morning Post, August 28, 2016.

An Hong, "Away from home: More Vietnamese leaving for richer countries", VN Express, October 11, 2016.

AndréRhoden-Paul, "Get a job or get out: the tough reality for international students", The Guardian, July 2, 2015.

Andrew Bounds, "Regional network drives growth of UK's tech nation", Financial Times, February 5, 2015.

Andrew Care, "If You Want To Get Poached By Google-Join Microsoft", Forbes, January 31, 2017.

Anil Gupta, Haiyuan Wang, "How China's Government Helps and Hinders Innovation", Harvard Business Review, November 16, 2016.

Antonn Brown, "Canada to make it easier for companies to recruit global talent", Jamaica Observer, April 26, 2017.

Angela Monaghan, "British R&D spending down despite government's innovation strategy", The Guardian, March 12, 2014.

Arab News, "Saudi work force in private sector rises by 10%", July 7, 2016.

Aza Wee Sile, "Singapore the best place for expats, while UK, US are just OK, according to HSBC survey", CNBC, September 20, 2016.

Barrie Mckenna, Sean Silcoff, "Ottawa unveils strategy to court foreign tech talent", The Globe and Mail, November 1, 2016.

BBC News, "Hungary: Government seeks to lure young expats back home", June 30, 2015.

BBC News, "NHS and SA strike deal over staff", October 24, 2003.

Beyza Kural, "Academics: We will not be a Party to This Crime", BIA News Desk, January 11, 2016.

Ben Hubbard, "A Saudi Morals Enforcer Called for a More Liberal Islam. Then the Death Threats Began", The New York Times, July 10, 2016.

Benjamin Bergen, "Opinion: From drain to gain-Canada's opportunity to attract global talent", Vancouver Sun, March 1, 2017.

Bien Chin-feng, Elizabeth Hsu, "Taiwan opens headquarters for ambitious 'Asia Silicon Valley'plan", Focus Taiwan, December 25, 2016.

Bill Bischoff, "Opinion: Why the corporate tax rate in the U.S. should be 15%", MarketWatch, August 16, 2016.

Bill Conerly, "Quits Are Up: 7 Employee Retention Strategies Your Company Must Have", Forbes, December 11, 2013.

Bob Grant, "Will There Be a Brexit Brain Drain?", The Scientist, January 11, 2017.

Brett Hagler, "What The Tech World Can Teach Nonprofits About Business", Fortune, April 1, 2017.

BusinessTech, "Government plans to track all South Africans who leave the country for longer than 3 months: report", May 15, 2017.

BusinessTech, "It's not only rich South Africans who are leaving the country-young educated ones are too", June 9, 2016.

Camilla Cornell, "These Canadian sectors are poised to benefit from the Trump presidency", The Globe and Mail, December 1, 2016.

Catherine Elton, "Strong Economies Are Drawing Migrants Back to Colombia and

Peru", Bloomberg, October 14, 2016.

Catherine Porter, "Canada's Immigration System, Lauded by Trump, Is More Complex Than Advertised", The New York Times, March 2, 2017.

Chantel McGee, "H-1B limits is 'stupidest policy in the entire American political system", says Google's Schumidt, CNBC, May 4, 2017.

Chen Wei-han, "Cabinet approves bill to attract skilled foreigners", Taipei Times, April 21, 2017.

Chinadaily, "More students returning from overseas to start business", July 20, 2016.

Chris Cancialosi, "Why Aren't Your Talent Retention Strategies Working?", Forbes, February 27, 2017.

Chris Weller, "Canada's minister of immigration explains what successful immigration policies look like", Business Insider, April 19, 2017.

Christopher Mason, Julia Preston, "Canada's Policy on Immigrants Brings Backlog", The New York Times, June 27, 2007.

Christopher Woody, "'Not nostalgic about their country': Latin America's brain drain is accelerating", Business Insider, August 24, 2015.

Carolyn Cohn, "Insight – For expat Africans, patriotism may pay", Reuters, August 31st, 2011.

Damian Paletta, Robert Costa, "Trump seeks 15 percent corporate tax rate, even if it swells the national debt", The Washington Post, April 24, 2017.

Dan Anderson, "Government cuts leading to Finnish brain drain", Helsinki Times, April 29, 2017.

Dan Lyons, "What 'Old-School' Tech Giants Are Doing To Attract Young Talent", Fortune, February 22, 2017.

Daniel Newman, "How To Build An Innovative Workplace Culture With Experimentation", Forbes, January 10, 2017.

Daniel Terdiman, "Silicon Valley talent wars: Engineers, come get your $250K salary", Cnet, September 22, 2014.

David Matthews, "Is KAUST Saudi Enough?", Inside Higher ED, April 24, 2014.

David Sapsted, "Dyson: Engineering graduates must be allowed to stay in UK", Relocate Global, March 27, 2017.

David Sutton, "Can Taiwan Build An 'Asian Silicon Valley'?", The Diplomat, November 5, 2016.

David Pierson, "Tech industry is fine with H-1B visa reform-as long as it doesn't affect their companies,"Los Angeles Times, April 18, 2017.

David Roman, "Singapore Is Asia's Best in Attracting Talent Amid Digital Push", Bloomberg, April 18, 2017.

David Zweig, "Luring Back the Chinese Who Study Abroad", The New York Times, January 21, 2013.

Diana Darilus, "Canada: Quebec Tax Holidays For Foreign Researchers And Professors", Mondaq, May 2, 2012.

Dimitra Stefanidou, "Can Singapore And Malaysia keep their talents home?", ASEAN Today, September 18, 2016.

Dinh Phu-Mai Vong-Lam Ngoc, "Vietnam hub offers $84k salaries to reverse brain drain", Thanh Nien News, January 5, 2015.

Eddie Goldenberg, "It's Canada's moment to lure the world's best and brightest", The Globe and Mail, February 9, 2017.

Edward Wong, Kenneth Chang, "Space Plan From China Broadens Challenge to U.S.", The New York Times, December 29, 2011.

Elena Stancu, "Mass exodus: Why corruption in Romania's healthcare system is forcing its doctors to work abroad", Independent, January 2, 2014.

Ellen Rosen, "Facebook Pushes Outside Law Firms to Become More Diverse", April 2, 2017.

Elizabeth Weise, "H-1B visa holders may get more expensive, more educated", USA Today, April 18, 2017.

Ethan Baron, "Google tops LinkedIn's list of companies best at recruiting and keeping talent", The Mercury News, June 20, 2016.

Ezra Claymore, "Read: Gov to limit emigration by tracking those leaving SA for more than three months", The South African, May 15, 2017.

Ezra Claymore, "The last straw-major upswing in South Africans looking for a plan B to leave SA", The South African, May 18, 2017.

Felicia Osei, "Gov't launches diaspora homecoming summit", citifmonline.com, May 4, 2017.

Ferhad Manjoo, "Even Uber Couldn't Bridge the China Divide", The New York Times, August 1, 2016.

Forbes Asia, "How Taiwan's Hon Hai Exemplified a Historic Turn In Asian Tiger Manufacturing", Forbes, March 1, 2017.

Francis X. Rocca, "Italy Suspends Brain-Gain Program", The Chronicle of Higher Education, May 26, 2006.

Graham Clifford, "Emigrants returning for Christmas targeted by local business as 1,000 well-paid jobs unfilled", Irish Independent, December 21, 2016.

Greg Satell, "How America Became Exceptional", Forbes, July 4, 2015.

Gregory Korte, "Trump to sign 'Buy American, Hire American'executive order", USA Today, April 17, 2017.

Hannah Murphy, "How start-ups should hire good staff and persuade them to stay", Financial Times, June 7, 2017.

Harry Freedman, "A new brain drain?", The Guardian, January 18, 2010.

Hemali Chhapia, "India's brain gain: Fewer than 200 IIT graduates went abroad last year", The Economic Times, January 16, 2017.

Helena Smith, "Greek economic migrants increasing, while joblessness soars,"The Guardian, July 3, 2016.

Helena Smith, "Young gifted and Greek: Generation G-the world's biggest brain drain", The Guardian, January 19, 2015.

Homa Mulisa, "Ethiopia: Many-Sided Diaspora Engagement in Full Swing", The Ethiopian Herald, March 28, 2017.

Ibrahim Sirkeci, Jeffrey H. Cohen, "Turkey's Purge Could Cause a Massive Brain Drain", New Republic, August 27, 2016.

Ian Sample, "Brexit would threaten world-class British research, major report warns", The Guardian, May 18, 2016.

IRIN, "Interview with the President of the Ghana Medical Association, Dr. Jacob Plange-Rhule, October 3, 2003.

IRIN, "Special report on struggle to stop exodus of doctors and nurses", October 3, 2003.

Ivana Kottasova, "Saudi Arabia cuts funding for students abroad", CNN, February 9, 2016.

James Wilsdon, Kieron Flanagan, Stian Westlake, "What will an extra £4.7 billion do for UK science and innovation?", The Guardian, November 24, 2016.

Jason Beaubien, "Jamaica Says U.S. And Others Are 'Poaching' Its Nurses", NPR, January 10, 2017.

Jay McGregor, "Tech City — believe the hype?", The Guardian, May 1, 2013.

Jeff Goldman, "How to fix the H-1B visa program", Boston Globe, June 6, 2017.

Jeffrey Fleishman, "New Saudi Arabia university will have a Western feel", Los Angeles times, July 13, 2008.

Jeffrey Hayzlett, 4 Ways Employers are Using Corporate Social Responsibility To Recruit Millennials", Entrepreneur, November 25, 2016.

Jenna Goudreau, "Google HR boss explains the only 2 ways to keep your best people from quitting", Independent, April 10, 2017.

Jim Atkins, "Australia Tax Breaks To Lure Expat Entrepreneurs", iExpats, February 16, 2016.

Joel Rose, "Canada's Tech Firms Capitalize on Immigration Anxiety In The Age Of Trump", NPR, June 9, 2017.

Jon Hartley, "Burger King's Tax Inversion and Canada's Favorable Corporate Tax Rates", Forbes, August 25, 2014.

Jon Swartz, "Canada seizes chance to skim talent from disaffected U.S. tech companies", USA Today, February 2, 2017.

Jonah Fisher, "Nigeria's thriving economy lures expats back home", BBC, October 20, 2011.

Jonathan Owen, "Skills shortages in Europe not due to a lack of education and training", Training Journal, December 14, 2016.

John Duke Anthony, "King Abdullah: In Memoriam", Al Arabiya, January 28, 2015.

Joseph Romano, "How Successful Companies Hold On To Their Talent-And Why It's So Important", Forbes, October 25, 2013.

Joshua Philipp, "China's New Industrial War", The Epoch times, March 16, 2017.

Judy Dempsey, "How Corruption Is Driving Eastern Europe's Brain Drain, Carnegie Europe,"The Washington Post, September 9, 2016.

Judy Lin, "MOST offers NT$1.5M annuel salary to lure overseas Taiwan tech talent", Taiwan News, April 18, 2017.

Judy Lin, "Taiwan's Asian Silicon Valley project to boost local startups", Taiwan News, April 25, 2017.

Kareem El-Assal, "Canada Deserves an 'A'for Immigration Innovation", CIC News, April 11, 2017.

Karin Strohecker, "Countries look to draw expatriate cash with 'diaspora bonds'", Reuters, April 17, 2016.

Karla Zabludovsky, "Venezuela's Lost Generation", BuzzFeed News, May 15, 2015.

Khalid Hassan, "Egypt considers blocking doctors from working abroad", Al-Monitor, December 28, 2016.

Kristian Coates Ulrichsen, "Can Saudi Arabia Bridge Its Generation Gap?", World Politics Review, February 16, 2017.

Lars Schmidt, "The End Of Cultural Fit", Forbes, March 21, 2017.

Laurence Bradford, 13 Tech Companies That Offer Cool Work Perks", Forbes, July 27, 2016.

Layna Mosley, David A. Singer, "If Trump restricts skilled immigrants, the U.S. could lose jobs to other countries", The Washington Post, March 22, 2017.

Leo Kelion, "Tech Talent: Map of the UK's digital clusters", BBC, September 19, 2016.

Leslie Hook, "Vancouver seizes chance to lure Silicon Valley tech talent", Financial Times, February 21, 2017.

Lianne Chia, "Government to unify start-up support schemes under Startup SG branding", Channel NewsAsia, March 3, 2017.

Louise Lucas, "Chinese tech groups offer housing help to retain talent", Financial Times, April 25, 2017.

Marco Mobili, Giovanni Parente, "Italy tries to countervail brain drain by offering tax breaks for skilled workers", Italy Europe 24, August 10, 2015.

Mark Bergen, Eric Newcomer, "Google, Facebook Show Tech Dismay on Trump Immigration Order", Bloomberg, January 29, 2017.

Mark Orttung, "Slashing H-1B visas won't stop offshoring abuse", USA Today, April 20, 2017.

Martin Wall, "Doctors to claim pay rises up to 20% needed to match overseas,"The Irish times, February 1, 2017.

Meghan M. Biro, "How To Tell I Your Leader Is Running Employee Retention", Forbes, April 27, 2017.

Michelle Zilio, "Ottawa to ease path to permanent residency for skilled workers, students", The Globe and Mail, November 14, 2016.

Nancy Eberhardt, 6 interview questions that determine cultural fit", The business journals, October 20, 2016.

Natalie Gil, Lawrence Wakefield, "Are international students in the UK getting a raw deal?", The Guardian, April 23, 2015.

Nawaf Obaid, "Saudi women must get the vote in 2009", Financial Times, October 13, 2004.

Neil G. Ruiz, "More foreign grads of U.S. colleges are staying in the country to work", Pew Research Center, May 18, 2017.

Neil Gough, "Singapore to Give Citizens Priority for Job Openings", The New York Times, September 23, 2013.

Nevin Thompson, "Brexit and Trump could be good news for Canada's tech scene", Quartz, November 28, 2016.

Ngozi Okonjo-Iweala, Dilip Ratha, Homeward Bond, The New York Times, March 11, 2011.

Nur Aisyah Kotarumalos, "How to turn a brain drain into a gain", The Jakarta

Post, July 11, 2015.

Opalyn Mok, "Malaysia's returning expert programme driving out more talent, economist says", Malay Mail Online, June 22, 2014.

Opalyn Mok, "Penang launches RM20m scholarship to reverse brain drain", Malay Mail Online, April 1, 2015.

Pankti Mehta Kadakia, "Indians still mad for engineering despite threat to H-1B visa", CNN, June 6, 2017.

Paul Collier, "Migration Hurts the Homeland", The New York Times, November 29, 2013.

Paul Davidson, "Why China is beating the U.S. at innovation", USA Today, April 17, 2017.

Paul May, "Canada's sanctuary for migrants is built on a strict immigration policy", Los Angeles Times, December 28, 2016.

Paul Mozur, "Chinese Tech Firms Forced to Choose Market: Home or Everywhere Else", The New York Times, August 9, 2016.

Philip Chrysopoulos, "Brain Drain: 450,000 Greeks Left the Country in Past 8 Years", GreekReporter, March 8, 2017.

Pooja Kumar, "Providing the Providers-Remedying Africa's Shortage of Health Care Workers", The New England Journal of Medicine, June 21, 2007.

Prachi Verma, "Fewer students from IITs head for US due to Donald Trump's policies", Economic Times, June 3, 2017.

Quintin E. Primo III, "King's death won't thwart women's rights in Saudi Arabia, CNBC, January 27, 2015.

Rachel Brown, "What Can India and China Learn From Each Other About Diaspora Policy?", The Diplomat, February 2, 2017.

Ralph Jennings, "Bold New Move To Rescue Faltering Taiwan High-Tech And Why It Might Work", September 27, 2016.

Richard W. Rahn, "Population death spiral", The Washington Times, May 22, 2017.

Romania-Insider, "Romania's brain drain: Half of Romania's doctors left the country between 2009 and 2015", March 6, 2017.

Rosi Doviverata, "Pay Increase To Curb Brain Drain", Fijisun, June 23, 2016.

Roxanne Henderson, "Rich plot their escape from SA", Timeslive, May 3, 2017.

Roy Maurer, "Kimberly-Clark Seeks 'Original Thinkers'", SHRM, December 22, 2016.

Samantha Murphy Kelly, "Inside Uber: How the company talent despite its reputation", CNN, February 22, 2017.

Sammy Darko, "How Ghana has reversed exodus of nurses", BBC, February 27, 2015.

Samson Ellis, Adela Lin, Miaojung Lin, "Taiwan's Premier Lin Says Immigration Is Needed to Boost Economy", Bloomberg, May 8, 2017.

Sara Ashley O'Brien, "Alphabet's Eric Schmidt says H-1B visa cap is 'stupid'", CNN, May 4, 2017.

Sarah McGregor, "Ethiopia to Repay Bond Investors in U.S. Securities Law Case", Bloomberg, September 9, 2016.

Sahil Kapur, Shannon Pettypiece, "Trump Tax Plan Said to Call for Corporate Cut to 15%", Bloomberg, April 25, 2017.

Sean Silcoff, "Trump immigration order 'a boon'for Canadian tech industry, say executives", The Globe and Mail, January 28, 2017.

Seda Sezer Bilen, Hülya Topçu Erdoğan, "Turkey's post-coup brain drain", Deutsche Welle, November 22, 2016.

Shashank Bengali, Parth M.N., "What Trump's push to limit overseas workers means for India's army of high-tech migrant labor, LA Times, February 1, 2017.

Simon Casuto, "Why Failure Is The Key To Workplace Culture Success", Forbes, July 27, 2016.

Simon Poh, "Commentary: Where will Singapore's next tax dollar come from?", Channel NewsAsia, April 29, 2017.

Stephanie Vozza, "Why Employees At Apple And Google Are More Productive", Fastcompany, March 13, 2017.

Stephanie Vozza, "These Are the 3 Traits of Bosses That Everyone Wants To Work

For ", Fastcompany, April 27, 2017.

Stephen Chen, "Top Chinese researcher's move to US sparks soul-searching in China", South China Morning Post, May 9, 2017.

Sylvia Hui, "Brexit uncertainties threaten brain drain for UK science", Associated Press, December 11, 2016.

Taylor Soper, "'Failure and innovation are inseparable twins': Amazon founder Jeff Bezos offers 7 leadership principles", GeekWire, October 28, 2016.

Terence Kealey, "Magaret Thatcher was wrong about one thing: science doesn't need Nobel Prizes to thrive", The Telegraph, June 18, 2014.

Thanassis Cambanis, "Saudi King Tries to Grow Modern Ideas in Desert", The New York Times, October 26, 2007.

The Economist, "Milking Migrants: How poor countries can tap emigrants'savings", August 20, 2011.

The Economist, "Eastern Europe's workers are emigrating, but its pensioners are staying", January 19, 2017.

The Economist, "Money Honeys: Tech firms shell out to hire and hoard talent", November 5, 2016.

The Economist, "Canada's immigation policy: No country for old men", January 8, 2015.

The Economist, "Sofas and surveillance: Technology firms and the office of the future", April 29, 2017.

The Economist, "Top of the class: Competition among universities has become intense and international", March 26, 2015.

The New Indian Express, "We don't see colour of passport, but blood ties: PM Modi at 14th Pravasi Bharatiya Divas", January 8, 2017.

Tom Whitehead, "Britain's brightest leaving in brain drain and replaced with low skilled migrants", The Telegraph, February 26, 2015.

Tracey Lindeman, "Canada launches visa program for hiring specialized foreign talent", The Globe and Mail, June 11, 2017.

Travis Bradberry, "Why Every Employee Should Have Unlimited Vacation Days",

Forbes, May 24, 2016.

Ulf Laessing, Asma Alsharif, "Saudi Arabia opens first mixed-gender university," Reuters, September 24, 2009.

Vincent Boland, "Ireland launches initiative to lure expats home", Financial Times, March 4, 2015.

Viola Zhou, "Tencent's 2016 tech executive pay surpasses Apple, IBM", South China Morning Post, April 16, 2017.

Virginia Galt, "Keeping your employees by treating them as clients", The Globe and Mail, December 17, 2016.

William Foreman, "Battling brain drain: Training doctors in Ethiopia", Michigan News, September 23, 2013.

William Pentland, "Entrepreneurial Espionage-Made in China", Forbes, January 22, 2011.

Xiang Wang, "Why a Trump Crackdown on Visa Programs Could Benefit Foreign Students", Forbes, December 1, 2016.

Xinhua, "Spain suffers brain drain as youth emigrate abroad to look for work", February 3, 2015.

Xinhua-Global Times, "Critics hope for higher education planning reform", November 27, 2014.

Yang Yi, "Xinhua Insight: Debate over university funding projects in China", Xinhuanet, November

14, 2014.

Zia Weise, "Turkey loses its brains", Politico, January 17, 2017.